商务馆对外汉语教学专题研究书系（第二辑）
总主编 赵金铭
审 订 世界汉语教学学会

汉语作为第二语言教学的教学资源研究

主编 郑艳群

商务印书馆
2019年·北京

总主编 赵金铭

主　编 郑艳群

作　者（按音序排列）

薄　巍	曹　文	曹贤文	柴省三
崔希亮	崔永华	胡晓清	黄　伟
金香兰	李　泉	李亚楠	刘长征
刘鑫民	卢　伟	彭炜明	彭艳丽
施春宏	宋继华	王　飙	王　洁
王　乐	肖奚强	邢红兵	焉德才
张宝林	张劲松	张　璐	张　普
张瑞朋	赵　敏	郑艳群	周文华
周小兵			

北京语言大学"外国学生错字别字数据库"课题组

目 录

总　序 …………………………………………………… 1
综　述 …………………………………………………… 1

第一章　汉语教学大资源观阐释 ……………………… 1
第一节　后方法时代的汉语教学资源建设 ………… 1
第二节　国际汉语教学隐性资源及其开发 ………… 14

第二章　汉语教学各级各类资源库创建研究 ………… 32
第一节　全球汉语中介语语料库创建 ……………… 32
第二节　外国学生错字别字数据库创建 …………… 47
第三节　面向计算机辅助正音汉语中介语语音语料库创建 … 58
第四节　基于偏误反馈的对韩汉语词汇教学信息库创建 …… 76
第五节　国际汉语教学的语法资源库建设 ………… 87
第六节　国际汉语教材语料库创建 ………………… 100
第七节　汉语中介语纵向语料库创建 ……………… 120
第八节　汉语水平考试考生信息库创建 …………… 137

第三章　汉语教学资源加工与分析研究 ……………… 153
第一节　汉语中介语语料库标注模式 ……………… 153

第二节　汉语中介语语料库标注内容研究 ………………… 177
　　第三节　汉语教学词表多元化与动态更新 ………………… 194
　　第四节　汉语中介语语料库平衡性研究 …………………… 209
　　第五节　汉语教学资源多属性标注的意义和方法 ………… 230
　　第六节　汉语视听教材评述 ………………………………… 241
　　第七节　汉语视听说教材语料难度分析 …………………… 259
　　第八节　汉语语法偏误计算机自动识别技术 ……………… 282

第四章　汉语教学资源运用与计算研究 ……………………… 296
　　第一节　汉语词语知识提取技术及应用 …………………… 296
　　第二节　汉语分级阅读资源开发技术 ……………………… 307
　　第三节　汉语语法学习系统设计 …………………………… 317
　　第四节　汉语教材编著系统研发 …………………………… 327

第五章　汉语教学资源研究展望 ……………………………… 340
　　第一节　面向网络汉语师资培训的资源设计 ……………… 340
　　第二节　多模态汉语中介语语料库建设构想 ……………… 355
　　第三节　汉语语料库建设与应用的发展方向 ……………… 369

后　记 …………………………………………………………… 383

总 序

赵金铭

对外汉语教学专题研究书系是商务印书馆出版的同名书系的延续。主要收录2005—2016年期间，有关学术杂志、期刊、高校学报等所发表的有关对外汉语教学研究论文，涉及学科各分支研究领域。内容全面，质量上乘，搜罗宏富。对观点不同的文章，两方皆收。本书系是对近10年对外汉语教学研究成果的汇总与全面展示，希望能为学界提供近10年来本学科研究的总体全貌。

近10年的对外汉语教学与研究，呈现蓬勃发展的局面，与此同时，各研究分支也出现一些发展不平衡现象。总体看来，孔子学院教学、汉语师资培训、文化与文化教学、专业硕士课程教学等方面，已经成为研究热门，研究成果数量颇丰，但论文质量尚有待提升。由于主管部门的导向，作为第二语言汉语教学的汉语本体研究与汉语教学研究，在一定程度上被淡化。语音、词汇及其教学研究成果较少，语法、汉字及其教学研究成果稍多，汉字教学研究讨论尤为热烈。新汉语水平考试研究还不够成熟，课程与标准和大纲研究略显薄弱。值得提及的是，教学方法研究与教学模式研究、汉语作为第二语言习得研究、现代教育技术研究及其在教学中的应用研究，发展迅速，方兴未艾，成果尤为突出。本书系就是对这 10 年研究状况的展示与总结。

近 10 年来，汉语国际教育大发展的主要标志是：开展汉语教学的国别更加广泛；学汉语的人数呈大规模增长；汉语教学类型和层次多样化；汉语教师、教材、教法研究日益深入，汉语教学本土化程度不断加深；汉语教学正被越来越多的国家纳入其国民教育体系。其中，世界范围内孔子学院的建立既是国际汉语教育事业大发展的重要标志，也是进一步促进国际汉语教学持续发展的一个重要平台，吸引了世界各地众多的汉语学习者。来华外国留学生汉语教学与海外汉语教学，共同打造出汉语教学蓬勃发展的局面。

大发展带来学科研究范围的扩大和研究领域的拓展。本书系共计 24 册，与此前的 22 册书系的卷目设计略有不同。

本书系不再设《对外汉语课堂教学技巧研究》，增设《汉语作为第二语言教学的教学方法研究》和《汉语作为第二语言教学的教学模式研究》两册。汉语作为第二语言教学，既与世界第二语言教学有共同点，也因汉语、汉字的特点，而具有不同于其他语言作为第二语言教学的特色。这就要求对外汉语教学要讲求符合汉语实际的教学方法。几十年以来，对外汉语教学在继承传统和不断吸取各种教学法长处的基础上，结合汉语、汉字特点，以结构和功能相结合为主的教学方法为业内广泛采用，被称为汉语综合教学法。博采众长，为我所用，不独法一家，是其突出特点。这既是对外汉语教学的传统，在教学实践中也证明是符合对外汉语教学实际的有效的教学方法。与此同时,近年来任务型教学模式风行一时,各种各样的教法也各展风采。后方法论被介绍进来后,已不再追求最佳教学法与最有效教学模式,教学法与教学模式研究呈现多样化与多元性发展态势。

进入新世纪后,对外汉语教学学科理论研究的一个重要进展是开拓了第二语言习得理论与实际问题的研究,从重视研究教师怎样教汉语,转向研究学习者如何学习汉语,这是一种研究理念的改变,这种研究近10年来呈现上升趋势。研究的重点集中于学习者语言系统研究、汉语作为第二语言的习得研究,以及汉语作为第二语言学习者研究。本书系基于研究领域的扩大,增设《基于认知视角的汉语第二语言习得研究》,从一个新的角度开辟了汉语学习研究的新局面。

教育部在2012年取消原本科专业目录里的"对外汉语",设"汉语国际教育"二级学科。此后,"汉语国际教育"作为在世界范围内开展汉语作为第二语言教学的名称被广泛使用,学科名称的变化,为对外汉语教学带来了无限的机遇与巨大的挑战。随着海外汉语学习者人数的与日俱增,大量汉语教师和汉语教学志愿教师被派往海外,新的矛盾暴露,新的问题随之产生。缺少适应海外汉语教学需求的合格的汉语教师,缺乏适合海外汉语学习者使用的汉语教材,原有的汉语教学方法又难以适应海外汉语教学实际,这三者成为制约提高对外汉语教学质量、提升对外汉语教学水平的瓶颈。

面对世界汉语教学呈现出来的这些现象,在进行深入研究,寻求解决办法的同时,也产生了一种急于求成的情绪,急于解决当前的问题。故而研究所谓"三教"问题，一时成为热门话题。围绕教师、教材和教法问题，结合实际情况，出现一大批对具体问题进行研究的论文。与此同时，在主管部门的导引下，轻视理论研究，淡化学科建设，舍本逐末，视基础理论研究为多余，成为一时倾向。由于没有在根本问题上做深入的理论探讨，将过多的精力用于技法的提升，以至于在社会上对汉语作为一个学科产生了不同认识，某种程度上干扰了学科建设。本书系《汉语作为第二语言教学的学科理论研究》和《汉语作为第二语言教学的教学理论研究》两册集中反映了学科建设与教学理论问题，显示学界对基本理论建设的重视。

2007年国务院学位办设立"汉语国际教育硕士专业学位"，目前已有200余所高等院校招收和培养汉语国际教育专业硕士。10多年来，数千名汉语教师和志愿者在世界各地教授汉语、传播中国文化，这支师资队伍正在共同为向世界推广汉语做出贡献。

一种倾向掩盖着另一种倾向。社会上看轻汉语作为第二语言教学的观点，依然存在。这就是将教授外国人汉语看成一种轻而易举的事，这是一种带有普遍性的错误认知。这种认识导致对汉语作为第二语言教学科学性认识不足。一些人单凭一股热情和使命感，进入了汉语国际教育的教师队伍。一些人在知识储备和教学技能方面并未做好充分的准备，便匆匆走向教坛。故而如何对来自不同专业、知识结构多层次、语言文化背景多有差别的学习者，进行汉语作为第二语言教学的专业培养和培训，如何安排课程内容，将其培养成一个合格的汉语教师，就成为当前迫切需要解决的问题。本书系增设的《汉语作为第二语言教学的教师发展研究》《汉语作为第二语言标准与大纲研究》以及《汉语作为第二语言教学的课程研究》，都专门探讨这些有关问题。

自 1985 年以来，实行近 20 年的汉语水平考试（HSK），已构成了一个水平由低到高的较为完整的系统，汉语水平考试（HSK）的实施大大促进了汉语教学的科学化和规范化。废除 HSK 后，研发的"新 HSK"，目前正在改进与完善之中。有关考试研究，最近 10 年来，虽然关于测试理论和技术等方面的研究仍然有一些成果出现，但和以往相比，研究成果的数量有所下降，理论和技术方面尚缺乏明显的突破。汉语测试的新进展主要表现在新测验的开发、新技术的应用和对重大理论问题的探讨等方面。《汉语作为第二语言测试研究》体现了汉语测试的研究现状与新进展。

十几年来，汉语作为第二语言教学史的研究越来越多，也越来越深入。既有宏观的综合性研究，又有微观的个案考察。宏观研究中，从学科建设的角度探讨汉语教学史的研究。重视对外汉语教学历史的发掘与研究，因为这是对外汉语教学学科建设中不可缺少的一部分。宏观研究还包括对某一历史阶段和某一国家或地区汉语教学历史的回顾与描述。微观研究则更关注具体国家和地区的汉语教学历史、现状与发展。为此本书系增设《汉语作为第二语言教学史研究》，以飨读者。

本书系在汉语本体及其教学研究、汉语技能教学研究、文化教学与跨文化交际研究、教育技术研究和教育资源研究等方面，也都将近 10 年的成果进行汇总，勾勒出研究的大致脉络与发展轨迹，也同时可见其研究的短板，可为今后的深入研究引领方向。

本书系由商务印书馆策划，从确定选题，到组织主编队伍，以及在筛选文章、整理分类的过程中，商务印书馆总编辑周洪波先生给予了精心指导在此深表谢意。

本书系由多所大学本专业同人共同合作，大家同心协力，和衷共济，在各册主编初选的基础上，经过全体主编会的多次集体讨论，认真比较，权衡轻重，突出研究特色，注重研究创新，最终确定入选篇章。即便如此，也还可能因水平所及评述失当，容或有漏选或误选之处，对书中的疏漏和失误，敬请读者不吝指教，以便再版时予以修正。

综　述[1]

　　信息化教育的发展，使资源在教学中的重要性日益凸显。对教学资源进行重新认识，在已有成果的基础上继续发展，可以使信息时代的汉语教学资源建设和资源研究更好地服务于汉语国际教育发展的需要。

　　第二语言教学的学科特性决定了其教学资源的内涵。在特定的时期，人们将语料库视为超越了任一非语料库资源的资源类型。现如今，二语教学中语料库研究趋向成熟，在教学中发挥着越来越重要的作用。同时，非语料库类资源也受到重视。语料库资源和非语料库类资源的研究和应用呈现出如下两个特点：第一，语料库资源正与教材，乃至课程等相关教学资源互联互通，共同为信息化教学服务；第二，非语料库类教学资源与语料库资源在研究的理念和方法上有共同之处。在此，我们把这两类资源合并在一起进行讨论。

一　近十年来汉语教学资源研究的新进展

　　近十年来汉语教学资源研究的新进展体现在对资源的认识、

---

[1] 本篇"综述"以"汉语教学资源研究的新进展与新认识"为题发表于《语言文字应用》2018 年第 3 期。

建设、加工和分析、运用和计算等多个方面。

（一）汉语教学资源观念有较大的更新

近年来，汉语教学界对资源的认识有了较大变化。起初，人们只把那些表层可以数字化的内容称为资源，甚至认为资源研究是从事信息处理或信息化教学研究的人关心的事情。随着人们对信息化教学认识的深入，对教学资源的认识也在改变。

崔永华（2015）[①]认为，后方法时代的基本理念涉及教学目标、教学活动的主体和最有效的教学途径，这些都是以教学资源设计为支撑的。这是一种大资源观，它提升了资源在教学中的地位。李泉和金香兰（2014）[②]将资源划分为显性资源（包括文字材料、网络多媒体资源）和隐性资源（包括知识与能力资源、方法与策略资源），认为资源应该成为"国际汉语教学学科建设的重要组成部分"。这一划分和对隐性资源的阐释，引发我们重新审视资源的内涵和外延，关注并研究过去未被重视和开发的资源类型。上述两篇文章的作者长期从事汉语教学学科理论和教学理论研究并颇有建树，他们在学科发展的进程中意识到了资源的作用和重要性。这体现的是对教学软实力的重视。

（二）汉语教学各级各类资源库创建研究

资源创建是资源研究的第一步，也是最重要、最关键的一步，它关系到资源运用、管理和评估等一系列问题。

近十年来，汉语教学资源创建方面成就显著。这里我们选取

---

① 参见崔永华《试论后方法时代的汉语教学资源建设》，《国际汉语教学研究》2015 年第 2 期。

② 参见李泉、金香兰《论国际汉语教学隐性资源及其开发》，《语言教学与研究》2014 年第 2 期。

的内容，均是有代表性的成果或近年来的研究热点，包括汉语中介语语料库、错字别字数据库、语音语料库、词汇教学信息库、语法教学资源库等。张宝林和崔希亮（2013）[1]提出了"全球汉语中介语语料库"建设方案，其特点是扩大了语料库规模并关注语料库的代表性。这是在新时代利用已有的技术平台和可能的资源获取手段，克服已有中介语语料库局限的一项大型研究。与文本中介语语料库相比，"外国学生错字别字数据库"的建设更加困难，但从汉语教学和研究来看又是必要的。北京语言大学"外国学生错字别字数据库"课题组（2006）[2]阐述了该数据库建设的意义，详细介绍了该数据库的总体设计、数据库结构、数据采集和标注、技术处理等关键问题，并报告了后续研究成果。可以说，该数据库的建成填补了利用大规模错字别字数据库开展汉字教学和学习研究的空白。以往，语音语料库的研究仅停留在构想阶段。曹文和张劲松（2009）[3]介绍了面向计算机辅助正音的汉语中介语语音语料库数据创建中的数据采集方法和语料库结构、标注原则和规范，并给出了标注实例。焉德才和胡晓清（2013）[4]阐述了一个基于偏误反馈、面向特殊目的和特定国别的词汇教学

---

[1] 参见张宝林、崔希亮《"全球汉语中介语语料库建设和研究"的设计理念》，《语言教学与研究》2013年第5期。

[2] 参见北京语言大学"外国学生错字别字数据库"课题组《"外国学生错字别字数据库"的建立与基于数据库的汉字教学研究》，《语言教学与研究》2006年第4期。

[3] 参见曹文、张劲松《面向计算机辅助正音的汉语中介语语音语料库的创制与标注》，《语言文字应用》2009年第4期。

[4] 参见焉德才、胡晓清《基于偏误反馈的对韩汉语词汇教学信息库建设》，《华文教学与研究》2013年第2期。

信息库建设问题。彭炜明等（2014）[1]在分析了目前语法大纲和语法教学特点及其与资源的关系之后，提出了能够实现资源库语法点与教学语言材料之间动态关联的资源库建设框架。

近十年来，教材语料库、基于学习过程的学习者语料库、教学管理信息库也受到重视，相关研究得以开展。在全球汉语教材库建设的基础上，周小兵等（2017）[2]讨论了利用该语料库可以开展的教材相关研究，如教材中的字词分析、教材文本语料的定级与评估等。曹贤文（2013）[3]认为，只有通过纵向追踪调查才能全面了解学习者由预制的套语到可分析的语言结构、由重复模仿他人话语到自主生成第二语言的习得过程。但是，目前的相关实践相对缺乏或薄弱。相信纵向中介语语料库的建成对开展习得过程研究将起到极大的促进作用。柴省三（2013）[4]认为，建设一个协作性较高的考生信息数据库，不仅可用于汉语测试效度研究，对汉语教学研究及留学生教育政策的制定等也有重要的应用价值。我们注意到，以往把这类研究看作是普通的教学管理研究，而今对于大规模在线平台上的教学来说，采集学生信息并将学生信息与教学和学习信息关联，开展更深刻和全面的大数据教学和学习分析研究，是非常必要的。

---

[1] 参见彭炜明、宋继华、赵敏《面向国际汉语教学的语法资源库建设》，《中国远程教育》2014年第8期。

[2] 参见周小兵、薄巍、王乐、李亚楠《国际汉语教材语料库的建设与应用》，《语言文字应用》2017年第1期。

[3] 参见曹贤文《留学生汉语中介语纵向语料库建设的若干问题》，《语言文字应用》2013年第2期。

[4] 参见柴省三《汉语水平考试（HSK）考生信息资源库的建设与应用》，《语言教学与研究》2013年第4期。

面向汉语教学的资源类型是多种多样的，学者们对资源类型的拓展寄予期望。比如，卢伟（2007）[①]提出，要面向国外汉语师资远程培训开展网络资源建设；黄伟（2015）[②]讨论了汉语中介语多模态语料库建设方面的基本问题。而郑艳群（2013）[③]认为，从宏观和战略意义上讲，应开启对语料库网的研究。

（三）汉语教学资源加工与分析研究

资源在创建的基础上，需要进行适当的加工和分析，才能更好地被利用。加工和分析的主要方式是标注和计算，操作背后的理论或目的决定了标注和计算的内容。其中，标注内容是面向对象的，同时也带有主观性；标注方法应力求高准确度、高可靠性和高适用性。标注结果终将影响到资源利用的效果。

近十年来，汉语中介语（书面语）的加工和分析是研究的热点，涉及标注的全面性、平衡性、多元化和动态更新等问题。张宝林（2013）[④]总结了汉语中介语语料标注的现状与问题，在此基础上集中探讨了语料标注模式及其特点、可行性和存在的问题。肖奚强和周文华（2014）[⑤]阐述了汉语中介语语料库标注的全面

[①] 参见卢伟《国外汉语师资远程培训网络资源建设》，李晓琪主编《汉语教学学刊》（第3辑），北京大学出版社2007年版。

[②] 参见黄伟《多模态汉语中介语语料库建设刍议》，《国际汉语教学研究》2015年第3期。

[③] 参见郑艳群《语料库技术在汉语教学中的应用透视》，《语言文字应用》2013年第1期。

[④] 参见张宝林《关于通用型汉语中介语语料库标注模式的再认识》，《世界汉语教学》2013年第1期。

[⑤] 参见肖奚强、周文华《汉语中介语语料库标注的全面性及类别问题》，《世界汉语教学》2014年第3期。

性和类别问题,认为标注的全面性应从广度、深度和准确度展开;标注类别应分为正确信息和偏误信息两类。刘长征和张普(2008)[1]探讨了汉语教学用词表多元化的必要性和途径,以及动态更新的可行性和方法等问题。施春宏和张瑞朋(2013)[2]讨论了语料库平衡性的内涵、基础、结构及其实现路径等方面的问题。

还有一些研究是直接面向汉语教学资源库的,如多媒体教学资源库、视听教材、教材语料难度的相关研究。郑艳群(2012)[3]阐述了以交际项目为纲的汉语口语教学多媒体素材库的建设思路,论述了如何通过多属性标注实现"交际项目—话题内容—语言形式—场景配置"的有机结合。这一研究的本质是在探讨"结构"与"功能"教学的关系及其实现路径问题。王飙(2009)[4]考察了1990年到2008年中国境内出版的三类汉语视听教材,认为现成影视作品最适合编写汉语视听教材,并结合重点教材对目前影视作品教材的编法进行了评述。多媒体技术和视听教学的运用普遍增多,随之产生的研究问题也凸显出来。张璐和彭艳丽(2013)[5]讨论的语料难度问题即是其中之一,作者以中高级汉语视听说教材为研究对象,通过对语段的定量分析得出教材语料难度系数,

---

[1] 参见刘长征、张普《对外汉语教学用词表的多元化与动态更新》,《语言文字应用》2008年第2期。

[2] 参见施春宏、张瑞朋《论中介语语料库的平衡性问题》,《语言文字应用》2013年第2期。

[3] 参见郑艳群《多属性标注的汉语口语教学多媒体素材库建设及应用》,《语言教学与研究》2012年第5期。

[4] 参见王飙《中国大陆对外汉语视听教材评述与展望》,《世界汉语教学》2009年第2期。

[5] 参见张璐、彭艳丽《基于影视作品改编的中高级汉语视听说教材语料难度分析》,《世界汉语教学》2013年第2期。

进而衡量其适用程度。这一研究对汉语视听说教材的编写有参考意义。

另外一类比较特别的研究是探讨计算机自动标注、自动判别中介语语法偏误的问题。王洁（2011）[①]针对目前汉语中介语偏误人工标注缺乏一致性和效率低的问题，提出了计算机识别偏误的方法。

（四）汉语教学资源运用与计算研究

资源运用是资源研究的表层体现。对资源深挖，通过不同的计算方法得到新的资源，使资源增值，也是资源研究的内容。不同类型的资源有不同的运用目的和方式。比如，用于汉语学习词典的编纂、汉语分级读物的编写、教学（软件）系统的设计、教材编写系统的设计和语料难度的自动控制等。

邢红兵（2013）[②]从语料库的词汇知识提取角度，对外向型汉语学习词典的编纂提出了若干建议。卢伟（2012）[③]探讨了阅读文本难度控制的语言变量及分级标准，论述了汉语分级阅读资源的设计理念和总体构思，并介绍了其技术实现方式和系统构成与主要功能。刘鑫民（2007）[④]认为，一个合格的汉语语法学习系统，不但能够展示汉语语法的规则，而且应该具有生成性。基于这种观点，文章提出了一个生成型的汉语句子学习系统。卢伟（2006）[⑤]

---

① 参见王洁《计算机识别汉语语法偏误的可行性分析》，《语言文字应用》2011年第1期。

② 参见邢红兵《基于语料库的词语知识提取与外向型词典编纂》，《辞书研究》2013年第3期。

③ 参见卢伟《基于网络语料库的汉语分级阅读资源建设》，《第十届国际汉语教学研讨会论文选》，北方联合出版传媒（集团）股份有限公司、万卷出版公司2012年版。

④ 参见刘鑫民《基于知识库的汉语语法学习系统》，《云南师范大学学报》（对外汉语教学与研究版）2007年第3期。

⑤ 参见卢伟《基于WEB的对外汉语教材编著系统：理论依据与设计开发》，《外语电化教学》2006年第6期。

从定量分析、学习难度、语言项目复现等方面对设计基于 Web 的对外汉语教材多媒体协同编著系统的理论依据进行了探讨。

二 对汉语教学资源研究的新认识

回顾近十年来汉语教育技术的发展历程，对教学资源的研究有长足的进步，也有值得继续思考的问题。认清形势，有助于在世界教育技术的大发展时期，为汉语教学赢得新的发展机遇。

（一）更新资源观念并审视已有资源建设状况

技术的应用使教学领域产生了诸多变化，也导致了资源观的变化。比如，教学主体的呈现，教师从主导者变为参与者，并逐渐发展至资源或化身为智能教学系统；教学不在实地实施，而通过网络形式在虚拟环境下发生。以资源支撑和促进信息化教学，通过资源建设引领外语学习的革命，这些前沿问题都值得我们思考。正确地认识资源，是为了更好地开发和利用资源。信息时代教学和学习的开展，促使我们从宏观和战略的高度去深化对资源的认识，甚至重新认识资源的性质、形态和层次等概念。按照这样的认识，一切可被汉语学习利用的、有利于促进学习的资源都可以称为汉语教学资源。

对已有的汉语教学资源进行系统梳理，积极调整资源研究的方向，有助于实现信息时代的资源驱动的语言教学。从已有文献我们了解到，已有的资源研究类别繁多，这些资源都有继续建设的必要。

相比之下，对教学软实力资源的研发和对学习分析资源的研发，属于真空地带。举例来说，基于交互反馈的汉语二语习得语料库建设是非常必要的，这是汉语教学和教学研究的重要资源。另外，也应重视基于教学或学习理论研究的语料库建设，这类语料库目前尚属空白。未来，汉语本体语料库、汉语学习者母语语料库、汉语中介语语料库，将与汉语教学和学习信息库贯通，构成汉语资源系统，共同为汉语学习服务。

（二）对资源建设的理论及方法和手段进行变革

在信息化教学时代，网络平台上不仅产生了教师使用的本体语料（库），也产生了学习者中介语语料（库），还有学习者背景信息、语言教学和学习行为数据（库）等多种类型的资源，应该大力开展对这些资源的研究并将研究结果反馈于教学系统的研发。

从理论上看，教学资源的研发要扎根汉语教学和学习的规律，对教学对象、教学内容、教学方式、教学过程等方面进行深入解析。以往的教学系统，缺少学习分析数据，导致教学软件系统的设计无所适从，交互和反馈功能开发也无从参照，因而无法具体地将学习过程控制的方法应用于实际的教学和学习，也就无法产生理论上应有的学习绩效。从实践上看，教学资源的研发可以充分利用大数据技术。从数据获取到深度学习，都需要对资源建设的方法和手段进行变革，应着手研究基于网络大数据平台自动搜集、挖掘、识别和集成语言学习数据的各类工具，以及自动进行各类教学与学习信息标注的软件工具。未来有望通过数据挖掘和分析工具，系统地挖掘各类信息，并把这些知识体系融汇到教学系统设计中，按需推送给学习者，为学习者提供智能化服务。

（三）借鉴中文信息处理技术解决资源研究中的共性和个性问题

汉语资源研究中有相当一部分问题涉及中文信息处理技术。目前汉语中介语语料库的建设与加工大多遵循传统方式，无论是目标还是方法，从本质上没有太大的创新和突破，已有的中文信息处理技术二三十年前的研究成果没有得到借鉴，如平衡性和代表性等问题、计算机自动标注问题。这些是语料库研究的基本问题，也是共性问题，可是诸如此类的汉语中介语中文信息处理问题很晚才开始讨论，这实在是一个失误。事实上，中文信息处理很多方法和技术在汉语教育技术中都大有用武之地。比如，在中文信息处理技术的发展过程中，人们逐步认识到了标准的重要性，并制定了一系列相关标准。建设资源的重要目的是共享并产生应有的效益，因此标准是资源的生命线，也是教学的保障，同时还可以减少不必要的重复劳动。由来已久的课件重复制作就是一个典型的例子。如果有了科学统一的资源建设标准，教学应用就有了依托；而参考标准所建设的资源和加工的信息，便会更具科学性。

当然，面向汉语教学的中文信息处理技术的重点应放在解决和探讨对外汉语教学中的特殊问题上，解决好个性问题。例如，汉语语法偏误的自动识别、汉语中介语语音识别和汉语学习者汉字手写识别等问题。

（四）在教育技术视野下审视已有资源研究的状况

若在由教育技术定义所构成的框架下看待近十年来汉语教学资源研究的文献就会发现，已取得的有关资源研究的成果都可以在这一框架下找到相应的位置，而在这一框架下所看到的研究的"强项"（文献数量多）或"弱项"（文献数量少），有可能（不是绝对）是已有研究成果丰富之处，以及不足或研究进程中遇到的瓶颈问题。一切有关汉语教学和学习资源建设的设计、开发、运用、管理和评估的理论与实践研究，都属于汉语教育技术领域的工作。

随着人们对资源认识的扩展和深入，对资源的研发也将全面而深入地开展。特别是面向未来的教学，资源既是表层的应用对象，又是实际推动教学和保障教学的基础。在教育技术理论指导下对汉语教学进行研究，正是汉语教育技术研究的目标和任务。汉语教学资源在新时期的汉语教学中必将发挥越来越重要的作用。

第一章

汉语教学大资源观阐释

第一节 后方法时代的汉语教学资源建设[①]

一 题解

本节讨论汉语作为第二语言的教学资源建设问题。这里讲的"教学资源",以北京语言大学出版社(以下简称"北语社")2012年和2014年举办的两届"国际汉语教学资源大赛"的参赛作品("教案+课件")为参照物。但下文讨论的教学资源的范围不限于此,原则上也适用于现存于网上的各类教案、课件,以及网上、网下的各类汉语教学资源。"建设"则指由具体的教案、课件编制到对这些课件和其他教学资源的整合和利用。本节的讨论以上述资源大赛的作品为具体参照,以使讨论不致空泛。本节重点探讨在当前所谓语言教学的"后方法时代"中汉语教学资源建设的指导思想问题,所以讨论从对"后方法时代"的理解开始。

[①] 本节摘自崔永华《试论后方法时代的汉语教学资源建设》,《国际汉语教学研究》2015年第2期。

二 理解"后方法时代"

近些年来,国内外第二语言教学专家纷纷宣称,第二语言教学正处在"后方法时代"(亦称"后教学法时代")。如理查德(2003)[①]说,"我们现在正处于所谓的'后教学法'(Post Method)时代","'后教学法'时代倾向于注重学习与教导的过程,而不把教学成功归因于教学法的主要影响","语言教学不再追寻所谓'完美的教学法'"。

笔者认为,理解后方法时代的语言教学理论、理念,需要区分三个概念:后方法时代、后方法时代的语言教学理论和库玛的后方法语言教学理论。

(一)后方法时代

语言教学的后方法时代是指自20世纪90年代(或许更早一些)以来,国内外第二语言教学(外语教学)进入了这样一个新的时代:教学不再遵循某一特定语言学流派或语言教学流派所提出的某一特定的语言教学操作方法。因此,"后方法时代"指当前遵循这种教学理念的第二语言教学的实践,是一个"时间段"的概念。国内外第二语言教学处于后方法时代,这一思想得到了国内外专家、教师的广泛认同。

(二)后方法时代的语言教学理论

后方法时代的语言教学理论是指进入后方法时代以后,特别是20世纪90年代后期以来,各国语言教学专家和机构提

---

① 参见理查德(Jack C. Richards)《英语教学三十年之回顾》,尤菊芳译,2003年。

出的语言教学理论。例如后方法时代语言教学理论的代表人物库玛（2006a）[①]认为，Stern 的三维框架（Three Dimensional Framework）、Allwright 的探索实践框架（Exploratory Practice Framework）和他自己的宏观策略框架（Macro-strategic Framework）都是"体现后方法视角的代表，尽管 Stern 和 Allwright 并没有使用'后方法'这一术语"，"三者的共同点是都对'方法'这一概念持否定的态度，并试图突破'方法'的局限"。

依据库玛的这一"标准"，笔者认为，这一时期的以下论著都具有后方法时代语言教学理论的特征（"特征"见二（四））：（1）Brown（2007）[②]所说的"开明教学途径"（Enlightened Eclectic Approach）的 12 项原则。（2）Jack C. Richards 在《英语教学三十年之回顾》中对 8 个问题的新认识。（3）美国《21 世纪外语学习标准》（Allen Press Inc.，1999）的 5 个 C（即交际、文化、贯通、比较、社区）。（4）中国《英语课程标准》（北京师范大学出版社，2012）提出的 5 个基本的教学理念和对教学目标内容的描述。（5）中国《国际汉语教师标准》（外语教学与研究出版社，2007）提出的汉语教师素质的 5 个模块。（6）中国《国际汉语教学通用课程大纲》（外语教学与研究出版社，2008）对汉语教学目标和内容的描述。

当然，后方法时代语言教学理论的表现肯定远不止此。陈力

[①] 参见库玛 (Kumaravadivelu, B.).TESOL methods: Changing tracks, challenging trends. *TESOL Quarterly* 40 (1), 2006a.

[②] 参见 Brown, H. D. *Teaching by Principles: An Interactive Approach to Language Pedagogy*. Englewood Cliffs, NJ: Prentice Hall, 2007.

(2009)① 也曾指出,"后方法的理论主张散见于 Prabhu(1990)、Stern(1983、1992)、Allwright(1991)、Richards(1990、1998)、Pennycook(1989)、Nunan(1991)、Brown(1991)、Freeman(1991、1996)、Kumaravadivelu(1992、1994、2001、2003、2006)和 Bell(2003、2007)等学者的论著中"。

(三)库玛的后方法语言教学理论

国内围绕后方法语言教学理论的评介大都集中在库玛提出的三种身份的重新定义、三个基本参量(Parameters)和 10 项宏观教学策略(Macro-strategies)上。笔者认为,库玛自 1994 年提出"后方法"的概念后,确实对后方法时代的语言教学理论做了富有代表性的探讨,是后方法时代语言教学理论的集大成者、杰出代表。尽管如此,库玛的理论还只是后方法时代语言教学理论的一种,不能也不可能涵盖后方法时代的语言教学理论的全部内容。笔者坚持认为,探讨后方法时代的语言教学理论,不应废黜百家、独尊一枝,否则就落入新的"方法"窠臼,违背了"后方法时代"这一理念的初衷。

因此,下文对后方法时代语言教学理论、理念的讨论,是在二(二)所说的范围里的,不局限于库玛的论述。

(四)后方法时代语言教学理论的基本特征

1. 否定"方法",即对"方法"这一概念持否定态度

持后方法语言教学观的专家学者的一个共同认识,即如库玛(2006a)所说,多种新的教学理论框架都"对方法这一概念持

---

① 参见陈力《外语教学法的"后方法"时代》,《基础英语教育》2009 年第 3 期。

否定的态度,并试图突破方法的局限"。库玛(2013)①在讲到"方法概念的局限性"时说,"首先,方法是在理想化的环境中,以理想化的概念为基础的。因为语言教育学的需求和环境千差万别,任何一种理想化的教学方法都无法事先预想到所有的变化。……教学方法的另一大缺点在于它数量不足,方法有限,无法针对全世界纷繁复杂的语言教学一一做出满意的解释。……方法的局限性慢慢令人们意识到,'方法'这个词只是一个内容空泛的标签而已",它"不仅无助于提高,反而有损于我们对语言教学的理解"。

2. 原则指导,即只提出指导原则,不规定具体方法

持后方法语言教学观的学者的另一个共同点是,只讲语言教学的指导原则,不规定具体的操作方法。比如库玛提出的10项宏观策略、Brown(2007)提出的12条原则,不是像以往的语法翻译法、听说法、全身反应法那样规定教师必须用特定的方法操作,而只是提出一些建议、样例(如库玛的"微观策略")来说明如何贯彻这些原则。这提示我们,后方法时代的语言教学理论是第二语言教学理论发展的一个新的阶段。它不是提倡"无法无天",而是仍然要遵循一定的教学理念、原则。因此,在后方法时代,我们仍需要学习、理解语言教学理论的基础及其倡导的教学原则,并广泛了解、学习以往的教学方法,以实践这些原则。

3. 继承性,即继承了以往教学理论和实践的成果

后方法时代语言教学理论的第三个基本特征是其继承性,即这些指导原则是在总结以往教学理论和实践中得出的。比如库玛

---

① 参见库玛《超越教学法:语言教学的宏观策略》,陈建敏译,北京大学出版社2013年版。

（2006a）说自己的 10 项宏观策略是从与第二语言教学有关领域的研究成果综合而来的，Brown（2007）说自己提出的 12 条教学原则"是比较公认的，已被广为接受的"。

正因如此，有学者认为，在后方法时代，教师应接受不同语言教学方法的训练（理查德，2003），这样才有能力将各项原则落实到自己的实践中。

4. 注重教师发展

重视教师发展，是后方法时代语言教学专家的又一共同思想。诸多文献都主张把教师从被动地接受某种教学理念、教学法的身份，转变为语言教学策略（理论、教学法）的思考者、探索者和实践者；主张教师应通过"行动研究"等方法，实现自我教学理论的建构；主张教师应注重参与、合作、反思，拓展自身知识和技能。关于这一点的具体论述，请参看四（一）"后方法时代的教师发展观"。

三 后方法时代语言教学理念指导下的教学资源建设

（一）后方法时代语言教学理论的基本理念

从二（二）所列后方法语言教学理论的多种表现可以看出，各家对后方法语言教学的具体理念、原则、标准在语言表述上存在不小的差异。但是仔细研读后，可以分析发现其中包含着一些共同的基本理念。笔者认为以下三个理念，可以看作是诸家的共识。

1. 外语教学的目标是培养综合语言运用能力

这是对第二语言教学目标的一种新的认识。以下各家论述可以说明：中国《英语课程标准》和《国际汉语教学通用课程大纲》规定教学目标为"培养综合语言运用能力"；《21世纪外语学习标准》认为语言学习内容包括语言系统、文化知识、交际策略、批判性思维能力、学习策略、其他学科领域和技术；《欧洲语言共同参考框架：学习、教学、评估》（外语教学与研究出版社，2008）认为外语能力包括：个人综合能力、语言交际能力、语言活动能力、不同领域的交际能力；库玛10项宏观策略中也包括"语言技能综合化"。

2. 学习者是学习的中心

上述所有文献都特别强调学习者是语言教学活动的主体。库玛10项宏观策略中的"最大化学习机会、最小化感知失配、提高学习者自主性、激活直观启发"，都体现着这种理念。

3. 语言是在使用中学会的

使用是最重要的语言学习途径，也是各种文献的共识。《21世纪外语学习标准》中的一段话说得十分透彻：语言教学的方法是为了培养学习者与他人进行真实交际的能力。学习语言系统本身可能对有些学习者有用，但这不会自动培养出在真实语境中理解语言和以得体方式做出有意义回应的能力。学习者有在广泛交际活动中使用目的语的机会，才能学得语言。积极地使用语言是学习过程中最重要的方面。库玛10项宏观策略中的"促进协商互动、语境化语言输入、确保社会关联、增强外语语感、提高文化意识"也体现着这个理念。

（二）教学资源设计的原则

上述后方法时代语言教学的基本理念涉及教学目标、教学活动的主体和最有效的教学途径，这显然与教学资源设计密切相关，应当成为教学资源建设的理论基础和基本原则。

1. 教学资源建设应以培养综合语言运用能力为目标

跟语言教学的其他方面一样，教学资源建设也是要明确教学目标。这意味着：（1）课堂教学的目标首先要指向语言运用能力。（2）教学内容、教学过程与目标要相联系，为实现教学目标服务。（3）要有评估教学目标是否实现的环节和手段。（4）教师和学生都需要明确教学目标。

从两届资源大赛的作品来看，大家对教学目标都很重视，教学目标的描述也越来越规范。但是仍存在两个问题：一是有些作品的教学内容、教学过程跟目标联系不明显，教学目标有些形同虚设；二是缺少检验教学目标是否实现的环节和手段，也使教学目标落空。

要克服这种偏差，有一种"逆式教学设计"的方法可以供我们参考。语言教学的逆式教学设计的一种思路是，在课堂教学设计（编写教案）时，先"确定想要取得的学习成果"（确定教学目标），然后"选择一些可以接受的学习证据，确定学生们已经达到了预期目标"（设计评估手段），最后"规划学生的学习进程和指导性活动"（设计教学过程和方法）。[①]

---

① 参见海伦娜·柯顿、卡罗尔·安·达尔伯格《语言与儿童：美国中小学外语课堂教学指南》（第四版），唐睿等译，外语教学与研究出版社2011年版。

2. 课堂教学以学生的活动为主

学习者是学习的中心在语言课堂的一个体现是，学生是课堂活动的中心，教师讲授不是课堂活动的中心。因此，我们设计的教案、课件，不仅要呈现知识和教师讲解的内容，更多的、更重要的是诱发学生的活动。当然，不同的课程、课型比例应有不同，但在语言技能课上，包括我们的综合课、精读课，都必须遵循这个原则。牢记学生是课堂活动的中心，在教学过程中遵循这个原则，教师就会把自己的活动压缩到最少，尽量把时间留给学生活动。"精讲多练"的传统，也是这个意思。

3. 努力创设使用语言的环境

既然使用是学习语言最有效的途径，那么我们在教学活动中就要努力给学生创造使用语言的环境和机会。因此，设计多媒体课件不只是呈现、解释语言规则和各种知识，更要用生动的媒体呈现语法、词汇的使用环境，给学生提供交际的情境，激发学生表达的欲望，诱发真实或接近真实的交际活动。

在以上几个方面，我们的很多参赛作品也还有比较大的潜力可以挖掘。

四 后方法时代的资源建设和教师发展

（一）后方法时代的教师发展观

如二（四）所说，后方法时代的语言教学理论主张把教师从被动地接受某种教学理念、教学法的身份，转变为语言教学策略（理论、教学法）的思考者、探索者和实践者。

库玛（2006b）[①]认为，目前二语教师培训模式偏重传授语言学、语言学习和语言教学的相关理论，把教师当作被动的接受者，没有鼓励教师基于自身经验建构自己的教学理论。库玛的理论试图将教师变成策略型教师和策略型研究者。作为策略型教师，他们应该不断反思教学过程，拓展自己的知识和技能，探索宏观策略并使之适应不断变化的教学环境，充分发挥课堂潜能。作为策略型的研究者，教师应该利用这个宏观策略框架来培养自己探索课堂的能力。[②] 库玛（2014）[③]认为，教师教育者应当"帮助实习教师成为策略思考者和行动者"，"帮助他们发展对课堂情况的整体理解，最终，他们会建立自己的行动理论"。

理查德（2003）在比较"方法时代"和"后方法时代"的语言教师培训时说："过去：训练老师只使用一种教学法。强调'训练'，教学能力被视为技巧的熟练。强调教学的技术面，师资培训课程仅限于有限的理论知识基础。教师向专家学习。现在：教师接受不同教学法或教学观的训练。同时重视'训练'和'发展'，重视'教师成长'的建构（主义）哲学。教师被鼓励发展个人的教学方式，在语言教学方面有宽广的知识基础，教师可以经由合作及反思来学习。"

---

① 参见库玛（Kumaravadivelu, B.）. *Understanding Language Teaching: From Method to Post Method*. Mahwah, NJ: Lawrence Erlbaum Associates, 2006b.

② 参见华维芬《外语教学方法研究新趋势——〈理解语言教学：从方法到后方法〉述评》，《外语界》2008年第5期。

③ 参见库玛《全球化社会中的语言教师教育："知""析""识""行"和"察"的模块模型》，赵杨、付玲毓译，北京大学出版社2014年版。

如果把编写教案和编制课件看作是一种教学资源建设的话，那么这是我们的教师每天都在做的事。我们认为这种教学资源建设和教师发展密切相关。因为教师发展、提高的途径不是坐而论道，而是教学实践，以及在教学实践中通过反思和参与"行动研究""叙事研究"一类的教学研究获得自我发展。积极、自觉地投入教学资源建设，正是这种途径的主要方面之一。

（二）教学资源建设为教师发展创造了条件

我们仍以北语社搭建的这个平台为例来说明为什么参与教学资源建设可以促进教师发展。北语社组织的教学资源大赛的目标是，促进汉语教学资源的整合和提高，服务于国际汉语教学。从一定意义上说，这也是为教师发展搭建了一个平台。其作用可以简单归结如下：(1)提高教师的教学水平。大赛为教师提供了了解、学习同行教学情况的机会，打开教学思路，无疑会促进参赛和观摩教师教学水平的提高。(2)促进教师理论水平的提高。在准备参赛作品时，教师要不断思考、改进、学习、反思自己的教学，学习相应的教学理论及相关理论，吸取同行的优点，发挥创造性。(3)为推动教师发展提供平台。让教师在学习、比较、选择、参与、合作、实践、反思中，提高理论水平，实现自我发展，分享自己的思考和成果。

值得欣慰的是，两届大赛的确取得了一定的成效。这一届的教案和课件与上一届相比，在形式、内容、规范性等方面都有了很大的提高。当然这种提高肯定与其他因素有关，但是大赛提出的评价标准和交流、学习的机会，应当是一个重要的因素。

（三）大数据时代为教学资源建设和教师发展提供了新的途径和动力

当下，我们正处于"大数据时代"。维克多·迈尔－舍恩伯格和肯尼思·库克耶（2013）[①]认为，大数据正在改变着世界、思维和行为方式。教学资源建设是一种数据建设，教师参与教学资源建设就是在参与数据建设，大数据时代的理念、方法论也与教学资源建设和教师发展密切相关。

1. 树立大数据时代的理念

《大数据时代：生活、工作与思维的大变革》一书说，大数据时代开启了一次重大的时代转型。就像望远镜让我们能感受到宇宙，显微镜能让我们观测微生物一样，大数据正在改变我们的生活以及理解世界的方式，成为新发明和新服务的源泉，而更多的改变正蓄势待发。该书还说，大数据时代在处理数据的理念上有三个转变：要全体不要抽样；要效率不要绝对精确；要相关不要因果。这些理念还需要我们慢慢学习、体会、消化。我们相信，理解了这些理念，再思考语言教学的问题，再做教学资源的事情，一定会有不同的效果。

2. 大数据时代为教学资源建设提供了手段

我们要学会利用大数据时代的理念、思路、手段，获取、建设、利用教学资源，提高教学质量。北语社推出的教学资源网站"国际汉语教学资源中心"、《发展汉语》教材专区、教材QQ交流群等，

[①] 参见维克多·迈尔－舍恩伯格、肯尼思·库克耶《大数据时代：生活、工作与思维的大变革》，盛杨燕、周涛译，浙江人民出版社2013年版。

已经对教师的教学、研究、交流等方面产生了一定的影响。

3. 大数据时代为教师发展提供了条件

学习大数据时代的理念、思路、方法是提高教师素质的一个重要途径,学会从大数据时代中获取教学和研究资源,不但可以提高教学水平,也可以提高研究水平,大大拓宽教师发展的空间。

五 结语

当前从事汉语国际教育的同人很幸运,我们遇上了两个"时代"——后方法时代和大数据时代。前者为教师发展解放了思想,开辟了更为广阔的发展空间;后者为事业和教师发展提供了新的思路和途径。

能不能利用好这两个时代赐予我们的"厚爱",关键在于我们是不是主动地更新我们的知识、技能、理念,尤其是树立新的语言教学理念。

理念是语言教师的灵魂。后方法时代和大数据时代也可以理解为我们面临的两个新的重大理念。它们内涵丰富,它们与我们的语言教学息息相关,它们就在我们身边。我们要努力将其化为教学资源和教师发展的条件和动力。不要视而不见!不要与其擦肩而过!

第二节　国际汉语教学隐性资源及其开发[①]

汉语教学资源开发，是国际汉语教学学科建设的重要组成部分。汉语走向世界需要有教学资源的支撑，汉语教学国际化的过程也是不断开发、丰富和应用汉语教学资源的过程。语言资源的开发是第二语言教学永恒的课题，其开发的深度、广度及质量是学科发展和建设水平的重要标志。在汉语加快走向世界的当今，汉语教学资源的开发尤其具有战略意义。以往有学者探讨过语言资源及其开发问题，如邱质朴（1981）、李宇明（2008）、陈章太（2008）、曹志耘（2009）、陶建华（2010）[②]等，相关研究着眼于社会对语言大规模的特定需求，以及国家语言资源管理和应用，来探讨语言资源的保护、建设、开发与利用问题。这些宏观研究不仅明确了语言资源开发的方向及其重大意义，也为特定领域微观性的语言资源开发提供了很好的启示。本节拟在国际汉语教学的语境下，探讨汉语教学的资源及开发和应用。

一般认为，教材、教具、教学大纲、工具书等是典型的教学资源。随着教育技术的进步，多媒体资源库、汉语教学／学习网

[①] 本节摘自李泉、金香兰《论国际汉语教学隐性资源及其开发》，《语言教学与研究》2014年第2期。

[②] 参见邱质朴《试论语言资源的开发——兼论汉语面向世界问题》，《语言教学与研究》1981年第3期。李宇明《语言资源观及中国语言普查》，《郑州大学学报》（哲学社会科学版）2008年第1期。陈章太《论语言资源》，《语言文字应用》2008年第1期。曹志耘《论语言保护》，《语言教学与研究》2009年第1期。陶建华《中文语言资源联盟简介》，《术语标准化与信息技术》2010年第4期。

站等虚拟空间的资源也成为教学资源,而且是一个开发和利用前景广阔的资源取向。实际上,教学资源概念的内涵和外延还可以更宽泛些。即一切可用于汉语教学的文字材料、网络多媒体材料,一切有助于增长学习者汉语知识和能力、有利于强化学习者动机和情感的方法与策略,都可以视为汉语教学资源。据此,本节将汉语教学资源分为四类:文字材料资源、网络多媒体资源、知识与能力资源、方法与策略资源。

"文字材料资源"主要包括汉语教科书,汉语教学读物,汉语工具书,各类汉语教学大纲,如汉语水平等级大纲(汉字、词汇、语法)、汉语教学大纲(本科、进修、短期)、专门领域大纲(文化、功能、任务)、课程大纲,频率字/词表,以及非汉语教学的中文读物(报纸、小说、散文、时评文章),等等。这些资源可以成为汉语教学的教材、补充材料,备课时的工具书,教材编写时语言要素、文化要素、功能项目、课文内容等选取和编写的依据与素材。此外,与汉语教学相关的研究成果,亦是国际汉语教学及其研究的重要资源。包括可为汉语教学提供借鉴、参考或可直接利用的汉语本体研究的成果,有关汉语教学研究的学术专著、国际/国内会议论文集、学术期刊等,有关汉语语言要素教学、语言技能教学、教材编写、教师发展、评估测试等各领域的研究成果,都可以直接或间接地成为汉语教学、研究及信息获取的资源。"网络多媒体资源"包括多媒体课件、教学资源库、汉语语料库、汉语中介语语料库、各类教学和学习网站、影视及生活视频材料、中国文化图片及多媒体资源等。例如:《中国语言生活状况报告(2006·上编)》(商务印书馆,2007),收录中国境内的相关网站31个;《国际汉语教学动态与研究》(今《国际汉语教育》）2007年第一辑（外语教学与研究出版社，2007）发布，Jim Becker收集到的全美与汉语教学有关的网站184个。网络资源的开发和利用大大拓展了语言教学手段，增强了语言教学的直观化、真实化，有效地提升了教学的质量和效率。[①]

"文字材料资源"和"网络多媒体资源"是显性的语言教学资源，也是语言教学资源的基本形态；而"知识与能力资源""方法与策略资源"是语言教学的隐性资源、"软实力"资源，同样是语言教学必有的资源。就汉语教学而言，前两类资源已得到广泛的开发和利用，后两类资源虽然伴随着语言教学的全过程，但从观念上和实践上均未得到广泛的认可，特别是作为教学资源来看待。实际上，就提高教学质量和效益而言，后两类资源的学术和应用价值丝毫不低于前两类资源，甚至更为重要，故本节重点讨论后两类教学资源。

一 知识与能力资源

（一）知识与能力资源的基本内涵

有助于增长学习者汉语知识和汉语能力、有利于提高课堂教学质量和效率的各种知识与能力，也是国际汉语教学的资源。主要包括：学习者的母语、教师的外语、师生之间的媒介语（如英语等）、汉语（即中国教师的母语、外国教师的外语、学习者的目标语）、师生共有的知识与技能等。换言之，不仅汉语本身是汉语教学的资源，师生之间的媒介语及共有的知识与技能等资源，

---

① 参见郑艳群《对外汉语教育技术概论》，商务印书馆2012年版。

也是随时可用之于课内汉语教学和课外语言交流，即参与语言教学和学习的资源。其中，师生媒介语、特别是汉语本身，是最重要的知识与能力资源。

（二）汉语教学媒介语资源的利用

师生之间的媒介语既然是一种教学资源，就要求教师应尽可能多地掌握或熟悉学习者的母语（或师生媒介语，下同），并且明确：学一点儿就有一点儿的用途，即使会一些课堂教学语言，也将有助于课堂教学活动的组织；而会得更多乃至掌握学习者的母语，则无疑便于有针对性地开展汉语及文化对比教学。事实上，恰当地使用学习者的母语是第二语言教学的一条重要原则，不仅有利于教学工作的开展，也有利于拉近师生之间的距离。孙立峰（2012）[①]指出："外语能力的高低，很大程度上决定着国际汉语教师的工作绩效。在海外普及型汉语传播的现阶段，外语强则教学易，外语弱或不会所在国的语言则教学难、工作更难，这是海外一线教学工作者的真实写照与切实体验。"可见，外语是汉语教学的重要资源，直接影响教师的汉语教学的质量和效益，以及工作开展的深广程度。

（三）汉语教学内容资源的开发及个案分析

需要特别指出的是：汉语教学的内容——体现为教材或课件本身的汉语教学语料，不但是学习者的目标语，也不仅仅是汉语教学和学习的内容，更是取之不尽的教学资源。换言之，汉语、汉字、课文内容及相关的中国文化，是汉语教学过程中随时可以

[①] 参见孙立峰《从海外汉语教学看汉语国际教育硕士的培养》，《学术论坛》2012年第1期。

提取、拓展和深化的核心资源。教学中不应仅仅停留在对教材的对话语句、课文语段、具体语言点等本身的讲练，而应根据学习者的语言水平和学习需要，对教学内容进行必要而适当的补充、深化与延伸。简言之，要利用教材的内容进一步开发教学和学习资源，而不是只教教材、死教教材，只学教材、死学教材，也即应摒弃"不敢越雷池一步"的教材使用观念。

个案分析：《发展汉语·高级综合Ⅱ》（第二版）（北京语言大学出版社，2012）第十课练习中有这样一句话："那一刻，他千言万语噎在喉咙里，一句话都说不出来。"这句话当作精读或是泛读材料，也即在不同的教学目标中讲练到什么程度，可能见仁见智。这里只想拿它来"说事"，探讨如何开发教学资源，即利用教材教语言；如何拓展学习资源，即利用语料学语言。具体来说：

1. "那一刻"的"刻"是什么意思？（时刻）是否联系"一刻钟"的"刻"？

2. 是否顺便给出与此处"刻"意思相关的成语"刻不容缓"？（片刻）

3. 是否要问学生"刻"还有什么常见的意思和用法？（雕刻、石刻、篆刻、刻图章）要不要配上图片？要不要介绍诸如"篆刻"等文化现象？

4. 顺带应指出"千言万语"也可以说成"万语千言"。

5. "千言万语"在这里可否说成"满肚子的话"？为什么？

6. 可否请学生用汉语说明这里的"噎"是什么意思？（"食物堵住食管"（《现代汉语词典》第5版，1588页））怎么用？（～着了／别～着／～死我了）

7. 是否顺便给出与这里的"噎"意思相关的成语"因噎废食"？

8. 要不要进一步拓展"噎"另一个意思"说话顶撞人或使人窘没法接着说下去"？（例如：他老拿话～我／说话别那么～人／一句话就把人家给～回去了）

9. 是否根据"噎在喉咙里"归纳一下"V 在……里／上"的用法？（憋在肚子里／写在黑板上）是否进一步联系"V 到……（里／上）"的用法？（来到屋子里／放到桌子上）

10. 是否进一步归纳和讲解"V 在／到"后边带"了"，即"V 在／到了……（里／上）"这种更为特殊但十分常见的用法？"放在了桌子上、拷到了电脑里"学生常说成："＊放了在桌子上、＊拷了到电脑里。"他们认为"了"应跟在动词后，不应跟在介词"在／到"后面。可见，从韵律、句法、语义上看，这是一种比较特殊的结构，似有必要强调一下。

11. 提示学生："一句话都说不出来"是省略了"连"的"连……都／也……"格式，表示举例性强调。同时追问学生："一句话都说不出来"在此用来强调什么？

以上所提到的具体问题，是否都要这般讲练，则要根据课型的特点和学习者的实际情况而定。但是，结合具体教学语料和学生汉语学习的需要来开发教学资源的教学理念与方法，以及学习者既学习教材内容也利用教材内容学语言的学习理念与方法，则是必要的。

（四）教师必备的最基本的知识与能力资源

由上文的个案分析不难看出，汉语教师需要不断积累汉语、汉字知识，不断积累教学理论与方法、经验与技巧，并能利用这些资源对相关语言现象进行科学、准确而又通俗易懂的阐释。根据我们的教学经验，汉语教师必备的最基本的知识和能力资源至少包括：

1. 汉语语音知识：汉语拼音方案，声韵调，音节，轻声，儿化，变调，韵律与汉语韵律特征，等等。

2. 汉语词汇知识：汉语词汇的构成及基本特征，单音节词（数量有限但使用频率高），双音节词（双音节化是汉语词汇发展的重要趋势，即把单音节扩展为双音节，把多音节压缩为双音节），汉语构词法，等等。

3. 汉语语法知识：汉语词类，汉语语法单位、句法结构，句类、句型、特殊句式、固定格式。汉语语法的基本特点：复合词的构成类型与短语的结构类型一致（偏正、并列、述宾、述补、主谓）；语序是重要的语法手段（如：上车—车上，说你—你说）；音节和韵律影响语言表达的形式（进行维修，*进行修）；量词丰富且用法复杂；等等。

4. 汉字知识：汉字的性质，汉字的特点（见字不知音，集形—音—义于一身，常用汉字数量有限且使用频率高、构词能力强），造字法，汉字的主要结构类型（上下结构、左右结构为主，形声字约占80%），汉字书写规则，汉字与汉语的关系（一个汉字代表汉语的一个音节、一个语素、一个单音词等），汉字教学的目标（掌握汉字的基本笔画、笔顺与间架结构，建立汉字"字感"，至少熟练认读和书写500个左右常用汉字），等等。

5. 文化知识：与汉语学习和交际密切相关的文化因素（如称谓词、招呼语），文化词（如春联、上火），文化语（如空城计、塞翁失马），文化句（如周瑜打黄盖，愿打愿挨），跨文化交际知识，文化教学的地位、目的与原则，等等。

6.外语教学理论与知识：外语教学的基本原理（明确教学目标、确定教学内容与教材、选择恰当的教学方法、掌握评估测试的基本要求等），外语教学的基本方法（讲练结合，以练为主等），课堂教学的组织与管理，课堂教学意识，语言要素教学的方法，语言技能训练的方法，等等。

以上列举的这六个方面的知识及相关的教学能力，是从事汉语教学最基本、最必要的汉语教学资源。

（五）教师应结合教学实践积累知识与能力资源

汉语作为第二语言教学的实践表明，仅仅具备一（四）节所说这些"提纲挈领"式的知识与能力资源，毫无疑问，还远远满足不了教学的实际需要，还应结合教学实践不断细化、深化和拓展汉语知识和相应的教学能力资源。即使这样，仍难以对教学中随时可以遇到的各种问题做出科学的诠释、准确的说明。例如：

1.学生问："博得"跟"赢得"意思和用法一样吗？（中高级汉语教学中随时可以遇到这类问题。没有特别的把握教师不必主动辨析这类近义词，但学生问到则不宜回避。）

2."形势一片大好"中的"一片"是什么意思，"一片"有多大？"形势大好"不就可以了吗？为什么要加"一片"？

3."他几十年如一日，日夜坚守在大山深处的小站上"中"几十年如一日"是什么意思？学生认为"他几十年日夜坚守在大山深处的小站上"的意思就很清楚了，加了个"如一日"反而不明白：几十年怎么会像一天？是想说时间过得快吗？"如一日"是什么意思？什么"如一日"？

4.老师说"这本书看了三天了"，是说这本书还没看完。学生对此不理解：你说过"了"表示完成，怎么一个"了"表示完成，两个"了"又不表示完成了？

5. "妈！德先叔这几天怎么没来？"

"谁知道他死到哪儿去了！"妈很轻松地回答。(《城南旧事》)

学生问："谁知道他死到哪儿去了！"是不知道他死在哪里的意思吗？妈妈怎么可以"很轻松地回答"这样的问题？老师解释："这里的'死'是'去'的意思。"学生问：为什么用"死"表示"去"？词典怎么查不到这个意思？

6. 学生问："几位、三位"可以说，"三位同学、三位老先生、三位中国人"也可以说，"三位好人、三位大人"也都可以说，为什么只有"三位人"不可以说？

7. 教材对"怪不得"的注释是：副词，表示明白了原因，对某种情况就不觉得奇怪了。一日，老师正在讲课，一学生举手喊道："老师，你不用讲了，我怪不得了。"见教师一脸愕然。那学生解释说："我明白了原因，我怪不得了，你不用讲了。"那么，如何准确说明"怪不得"的意思和用法，以避免学生误解和误用？

8. 一日课前，教师问一法国女生："你昨天怎么没来上课？"学生："我妈妈来了，我请同屋大津同学替我请假了。"教师："喔，她可能忘了。"学生："大津，这个王八蛋！"教师："你怎么可以骂她王八蛋？"学生："怎么不可以？我的中国朋友说'王八蛋，就是好朋友之间不满意时骂的话'，不对吗？"教师不知所措。那么如何向异文化者解释"王八蛋"的意思和用法？

以上是日本、法国、俄罗斯、以色列、韩国等国家的学生提出和他们汉语表达中反映出的问题，教学中我们也分别做过说明和解释。但要问有关说明是否准确、解释是否符合实际？学习者能否恰当地认知与理解？则完全不敢自信。[①] 如果我们的这种状况有一定的代表性，则表明汉语及相关的中国文化，不仅是取之不尽的教学资源，更是需要我们不断思考、研究和开发的资源。而从开发汉语教学资源和为学习者释疑解惑的角度看，即使是以汉语为母语的教师，所缺乏的也许正是汉语知识、汉语现象及相关文化现象的阐释能力，至少对我们来说是这样。又比如：学习者在汉语学习及在华生活中，随时还可能听到或见到"咱俩谁跟谁呀？""去你的""有你好瞧的！""走着瞧！""给他点儿颜色看看！""见一面少一面""一口一个张叔叔""不说白不说，说了也白说，白说也得说"之类的习用语。那么，教师如何用简洁、易懂的语言（汉语）向异文化学习者说明汉语词语、习用语的意思和用法，并保证他们能准确理解而不至于误解误用，则绝非易事。不仅需要教师具备敏锐的汉语语感，更需要具备相关的汉语知识和通俗易懂的汉语阐释能力，而这正是我们所谓的汉语教学资源，并且是汉语教学资源中更为内涵和核心的资源。

二 方法与策略资源

（一）方法与策略资源的基本内涵

有助于增长学习者汉语知识和能力、有利于激发学习者汉语学习动机和兴趣的各种教学方法与手段、理念与策略，也是教师在汉语教学过程中应该开发、积累和利用的宝贵资源。比如，海

---

① 对应原论文附注①：具体内容是对语言现象的解释，篇幅较长，暂不在此摘录。

外汉语教学可以根据学习者的汉语水平和学习需要，教会学生上中国的各类网站，查找特定的信息，或是找出他们认识的词语、短句、句段乃至大体读得懂的文章，以增加他们接触和学习汉语的机会。又比如，可以经常性地使用鼓励和激励性的学习策略，增强学习者的汉语学习信心，等等。这类资源关系到学习者汉语学习动机、情感和态度乃至汉语学习的成败得失，也最能体现教师的知识、能力、素养及在教学方法与教学策略方面的创造力，因而也可说是一种"激励性资源、创造性资源"。

（二）方法与策略资源开发的必要性

教师应在必有与既有知识和能力的基础上，结合教学环境、教学对象及教学内容的实际，不断去创造和尝试教学方法与教学策略。一方面，有些方法是常规的、通用的，但更多的切合实际的方法和技巧是需要教师自己去探索和总结的。因为他人的方法和技巧，在他人那里是成功的和有效的，在自己这里可能就不一定成功和有效，自己的方法与技巧需要自己来创造。他人教学方法、技巧和策略的可贵之处更多地在于给我们启发和借鉴，而不完全是照搬照用。[1]只会照搬和套用别人教学方法而缺乏教法创造能力的教师，不仅难以成为优秀的汉语教师，也难以保证教学的质量和效益。另一方面，海内外汉语教学的语言与文化环境、学时学制、内容与方式，以及学习者的学习态度与动力、目标与要求等等，差别明显，从而为教师选择和使用教学的方法和技巧、理念和策略提供了机遇，一定程度上也说明"方法与策略"是教

---

[1] 参见李泉《汉语国际教育硕士培养目标与教学理念探讨》，《语言文字应用》2009年第3期。

师取之不尽的教学资源。然而，这类资源大多不是现成的，需要教师有意识地加以探索、尝试和总结，第二语言教学的创造性、挑战性和魅力也正体现在这里。

（三）方法与策略资源开发综合例析

如何开发方法与策略资源是个很值得研究和探讨的重要课题。这里我们不避浅陋提出以下若干角度和具体的教学方法与教学策略，以供参考：

1. 结合具体的汉字、语音、词汇、语法、语段、语篇及相关的文化教学，以及听说读写等语言技能训练的实际内容，借助恰当时机与案例让学习者感知汉语、汉字内在的规律性乃至魅力，激发他们汉语学习的欲望。比如，告诉学习者，只要学会了"一、二、三、四、五、六、日"，再学会"星期"，那么汉语一周内每一天的称说就可不教自会：星期一、星期二……星期日，至少比英语、日语等语言中相关的称说要好学好记。同样，学会称说"1……10" 10个阿拉伯数字，那么汉语百以内数字的称说则可一学即会，至少是不难学的。

2. 结合学习者汉语学习的实际表现、特别是出色的表现，而不失时机地予以肯定和赞赏。让他们感到"我可以学得好、汉语不难学、汉字很有意思"，并能学在其中，乐在其中。如果学习者在汉语学习的过程中能产生诸如此类的感觉，则功德无量，善莫大焉。

3. 每次课都让学习者在汉语知识、能力方面感到有收获、有长进、有成就感。比如，每次课都明确若干具体的教学目标和教学内容，并注意适当适量。这样才能做到熟练掌握，而只有真正掌握了才有成就感。海外汉语教学尤其应采取这种量化的教学策略。

4. 向学习者传授科学的汉语、汉字观，传授必要的学习理念和方法。例如，向有关学习者说明学习汉语不同于以往学习其他有亲属关系的欧美语言，并说明其缘由和表现，以消除或减少某些学习者对汉语、汉字的成见与偏识，如"汉语难学、汉字太多、学汉语花费的时间太多"等，以明确学习一种"真正的外语"必须付出应有的耐心和精力。

以上提到的几个方面是想说明：应该把适合教学环境、教学内容和教学对象特点的教学方法与手段、教学理念与教学策略同样看作是汉语教学的资源，并在教学实践中加以开发、尝试、积累和利用。

（四）方法与策略资源开发个案例析

下面，结合更为具体的实例，面向海内外特别是海外汉语教学实际，进一步来探讨开发方法与策略资源的途径和切入点，以供参酌：

1. 为了让学习者更好地理解和认知汉字，在汉字教学的初始阶段，可以利用诸如"一、二、三、人、口、手、上、下、中、日、月、明、目、耳、刀、木、林、田、山、水、河、湖、晴、情、清、请"等字形、字义乃至字音等有理据可讲的字，来介绍汉字的造字法，揭示汉字形义（音）组合规律，以便加深学习者对汉字形义关系及结构特点的认知，增强他们的汉字"字感"，提高他们的汉字认知能力，激发他们汉字学习的热情和信心。

2. 为了吸引更多的人学习汉语、乐学汉语，在汉语（汉字）教学标准上可考虑采取灵活的措施，可严可不严的宜从宽。如不必计较"耳刀旁"是先写"耳"再写"刀"，还是先写"刀"再写"耳"（当然，教师示范要规范），写出来就"叫好"。因为长远来看，学习者也是要输入汉字而不是时时处处写汉字。"写字"不过是他们感知和识解汉字的一个过程和手段。一时发不好的音和调，不意味着永远发不好，师生都不必心灰意冷，"水涨船高，树大自直"，随着汉语整体水平的提高，单个发不好的音和调在具体语流中完全有可能发得好。否则，一味高标准、严要求，则很可能让某些学习者感到汉语真的难学，以致弃走他乡。①

3. 为了让学习者有收获、有成就感，在教学内容的取舍上应不贪多而求精，采取"小步快走"的教学理念。对每次课的学习目标和学习内容都应有具体的量化要求。如对海外初级阶段的中小学生及社会汉语学习者来说，每次课只要求学会几个汉字（3—5个？），掌握几个生词（3—5个？），能流利地运用乃至背诵下几个实用的短语、语句（3—5句？），要求对所学的"字、词、句"做到"会认读、已理解、能运用、可拓展"，即熟练掌握、熟记于心、脱口而出。如此，才能做到每次课有成就感，日积月累有更大的成就感。②总之，不贪多而求精求熟、目标和内容量化、背诵和复习常规化，可能更适合海外汉语教学课时少、缺乏汉语环境的教学实际，也能让学习者在不断"温故"中不断"知新"，从而不断增强成就感。

---

① 参见李泉《国际汉语教学理念与策略探讨》，《国际汉语教育》（第一辑、第二辑），外语教学与研究出版社2010年版。

② 否则，很可能因教学内容贪多或因学习时间少等原因而学得不扎实，严重者以致"今日学，明日忘，下次还要从头来"，师生都会感到没有成就感。因此，对海外的汉语初学者来说，量化教学内容，特别是"适量化"甚或是"少量化"；熟练教学内容，特别是能够在认知理解的基础上，背诵下所学的内容，可能是一个可行的教学策略。

4. 要让欧美学习者明确：学习汉语是在学习一种真正的外语，不同于他们以往学习的亲属语言，如英国人学习德语，西班牙人学习法语，等等。这些语言之间在语音、词汇、语法以及语言背后的历史文化上都有着"打断骨头连着筋"的亲缘关系，而汉语和中国文化与这些语言及其文化没有这样的亲缘关系，汉字的构成及书写方式更是不同于他们以往所学的拼音文字。因此，学习汉语、汉字对欧美学习者来说，是在学习和养成一种新的语言习惯和书写习惯，是一次语言学习方式和观念的重大转型，[①]必须有充分的至少是应有的心理准备，必须付出比以往学习亲属语言更多的时间和精力，同时也将获得新的体验和感受，等等。把这样一些理念和看法知会给学习者，应成为我们的教学策略，而这些策略同样是汉语教学的重要资源，需要不断地去挖掘和总结。

以上这些所谓方法与策略资源的"案例"，更多的是考虑到了国际汉语教学的现状和总体目标，即在汉语国际化的初始阶段能通过教学实践让更多的人走进汉语、学习汉语，扩大汉语学习的市场；让"汉语热"与"热教学"和谐接轨，而不是将"汉语热"冷处理。所谓"热教学"即是讲究方法、技巧、理念和策略及其开发和应用的教学，所谓"冷处理"则是不注重方法与策略资源开发和应用的"硬教学"。

---

① 参见李泉《关于建立国际汉语教育学科的构想》，《世界汉语教学》2009 年第 3 期。

三 结语与余言

1. 汉语教学资源的开发和应用,是国际汉语教学学科建设不可或缺的重要内容,是汉语持续走向世界的重要保障。在海内外汉语教学不断发展的新形势下,汉语教学资源的研究已然成为一个战略性的课题。本节将汉语教学资源分为文字材料资源、网络多媒体资源、知识与能力资源、方法与策略资源四类。认为前两类是显性资源,是汉语教学资源的基本形态,是学科建设水平的重要体现;后两类是隐性资源,是汉语教学的潜在资源、"软实力"资源,迄今还没有受到应有的重视,特别是作为资源来看待。然而,后两类资源是教师知识与能力、教学经验与方法等的综合体现,关乎教学质量和效益乃至学习者汉语学习的成败得失,是学科成熟程度的重要体现。为此,本节重点探讨了后两类资源的构成与开发。

2. 知识与能力资源中,外语(包括学习者的母语和师生媒介语)资源的恰当利用,不仅便于课上课下师生的沟通以及教师在海外的工作,更有助于对所教语言(汉语)进行诠释及汉外语言和文化对比教学。汉语资源的开发,则是汉语教学资源开发的核心取向,也是取之不尽的教学资源。教学中应随时随地结合学习者的实际需要扩展、深化和补充汉语教学内容;应结合备课不断积累汉语知识及相关的文化知识,并在教学实践中不断历练自己对汉语现象的阐释能力。这是教学工作对教师的应有要求。其根本目的在于:将有限的教学材料和教学时限发挥出最大化的教学效益;其基本理据是:课堂是师生沟通和交流的场所,语言的选择和使用不宜过于受到限制,否则不利于学习者的参与和语言间题的解决。

3. 方法与策略资源是汉语教学过程中的一种激励性资源，更是一种需要教师结合教学实际进行探索、尝试和提炼的"创造性资源"。这类资源要求教师结合教学实践，不失时机地让学习者感知汉语、汉字的内在规律性、理据性和趣味性，激发学习者的汉语情感和学习兴趣，给他们"正能量"；同时，基于海外缺乏汉语环境、学时少等特点，积极探索适合海外的汉语教学策略和教学方法，如更多采取激励策略、成就感策略，适当使用集体背诵、循环复习等教学方法，适时介绍科学的汉语、汉字观，等等。实际上，一名优秀的汉语教师，绝不应只是照本宣科的"匠人"，而应是智慧型的教学能手和管理行家。他绝不会对学习者的学习动机、学习方法和情感态度等不闻不问、无所作为，而是能够结合实际有所要求、有所策略，既能"叫好"也能"说不"；在知识传授、技能训练、课堂管理、教学要求等方面，善于与学生"斗智斗勇"，并能赢得学生的爱戴与配合。当然，智慧型教师首先需要自身在知识、能力、素养及教法等各方面都很过硬，否则便难有作为，正所谓打铁需要自身硬。

4. 需要指出的是：第一，在以往教学观念中，"外语"是被要求限制性使用的。而在开发汉语教学资源的视野下，外语则被看作常规的教学资源。王丹萍（2012）[①]指出：要尊重教师在教学实践中需要使用媒介语的事实，尊重学生使用母语或其他媒介语进行沟通的权利，以更好地提高教学的效果和效率。第二，在

[①] 参见王丹萍《对外汉语教学的媒介语问题》，《中国语文通信》（香港）2012年第2期。

以往教学观念中,"汉语"(教材内容)主要是作为被认知、说明、训练和掌握的对象,其中虽偶有知识和技能的拓展训练,但往往意识不强、力度不够。而在教学资源开发的视野下,汉语本身就是资源开发的重要取向与核心地带,借助教材呈现的语言现象进一步开发教学资源,拓展和深化教学内容,应成为一种基本的教学理念和常规的教学手段。其基本的理据是:教材不过是语言教学的工具和语言学习的材料,师生均应放弃"不敢越雷池一步"的教材使用观念。而汉语资源的开发、汉语知识的积累和汉语阐释能力的不断提高,正是教师"安身立命"的基础,是教师专业发展的体现和专业发展的必由之路。第三,在以往的教学观念中,激发学习者的动机与情感、传播汉语学习的理念、探索汉语教学策略等,或被视作可有可无,或被当作锦上添花。而在教学资源开发的视野下,借助汉语教学的恰当时机或具体案例,不失时机地嘉勉和激励学习者,不断探索和尝试适合特定教学对象的教学理念和教学方法,则成为一种"无形"的教学资源,一种常规的教学策略。这类"软实力"教学资源同样可以发挥"硬道理"的作用,其价值绝不可低估。

第二章

汉语教学各级各类资源库创建研究

第一节　全球汉语中介语语料库创建[①]

汉语中介语语料库极大地推动了对外汉语教学的相关研究。近年来，越来越多的学者加入到汉语中介语语料库建设中来，逐渐形成一个建设高潮。汉语中介语语料库建设正处于一个蓬勃发展的关键时期，同时也是一个建设极不规范的时期。现有的语料库还存在诸多问题，尚不能满足教学与相关研究的多方面需求。关于语料库建设方面的学术探讨还比较薄弱，许多理论问题尚未解决。仅凭研究者个人的语言学知识与研究经验难以建设高水平、有创新性的语料库，因而特别需要对语料库建设的相关理论问题进行广泛而深入的探讨。

针对语料库建设的现状，我们设计了"全球汉语中介语语料库建设和研究"课题，希望以此进一步推动语料库的建设与发展，充分满足汉语教学与相关研究的需要，全心全意地为全世界的汉语教学与研究服务。

本节所谓语料库如无特别说明，均指汉语中介语语料库。

---

① 本节摘自张宝林、崔希亮《"全球汉语中介语语料库建设和研究"的设计理念》，《语言教学与研究》2013 年第 5 期。

一 汉语中介语语料库建设的特点与问题

（一）特点

近年来，语料库建设不断向纵深发展，呈现出一些新的特点。

1. 口语语料库的建设渐成热点。以前的语料库多为作文语料库，已建成的口语中介语语料库只有北京语言大学的"汉语学习者口语语料库"和暨南大学华文学院的留学生口语语料库，两者均为生语料库，使用价值有限。目前，北京语言大学正在筹建"HSK动态口语语料库"[①]。此外，香港中文大学正在建设"语言习得汉语口语语料库（LAC/SC）"[②]，苏州大学正在建设"小型外国学生口语中介语语料库"[③]。

2. 多模态语料库的建设提上日程。例如南京师范大学"开始进行外国学生多模态口语语料的收集工作"[④]。"全球汉语中介语语料库"的设计中也包括多模态子库。

[①] 参见张宝林《"HSK 动态口语语料库"总体设计》，张旺熹、王佶旻主编《语言测试的跨学科探索：北京语言大学汉语水平考试中心 2011 年科研报告会论文集》，华语教学出版社 2012 年版。

[②] 参见吴伟平《语言习得汉语口语语料库（LAC/SC）的建设与实用研究》，肖奚强、张旺熹主编《首届汉语中介语语料库建设与应用国际学术讨论会论文选集》，世界图书出版公司 2011 年版。

[③] 参见陆庆和、陶家骏《小型外国学生口语中介语语料库的建立与价值》，肖奚强、张旺熹主编《首届汉语中介语语料库建设与应用国际学术讨论会论文选集》，世界图书出版公司 2011 年版。

[④] 参见周宝芯《汉语中介音研究综述——兼谈汉语自然口语语料库的建立》，肖奚强、张旺熹主编《首届汉语中介语语料库建设与应用国际学术讨论会论文选集》，世界图书出版公司 2011 年版。

3. 在多国别、多母语背景汉语学习者的语料库之外，出现了单国别、单母语背景学习者的中介语语料库，例如鲁东大学正在建设"韩国留学生汉语中介语语料库"。

4. 在对外汉语教学领域的中介语语料库建设的影响与推动下，国内少数民族的汉语中介语语料库建设也已经开始。例如新疆大学正在建设维吾尔族学生的汉语中介语语料库。

5. 汉语中介语语料库的建设是在国外语料库语言学的发展和国内外母语语料库建设的影响下开始和发展起来的，但其主阵地始终在国内。作为一种学术"反哺"，中国国内的汉语中介语语料库建设已经开始影响到国外。例如美国夏威夷大学马诺阿分校有教师在建设自己的语料库；哥伦比亚大学也准备建设语料库。

6. 对语料标注模式的研究逐渐深入。语料标注已从普遍的偏误标注向"偏误标注＋基础标注"的模式发展；研究内容已从单纯的标注内容发展到对标注原则、标注内容、标注方法、标注代码、标注流程等的全面探讨。[①] 在标注方法方面，荀恩东提出了"基于 Web 的语料协同标注平台"设想，[②] 并正在研发这一系统。

（二）问题

目前语料库建设存在的主要问题如下：

1. 整体设计水平不高。大多数语料库的建设规模一般从几十万字到几百万字不等，且以百万字左右者居多；标注内容多局限于偏误标注，有的只标注错别字和少数几个句式。总体来看，

---

① 参见张宝林《关于通用型汉语中介语语料库标注模式的再认识》，《世界汉语教学》2013 年第 1 期。

② 参见荀恩东《基于 Web 的中介语语料库协同标注子系统》，内部资料。

在设计理念上并无实质性突破。

2. 发展不平衡。现有语料库绝大多数都是书面语语料库，口语语料库很少，多模态语料库更少，且尚无建成者。

3. 语料库建设的本体研究缺乏。对汉语中介语语料库建设相关问题的理论探讨属于该领域的本体研究，它对语料库建设的重要性是不言而喻的。然而，近20年来，语料库的建设者们多是根据自己的语言学知识与研究经验采取一些操作性的办法来处理语料库建设中的相关问题，深入的本体研究非常缺乏。一个重要表现就是语料库建设至今尚无统一的建设标准、标注规范，也无汉语中介语的分词规范与专用词表。在此情况下，语料库建设难以有大的突破。

4. 缺乏语言学本体研究的有力支持。在现有语料库中，语篇、语体标注十分薄弱，且只见于个别语料库；语义、语用、交际文化因素的标注尚付阙如。一个主要原因是这些方面的本体研究不够，难以为语料库建设提供有力支持，如交际文化因素究竟有多少个点、项，就不易说清楚。

5. 大多数语料库建成后并不对外开放，未能充分发挥其应有的作用。

6. 现有的汉语中介语语料库不能满足汉语教学与相关研究的多方面需要。例如"HSK动态作文语料库"可以满足偏误研究的需求，却无法满足表现分析的需求；可以考察中高级阶段汉语学习者的习得情况，却无法了解初级阶段汉语学习者的习得情况。迄今为止，所有的语料库都不能满足对外汉语教学中语义、语用、修辞、交际文化因素的研究需求。

（三）对策

针对汉语中介语语料库建设中存在的诸多问题，应加大力度，促进语料库建设的深入发展。其主要原因如下：

1. 语料库的数量很少。虽然，汉语中介语语料库的建设已经得到很大的发展与长足的进步，但是还不能满足教学与研究的诸多需求，不仅建设水平有待提高，语料库的数量也远远不够。与供语言学研究使用的汉语母语语料库、少数民族语料库以及英语语料库相比，汉语中介语语料库的建设还非常落后。以国家社科基金的立项情况来看，在国家科研管理部门的重视与影响下，在课题指南的指导与推动下，[①] 各类汉语母语语料库、少数民族语言语料库、外语语料库的建设项目与基于语料库的相关研究项目从 2002—2004 年的合计 7 项，增长到 2005—2012 年的合计 108 项；在全部语言学项目中所占比例由 2002—2004 年的 4.09% 提升到 2005—2012 年的 10.23%。相比之下，同期汉语中介语语料库方面的项目仅 2011 年立项数目略多（达到 5 项）。除此之外，每年或者没有，或者只有 1 项或 2 项，变化甚微。

从"其成果代表我国重大理论问题和实践问题的研究方向"的"作为目前我国唯一的国家级科研基金项目"的国家社科基金

---

① 2004 年以前，国家社科基金项目课题指南不曾涉及语料库。但在 2005 年至 2008 年期间，课题指南在"汉语研究"的"历史语法词汇研究""计算语言学研究""对外汉语教学研究""少数民族语言研究"和"外国语言研究"部分都曾谈到语料库问题，特别是在"对外汉语教学研究"部分明确指出，要"以语料库建设和多媒体网络教学等现代教育技术研究和运用为突破口，指导和带动教学理论、学习理论的研究"（《2005—2008 年度国家社会科学基金项目 / 课题指南》）。

项目[1]的层次上看,汉语中介语语料库的立项课题比例平均仅为语言学立项课题的 1% 左右。从应用的角度看,语料库建设还不能满足教学与研究的实际需要。因此,汉语中介语语料库的建设急需加强。

2. 语料库建设水平不高。首先,语料库建设没有考虑到教学的某些急需,标注内容不全面,因而不能很好地为教学服务。例如,"在语法教学中应加强语体知识的教学和语体技能的训练,如口语和书面语词汇、语法及其语用特征的教学、语体要素的辨认、口语和书面语各自内部的再分类及其教学、不同语体的转换训练等等;在各类语法大纲的制定中要充分体现语法项目(包括词汇、惯用语、句式、格式等)的语体属性"[2]。因此,在语料标注时就应有语体标注。既然"在实际教学中也常发现与修辞相关的偏误"[3],为了考察与研究外国汉语学习者对汉语修辞的习得情况,辞格标注也就必不可少。然而在语料库的建设实践中,尚未进行辞格标注;语体标注虽有一些,但非常简略,难以满足教学与研究需要。

其次,现有语料库存在一些不足与缺陷,不能满足相关研究的需要。以"HSK 动态作文语料库"为例,其语料存在不全面性,只能对学生的汉语习得情况进行横向的断面考察,而无法进行纵

---

[1] 参见殷雪、刘伟民、吕国光《哲学国家社科基金项目立项课题研究》,《陇东学院学报》2011 年第 3 期。

[2] 参见李泉《基于语体的对外汉语教学语法体系构建》,《汉语学习》2003 年第 3 期。

[3] 参见周小兵、洪炜《中高级留学生汉语中介语辞格使用情况考察》,《世界汉语教学》2010 年第 4 期。

向的习得过程研究；标注内容只有偏误标注，只能进行偏误分析，而无法进行表现分析。①

二 关于"全球汉语中介语语料库建设和研究"

（一）课题简介

本课题是我们于 2012 年 9 月提出的、由北京语言大学崔希亮教授担任首席专家的 2012 年教育部哲学社会科学研究重大课题攻关项目。我们试图通过本课题的实施来推动汉语中介语语料库的建设，落实我们的相关认识，实现我们的学术主张。

本课题有三个非常重要的关键词，集中体现了其基本特征。

1. 全球。所谓"全球"有三重含义：一是语料来自全球，课题欢迎海内外所有面向外国学习者的汉语教学单位把所收集的汉语中介语语料提供给本课题；二是全球共建，课题诚邀全世界的汉语教师和研究人员参加本课题的建设；三是全球共享，语料库建成后将向世界各国的汉语教师、研究人员、汉语学习者乃至对汉语感兴趣的其他各界人士免费开放，实现最充分的资源共享，全心全意地为全球的汉语教学和研究服务。

关于资源共享，目前情况很不乐观。绝大多数语料库建成后都不向学界开放。其结果是：一方面许多人想用却没法用，另一

---

① 参见张宝林《"外国留学生汉语学习过程语料库"总体设计》，《数字化汉语教学的研究与应用》，清华大学出版社 2008 年版。张宝林《基础标注的内容与方法》，《数字化对外汉语教学实践与反思》，清华大学出版社 2010 年版。

方面语料库的使用率并不高。① 这是非常可惜的，因为语料库并非供人观赏的艺术品，而是供人使用的工具，其价值与使用率应成正比。在相当长的时间里，只有"HSK 动态作文语料库"向全世界免费开放。自 2008 年 8 月升级为 1.1 版后，该语料库取消了普通用户和高级用户的区别，所有登录者都可以免费浏览全部语料，并可以下载检索到的语料。今天该语料库的用户遍布世界各地，达两万多人，依据该语料库进行研究并已发表的学术论文达数百篇。作为该语料库的建设者，我们感到非常欣慰，因为我们通过自己的努力做了一项对学界有用的工作，为汉语的教学与研究贡献了我们的绵薄之力。我们高兴地看到，中山大学、暨南大学华文学院的语料库也已对外开放，这是学界在观念与实践上的巨大进步。全心全意地为全球的汉语教学和研究服务本来就是我们建设语料库的基本着眼点与根本目标，我们期待有越来越多的语料库向公众开放。

2. 建设。指本课题的基本目标，即建设一个最好最大的通用型汉语中介语语料库。其基本特征是：语料样本多，规模大，来源广，阶段全，背景信息完备；标注内容全面，标注质量优异；设计周密，功能完善，检索方便，响应快捷；能够反映各类外国汉语学习者的汉语学习过程与特征，可以满足汉语教学与相关研究的众多需求。②

3. 研究。第一个含义是指本课题将进行汉语中介语语料库建

---

① 参见任海波《关于中介语语料库建设的几点思考——以"HSK 动态作文语料库"为例》，《语言教学与研究》2010 年第 6 期。

② 参见崔希亮、张宝林《全球汉语学习者语料库建设方案》，《语言文字应用》2011 年第 2 期。

设的本体研究，以提高语料库建设水平。从目前情况看，汉语中介语语料库的本体研究至少可以包括下列内容：

1. 语料库建设国家标准；
2. 语料标注规范，包括标注原则、标注内容、标注方法、标注代码、标注流程；
3. 口语语料和多模态语料的转写规则；
4. 语料标注的标准化、通用化与自动化；
5. 汉语中介语语料库建设专用分词规范与专用词表；
6. 语料库建设模板与语料库建设自动化。

在本课题的研制过程中，我们将进行以下四个方面的本体研究：研制汉语中介语语料库建设标准；研制汉语中介语语料库语料标注规范；研制口语语料和多模态语料的转写规则；研制汉语中介语语料库建设用分词规范与专用词表。

第二个含义是加强汉语语言学理论本体研究，为语料库建设提供有力支持。从语料库建设的角度看，汉语本体研究急需解决下列问题：

1. 复句与语段（或称句群、句组）的关系如何？复句的构成成分、结构关系与单句差异巨大，而与语段类同，能否据此从理论上把复句从句子层面移入语段层面？如果可以，将非常有利于语篇标注。

2. 语义、语用、交际文化因素三者之间的关系如何？"老师，你媳妇儿漂亮吗？"究竟是因不明"媳妇儿"一词的不正式、不庄重的含义而导致的语义问题，还是因使用对象不当而导致的语用问题？"小张"可以儿化，"大张""老张"不能儿化，这种差异是儿化韵的语义色彩造成的，还是儿化对象与使用场合等语用因素使然，抑或是尊老爱幼的传统文化因素在称呼语上的表现所致？

3. 语篇与语用的关系如何？例如，指示语是语篇问题还是语用问题？

4. 语体包括哪些内容？

5. 交际文化因素包括哪些内容？有哪些点、项？

（二）建设与研究方式

1. 合作共建，方式多样。以往语料库建设多采取"一家一户"的个体生产方式，既不吸纳别人的研究成果、实践经验和语料，也不贡献自己的研究成果、实践经验和语料。这种情况对语料库的建设和发展极为不利。[1] 本课题将彻底打破这种个体生产方式，采用海内外汉语学界合作共建的方式，即由海内外所有对此课题感兴趣并愿意参与的汉语教学单位共同建设。所有共建单位的名称和参加者的姓名及其所承担的具体工作都将在语料库和相关文件中加以说明。合作方式根据各共建单位的具体情况可以有所不同，例如可以只提供语料，可以既提供语料又参加语料标注，可以参与或负责某一子库的建设，可以参与或负责语料库本体研究的某项内容。

2. 人机配合，各用其长。即在语料库建设过程中，最大限度地发挥人和机器各自的优势。例如语料标注总体上以人工为主，但可以辅以计算机，以减少人工标注易于发生的标注代码不匹配的问题；分词和词性标注则以机器为主，人工检查与修改为辅。

---

[1] 参见张宝林《汉语中介语语料库建设的现状与对策》，《语言文字应用》2010年第3期。

课题还将积极探索机器自动标注的方法。

3. 精心设计，先行实验。即研究与实验相结合，研究结果必经实验验证后方可实施。例如标注规范、分词规范及专用词表的研制，首先应进行文献调研与实地考察，全面分析其优势与不足，然后有针对性地设计出规范和词表；还要通过一定数量语料的实际标注来进行验证，确保具备充分的可行性后再推广应用。

4. 基于学习者背景分布的分层抽样。现有的汉语中介语语料库一般都是抽样语料库，追求语料分布的平衡性，并常常把"平衡"理解为各种背景的语料数量相等。而从汉语学习者及其语料的实际分布来看，韩、日、东南亚国家汉语学习者多，其产出的语料也多；欧美汉语学习者相对较少，其产出的语料也少。这是语料库建设中的突出问题，但也是汉语学习者国籍分布的现实情况，强求语料分布的"平衡"并不一定符合汉语国际教育的实际，也未必能满足汉语教学与相关研究的真实需求。本课题将以各种国籍背景的汉语学习者的实际人数作为分层的依据，确定各国汉语中介语语料的抽样比例。这种抽样方法显然更符合全球汉语教学的实际情况，这样建设的语料库最具代表性。

5. 基于 Web 的语料协同标注。以往"分包"式的语料标注方式及标注后的审查环节都由个体承担，标注结果依赖于标注者和审查者个人的知识、能力、工作态度与精神状态，标注的准确性与一致性难以保证。而"Web 语料协同标注平台"基于"众包"理念，一名标注员在网络上进行标注工作，其他标注员乃至进入该平台的任何人都能看到其工作过程，并可以对其标注情况发表评论，提供意见，甚至动手修改或进行不同的标注，可以实现"人机互助""人人互助"，进而大大提高标注的科学性与效率。

6. "搭积木式"的动态建设策略。以往的语料库建设模式是同时进行不同层面的标注，全部语料标注完成之后再集成上网，其结果是建设速度较慢，无法满足人们及时使用的需要。本课题拟采用的"搭积木式"的建设方式，将随着语料的增加，进行多次标注，每次只对一个层面的内容进行标注，因而会形成多版语料；每完成一版都会即时开放，供各界人士使用；最后通过技术手段，叠加各版语料和标注，形成一个总库。不仅可供大家尽早使用，而且最终将形成多个分库和一个总库，可以更好地满足使用者的不同需要。

在语料库分类方面，我们认为两种角度的分类最具概括性：一是语体角度的分类，即书面语语料库和口语语料库；二是用途角度的分类，即通用型语料库和专用型语料库。所谓"通用型语料库"指为满足多种研究目的而建的语料库，例如运用"HSK动态作文语料库"，可以进行汉语中介语字、词、句、篇、标点符号等各方面的研究；而"专用型语料库"则只为某种专门的研究目的服务，例如通过"汉语学习者汉字偏误数据资料库"只能进行中介汉字的研究。[1]

我们认为，通用型语料库和专用型语料库是汉语中介语语料库建设的两翼，它们都有非常重要的价值与意义。当前国外计算语言学的一个显著特点正是构造通用和专用的语料库（《2005—2008年度国家社会科学基金项目／课题指南》），我们的认识与这一趋势是完全相符的。

"搭积木式"的动态建设策略将在建设多个分库和一个总库

---

[1] 参见张宝林《国家社会科学基金项目申请书课题论证》，2012年。

的过程中,在一定程度上把通用型语料库和专用型语料库的建设统一起来,可谓一举两得,甚至多得。

(三)预期成果与用途

本课题的主要研究成果可以概括为"一库四标准"。

"一库"指本课题的建设部分,即"全球汉语中介语语料库"。其总体规模为5000万字,包括书面语子库、口语子库和多模态子库。该库建成后的基本用途如下:

1. 呈交教育部,供国内教育系统各级各类学校、科研院所进行汉语教学和相关研究时使用与参考。

2. 挂在北京语言大学校园网上,所有共建单位都可以在其单位的网页上建立链接,向全球各界人士免费开放,资源共享,为汉语教学与研究服务。具体包括如下几个方面:

第一,供世界各地的孔子学院作为教学参考,为汉语国际教育服务;第二,为国内面向外国人的汉语教学服务,可用于课堂教学、教材编写等;第三,为与汉语教学相关的科学研究服务,例如第二语言教学理论研究、汉语中介语研究、汉语作为第二语言的习得与教学研究、汉语水平考试研究、外向型汉语学习词典编纂等等。

此外,还可以以单机版形式出版发行,供用户离线浏览查询,提供更加方便的使用条件。

"四标准"指本课题的本体研究部分,即汉语中介语语料库建设标准、汉语中介语语料库标注规范、口语语料和多模态语料的转写规则、汉语中介语语料库建设用分词规范及专用词表。除用于支持"全球汉语中介语语料库"的建设之外,这些标准与规范还将报送国家标准化管理委员会,申报国家标准,以规范汉语中介语语料库的建设，提高语料库的建设水平。

（四）课题意义

1. 建设最好最大的汉语中介语语料库，为全球汉语教师、研究人员的教学与研究工作提供优质资源，为国家的语言政策服务。

汉语国际教育是目前我国基本的语言政策之一，对扩大我国的国际影响、提高我国的国际地位具有重大意义。面向外国人的汉语教学已经成为一个影响国家语言政策的重要因素。

以往的汉语教学与习得研究多为小样本、小规模的定性研究，其缺陷有二：一是观察到的中介语现象不全面，所得结论的普遍性、稳定性不强；二是难以对外国人学习汉语的实际情况做出准确的判断。本课题将为汉语教学与习得研究中的定量分析提供必要前提，促使面向外国人的汉语习得研究模式逐步向"基于大规模真实语料样本的、定量分析与定性分析相结合的实证性研究"转变，使学界对外国人汉语习得情况的认识更加全面、准确，进而促进对外汉语教学及与之相关的各项研究，为贯彻国家的语言政策服务。

2. 研究方式将极大地促进海内外汉语学界的学术交流与合作。

本课题的建设与研究方式是汉语中介语语料库建设的一个创举——与海内外汉语学界精诚合作，共襄盛举。语料来自世界各国的汉语教学单位，语料库建成后为全球的汉语教学与研究服务。这种建库方式必将极大地促进海内外汉语学界的学术交流、相互理解与合作，推动汉语国际教育事业的深化与拓展。

3. 本课题研制的汉语中介语语料库建设标准、标注规范、转写规则、分词规范与专用词表，将填补汉语中介语语料库建设的空白，极大地提高汉语中介语语料库的建设水平。

目前的汉语中介语语料库建设缺乏统一标准，建库实践带有很大的随意性，标注的内容、方法与代码各不相同，使用为母语语料库建设设计的分词规范与词表。这样建成的汉语中介语语料库在规模、功能、质量、用法等方面存在诸多局限，不能完全适应汉语教学与研究的需要，也不便于实现资源共享。

本课题将对汉语中介语语料库的建设原则、建库的程序与步骤、语料的类型与规模、标注的内容与方法、语料及其作者的背景信息、检索结果的呈现方式等基本问题，展开充分讨论，并在建库实践检验的基础上，制定一个能为学界普遍接受的语料库建设标准，研制出为汉语中介语语料库建设服务的标注规范、转写规则、分词规范和专用词表。这些研究成果将弥补汉语中介语语料库建设的空白，提高语料库的建设水平。

4. 本课题的研究成果对中文信息处理具有借鉴与参考价值。

本课题对汉语中介语中的字、词、短语、句、篇、语体、语义、语用、辞格的标注与相关研究成果，将为汉语相应信息的自动识别提供参考；数字笔和数字墨水技术的应用、语料自动标注等关键性技术问题的研究，对于中文信息处理具有启发和借鉴意义。

三 结语

汉语中介语语料库建设的历史虽然不长，但基于语料库的汉语教学与相关研究已充分证明了其巨大的实用性与学术价值。近年来语料库建设中呈现的新特点，孕育着语料库建设进一步深入发展的契机；"全球汉语中介语语料库建设和研究"课题的实施，必将带来语料库建设的全面创新与重大突破。我们期待有更多的教学科研单位与个人加入语料库的建设与研究工作。我们坚信，在海内外汉语学界的共同努力下，在"全球汉语中介语语料库建设和研究"课题的推动下，汉语中介语语料库建设必将得到更快的发展，在汉语的教学与相关研究中发挥更大的作用。

第二节　外国学生错字别字数据库创建[①]

一　建立"外国学生错字别字数据库"的重要意义

汉语作为第二语言的汉字教学研究，是近20多年来对外汉语研究最活跃的领域之一，已经取得了丰富的实践经验和研究成果。特别是近年来，国内学者一方面开掘汉字理论资源，探索汉字构形理论、谐声规则、字族学说等在对外汉字教学中的应用价值，一方面不断借鉴国外的现代语言学理论，利用第二语言教学、语言习得与认知、语言测试等领域的学术成果，研究外国学生的汉字习得过程与顺序，分析不同母语类型的外国学生汉字习得的差异性，编写并修订汉字教学大纲，改革汉字水平测试的内容和方法。在国外，汉字教学与研究也得到空前的重视和发展，关于汉字的构形规则与书写方式的研究，关于形声字声符的功能及其

---

① 本节摘自北京语言大学"外国学生错字别字数据库"课题组《"外国学生错字别字数据库"的建立与基于数据库的汉字教学研究》，《语言教学与研究》2006年第4期。

在教学中的应用价值的研究，关于"字本位"教学的研究，都取得了很好的成果。

然而，由于汉字属于表意文字体系，性质独特，尤其是在基本字符、结构规则、书写方式等方面都不同于表音文字，更没有现成的第二语言文字教学理论可资借鉴，所以，对外汉字教学与研究的难度很大，在探索的深度与广度上都落后于汉语作为第二语言的语音研究、语法研究和词汇研究，研究手段和方法不够成熟，研究成果尚未形成科学体系。在语料的搜索和整理方面，虽然有些教师和学者根据教学或专项研究的需要，对外国学生的汉字表现进行测查和分析，但是，各取所需的分散作业，所采集的语料数量有限，不成规模，因而难以从中提炼出重要的学术成果，更无法满足全面而系统的理论探索的开发应用的需要。这种状况，不仅影响对外汉语教学的理论创新，而且制约着对外汉语教学质量和教学水平的提高。因此，面对世界上"汉语热"的持续升温，学术界痛心地把对外汉语教学理论和教学方法的落后比喻为限制对外汉语教学水平提高的"瓶颈"。

对外汉语教学研究的难点和重点在哪里？"汉语难学，汉字更难学""汉字识读难，书写更难"，都是长期以来困扰外国人学汉语的普遍问题和流行观念。因此，对外汉字教学研究自然就成为汉语作为第二语言研究的难点和重点之一。外国人学汉语过程中出现的错字别字，应该是对外汉字教学研究的重要内容。对外汉字教学的重心与突破点在哪里？众所周知，大型语言数据库、语料库的建立以及基于它们的专题研究，是近年来国内外语言研究的新潮流之一。数据库和语料库为语言现象测查和定量研究提供了相当可靠而便捷的条件，大量的数据信息和语料使研究成果更为客观，更具应用价值。根据语言学发展的历史规律和现代语言学的实践经验，大规模的语料搜集与整理是重大课题突破的基础与重大创新成果出现的前奏。因此，建立"外国学生错字别字数据库"（以下简称"数据库"），是为对外汉字教学研究取得重大突破和重大创新成果构建一个资源丰富的学术平台。

把数据库和语料库的理论方法引入对外汉字教学研究，必然会使研究方法和研究手段更加丰富有效，更加科学、便捷。一个能够给出大量可靠的数据，同时提供大量原始文字资料和文本的数据库，不仅会在数据和语料采集方面给研究者以极大方便，节省大量的时间和精力，而且能够有效克服一次性小规模采样可能产生的研究结果的片面性和主观性，大幅整体提升对外汉字教学研究的学术水平和学术地位。

基于数据库的对外汉字教学研究，将在大量测查和分析真实语料的基础上发现一些重大课题，找到研究重心和突破点，拓展新的研究领域。一些长期以来无法突破或无法深入开展的重大课题，如果得到数据库的全方位支持，也能够顺利完成，并取得重大创新成果。例如：汉语作为第二语言的汉字习得比较研究已经开展多年，但迄今尚未取得预期的成果，其主要原因之一就是缺乏数据库和语料库的支持。一个能够集中反映外国学生错字别字现象的数据库，可以为多方位的比较研究提供大量可靠的数据和信息。通过对母语背景不同的学生的汉字表现进行大规模的测查和调研，比较分析外国学生在汉字习得过程中的共性和个性，发现普遍规律和特殊规律，就可以创立根据外国学生不同的语言文化背景而"因材施教"的教学模式，发展并完善实用的对外汉字教学理论。认知心理学家研究外国人学汉字，往往是通过实验进行的。近年来这方面的研究进展很快,成果颇丰。一个能够集中反映外国学生错字别字现象的数据库,将有助于汉字习得与认知研究从一个新视角观察并获取大量文本真实的数据和语料,深入开展实验研究与理论研究。由此获取的研究成果,再用于指导汉字教学,降低产生错字别字的概率,以形成理论研究与教学实践的良性互动,不断提高理论水平和教学水平,向汉字认知和汉字教学的自由王国迈进。

随着"汉语热"在全世界不断"升温",近年来对外汉语教材的出版事业蓬勃发展,每年出版教材的品类数以百计。一个能够集中反映外国学生错字别字现象的数据库,能够在外国人学汉字的难点和重点、习得过程与顺序、不同母语者的学习差异等方面为教学大纲的编制与修订提供重要信息或参考数据。

汉语水平考试是最近几年对外汉语教学事业发展最快的领域之一。把由数据库测出的汉字习得难度作为划分汉字水平等级、设计试题内容、确定评分标准的重要参考依据之一,可以在一定程度上避免汉字水平考试大纲和考试内容设计上出现盲目性与片面性,以保证测试内容的信度与效度,保证测试结果的科学性与公正性。

"字本位"教学的理论探索和实验研究,也是近年来对外汉语研究的热点之一。通过集中反映外国学生错字别字现象的数据库,可以方便快捷地测出对外汉字教学的难点和重点,提取有关汉字习得的各种数据和信息。这些数据和信息,不仅能够推动"字本位"教学理论研究的深入开展,而且有助于教师设计实验方案和教程,采用有效的教学方法和手段,有针对性地开展教学活动,切实提高对外汉语教学的科学性和规范性,提高对外汉语教学的效率和水平。

二 建立"数据库"的目标

建立"数据库"的总体目标，是设计研制一个客观反映外国学生在汉字学习过程中出现的错字别字现象的数据库，为对外汉字教学的各项专题研究，特别是重大课题的研究，提供一个以大量真实文本和原始字形为基础的数据系统和信息平台。本课题拟建的数据库将采集不同母语背景和不同学习阶段的外国学生的书面语料400万字以上，对语料的各种属性、语料中的错字别字及其他不规范现象进行完备的计算机处理，可以根据不同条件和要求对错字别字的各种数据和相关信息进行便捷的机器检索和提取。

拟建立的"数据库"将具备以下四个方面的基本特征。

1.语料内容系统，数量充足，分布均衡。第一，语料的采集从零起点开始，一直到高水平阶段，外国学生学习和习得汉字过程中各个阶段的汉字书面材料都是我们采集的对象。第二，语料来源于各种各样的学生，他们具有互补的社会属性（如国籍、民族）、语言背景（如第一语言、外语）和个人特征（如年龄、性别、学习动机）。入库的语料样本将综合考虑各种属性背景因素和话题内容的选择情况，合理计算不同属性和话题的语料入库比例，力求做到选样科学，散布均衡，具有代表性和典型性。第三，跟踪调查一定数量的特定学生对象，对其在不同水平阶段的汉字书面语言表现进行完备的记录。建成的数据库，其错字别字库将容纳外国学生的错字别字8万个以上，其样本库将容纳外国学生的书面语语料样本400万字以上。这样信息丰富完备的数据库，既可以纵向研究外国学生汉字习得过程的动态轨迹，又可以横向研究整个习得过程中某一特定阶段的静态情况；既可以针对一般学生进行规模研究，也可以针对特定学生进行个案研究。

2. 信息完备，加工细致。采集入库的语料来源于外国学生的作文考卷、作文练习、读后写或听后写和回答问题作业。错字别字及其他不规范用字都保留了原始面貌（用扫描技术再现），同时完备记录语料及其作者的背景情况。数据库还提供每一个入库的错字别字或其他不规范用字的原始语料编号索引。

3. 用户界面友好，检索方便。由于要对错字别字和语料属性、作者属性等项目进行全面细致的处理，并设计相应的计算机检索系统，所以数据库将具备快捷灵活的全方位检索机制，对各类用户都保持友好的操作界面。

4. 软件系统具有充分的开放性和可维护性。利用系统中的关系数据库处理模型，可以随时分析处理新的语料，使其容量得以扩充。语料的标注和检索系统也可以随时增删修改。

三 *"数据库"的结构和技术处理*

"数据库"主要包括样本库模块、数据库模块和用户功能模块三部分。

1. 样本库模块用于存放语料库的电子样本，语料经过选择和确认，把在背景属性和话题选择上符合典型性和代表性等要求的语料输入计算机，成为语料库中的原始语料样本。原始语料样本库在本数据库的作用有三个方面：一是为用户提供错字别字出现的原文语境，二是为语料学时等级的测定提供数据基础，三是为用户检索字使用及错字别字出现频率提供数据基础。

2. 数据库模块又具体包括语料属性库、作者属性库、汉字信息库和错字别字信息库。

（1）语料属性库用于存放通过"语料属性登录"进来的样本属性。语料属性库的字段有10个，它们是：语料篇号、作者姓名、母语背景、语料类型、文章题目、写作时间、提供者、语料字数、学时等级、标注者性别。主关键字段为"语料篇号"，并通过"作者姓名"字段与作者属性库相链接。

（2）设计上把语料属性库和作者属性库分开。出发点主要有两个，一是尽量减少同一库中的重复信息，提高使用数据库时的检索速度；二是考虑到有些研究者是做个案或跟踪班错字别字分析的，把语料属性库和作者属性库分开可以使信息检索更方便和专业。作者属性库标注10个字段，它们是：作者ID号、作者姓名、年龄、国别、是否华裔、第一语言、熟悉的其他外语、文化程度、写作语料时所在的学校、写作时所在年级。其中"作者ID号"字段为主关键字，并通过"作者姓名"字段与语料属性库进行关系链接。

（3）汉字信息库用来存放常用汉字的相关信息。字库的大小为包含HSK大纲要求（2905字）的常用字共4270字，涵盖了语料中可能出现的所有用字。该库所具备的信息非常具体地反映了汉字本身特点的一些数据，有9个字段：字编号、正字、笔画数、部件数、结构类型、频率、HSK等级、在母语小学阶段出现次序、难易等级，为研究汉语中具备什么特点的字容易偏误提供线索。该库的建立需要借助其他学者的相关研究成果。

（4）错字别字信息库是本数据库系统的主数据库，包括语料样本中规范用字和非规范用字的全部数据信息。主要字段有7个：错字别字序号、正字、错字别字原形、别字上下文、二次标注、语料篇号、错字别字文中位置。其中"错字别字序号"为唯一识别的主关键字段，通过"语料篇号"与语料属性库链接。这里我们预留了空字段"二次标注"是为今后研究者进一步对错字别字分类提供方便。

3.用户功能模块是检索、统计和提取数据库中各种数据和信息的一个综合机制。这部分模块是面向用户的，它可以根据用户的需要，灵活地输出语料中错字别字的各种数据，为用户的研究服务；可以生成学生的各种非规范字使用情况表，进行字频、字次的数据统计；查找错别字或其他非规范字的出处，进行字形结构分析；等等。该模块需要借助北京语言大学宋柔教授主持开发的 CCRL 检索工具系统进行设计，其中对语料样本电子版的要求是：以【1，n】〖1，n〗（1，n）等符号分别表示错字别字及其他不规范字，括号内的数字为错字别字在文中的位置序号及同一作者在同一篇语料中对同一字累计的错误数量，这种形式可以解决 CCRL 检索系统对语料纯文本形式的要求。

课题研发与数据库建设流程包括总体设计、语料收集及属性库建设、汉字信息库建设、电子样本库建设、错字别字预处理与字库建设、用户功能模块建设等环节。其中语料收集及属性库建设环节需要确定语料收集的途径及标准、语料属性和作者属性标注及校对、语料筛选和取样及建立语料属性库和作者属性库（链接到范例）。错字别字预处理与字库建设环节需要确定错字别字标注的标准、错字别字标注及校对、错字别字扫描并登录及建立错字别字字库等（见图2-1）。

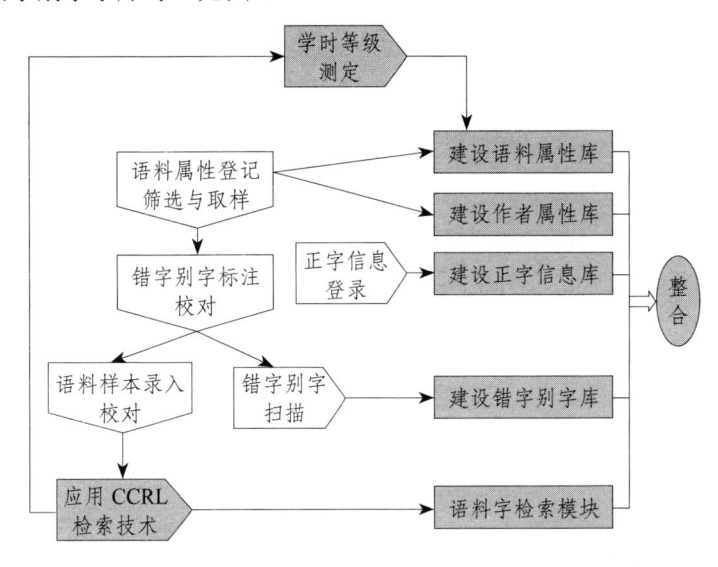

图 2-1 "数据库"设计开发流程图

四 基于数据库的外国学生错字别字类型、频率与分布研究

在"数据库"的基础上，我们将有条件全面开展基于数据库的外国学生错字别字类型、频率与分布等方面的系统研究。

（一）关于外国学生的错字别字研究

预计"数据库"收集的错字别字总量大约在 8 万个。如此大容量的库存将远远超过此前同类研究人工收集的错字别字数量。错字的分类标准方面，独体字主要依据笔画的错误分类，合体字或依据组字字符的错误分类或依据结构方式的错误分类。分类的对象范围，可以是某个字的各种错字，可以是某类字的各种错字，也可以是全部常用字的各种错字；可以是某个学生的各种错字，可以是某类学生的各种错字，也可以是提供语料的全体学生的各种错字；可以是学生在学汉字的初级阶段写的各种错字，也可以是学生在学汉字的高级阶段写的各种错字。别字的分类以致误原因为标准，分为形近致误和音同音近致误两类。在分类对象范围的变化上，别字与错字相同。上述各种标准和不同对象的错字别字分类，都可以从拟建的"数据库"中提取充足的数据和信息，所得成果综合起来，可以加工编成"外国学生错字别字类型表"。数据库中的全部错字别字都按照归纳的类型安排在表中，所以表上不仅显示每个错字别字的类型，而且显示一个字会出现哪些类型的错字别字。比较而言，测出一个字可能出现哪些类型的错误，对于对外汉字教学更具实用价值。

（二）关于外国学生错字别字的频率研究

考察外国学生学习和习得汉字的过程我们不难发现，每个人都不可避免地写错字或别字，绝大多数常用汉字都有人写错字或别字。在学习汉字的初级阶段，学生的汉字学时等级比较低，笔画和组字字符往往写不规范，常常出错。又由于识字较少，写别字的频率低。而到了学习汉字的高级阶段，学生的汉字学时等级逐渐提高，错字也随之减少。又由于识字较多，形近字和音近音同字互相干扰，写别字的频率有所上升。因此，关于外国学生错字别字频率的研究，首先需要计算外国学生在不同学习阶段写错字别字的频率，其次需要计算出常用汉字在外国学生不同的学习阶段写成错字别字的频率，最后需要计算出各种类型错字别字的出现频率。拟建的"数据库"中的错字别字库，规模宏大，类型完备，可以为上述三种频率研究提供丰富的信息资料。综合这三种频率研究的成果，可加工编成"外国学生错字别字频率表"。

表中那些出错频率高的字,那些出错率高的错误类型,将是我们一直在寻找而难以窥其全貌的对外汉字教学与研究的重点和难点。

(三)关于外国学生错字别字分布的研究

外国学生学习和习得汉字的差异,主要表现在两个方面:

一方面是因为母语文字和文化背景不同而产生的差异。一般说来,汉字文化圈和非汉字文化圈的外国学生对汉字的认知不尽相同。非汉字文化圈的欧美各国和其他一些国家现行拼音文字,来自这些国家的学生对汉字的隔膜较大,因而他们学写汉字的出错率要比同等学力的日本、韩国等汉字文化圈内国家的学生高。而在汉字文化圈内,日本、韩国、东南亚各国受汉字影响的历史和程度不同,对汉字的认知也不相同。因此,以母语文字和文化背景为标准,我们拟将外国学生分为四类:欧美各国与其他拼音文字国家的学生、日本学生、韩国学生和东南亚各国学生。比如日本现行文字中的当用汉字,其中一部分与我国的现行简化汉字形体完全相同,给日本学生学写汉字带来很大方便;另一部分与我国现行简化汉字形近,又给日本学生学写汉字带来不少麻烦。

另一方面,在不同学习阶段和不同学时等级上,外国学生写错字别字的频率、类型都存在差异。以汉字的学时等级为标准,我们拟将外国学生学习和习得汉字的过程分为初级和高级两个阶段。拟建的"数据库"中的作者属性库,可以从中提取作者母语文字和文化背景的信息;错字别字信息库中,可以提取作者写了哪些错字别字及其错误频率。综合从数据库中提取的信息资料加工分类,可编成"外国学生错字别字分布表"。表中显示每一个错字和别字在不同母语文字和文化背景的学生中的分布状态,以及每个学生的不同学习阶段的分布状态,实际上就是外国学生学习和习得汉字差异性的直观反映。

五　结语

"数据库"课题的研发工作已进行了将近两年。总体设计、语料采集与标注、语料扫描入计算机等前期工作完成后,我们建立了作者属性库、语料数据库、正字信息库。目前在研的错字别字库,分为欧美各国与其他拼音文字国家、日本、韩国、东南亚四个部分进行。我们期待着国内外学术同人的指导和帮助,尤其希望国外从事对外汉语教学与研究的学者,能够把学生写汉字的各种语料提供给我们,这些语料对我们来说是非常宝贵的。我们的数据库将对提供一定数量语料的教师开放。我们还将把关于特定国家学习者的所有语料综合在一起,用于开发特定国家学习者的专门数据库。我们真诚企盼着这样愉快的合作。

第三节　面向计算机辅助正音汉语中介语语音语料库创建 [①]

学好语音是学好一门外语的基础。然而,对于传统的对外汉语教学来说,语音学习的效果至少受制于两个方面:(1)教师

[①] 本节摘自曹文、张劲松《面向计算机辅助正音的汉语中介语语音语料库的创制与标注》,《语言文字应用》2009年第4期。

的语音学功底及教学能力。(2)学生语音练习的时间。计算机辅助语音／正音学习(CAPL)的出现,恰好可以在这两个方面对传统教学有所弥补。

所谓"计算机辅助语音／正音学习(CAPL)",是"计算机辅助语言学习(CALL)"在语音教学功能方面的细化与深化。国内外已有不少这方面的成果。在对外汉语教学领域,也有学校、网站开发了一些简单的 CAPL 项目[①],但总体看来,游戏的功能强,教学的功能弱。

其中一个重要的原因是:目前国内外已有的 CAPL 系统或网络产品,其流程基本都是发音—评分—再发音—再评分,鲜有分析性的反馈、诊断和指导(曾金金,2008)。而所谓的评分又是在将评测样本与大量的标准样本的均值和标准差比对后模拟给出的。这种机器打分形式,就如同任何一位普通话母语者都能对别人所说的汉语得出某种印象——固然算是一种评价,但准确性和权威性值得怀疑,而且通常也不能解决问题。至于对多音节音段或句子的打分,问题更多。[②] 事实上,那种对学习者发音的分析和指导才是学习者最需要的,就像他们需要高水平的老师。如上所述,那也正是 CAPL 能够对传统教学有所弥补、扬弃的一个重要方面。

理想的 CAPL 系统应当如一名有经验的对外汉语教师一样,在学生进行(再)练习(或再测试)前,能够给出如下的正音提示:

---

① 参见曾金金《华语语音资料库及数位学习应用》,新学林出版股份有限公司 2008 年版。

② 参见 Hincks, R. Speech recognition for language teaching and evaluation: A study of existing commercial products. *Proceedings of ICSLP 2002.* Denver, 2002.

——发音所出的问题在哪里？

——具体的偏误是什么？

——可以怎样去改正？

系统可以通过动画或者程序提供正音示范和比较，并且可以根据需要，对学习者的发音做相应修改后重新播放——这不但有助于提高学习者正音的信心，而且也是信息时代个性化学习的具体体现。

要实现这样的目标，首先就要创建一系列高质量的面向CAPL的汉语中介语语音语料库。

一 面向CAPL汉语中介语语音语料库的任务与构成

面向CAPL汉语中介语语音语料库的主要任务是为计算机提供符合相关要求及规范的训练集与较大规模的精细标注语料，同时也可为中介语语音研究、对外汉语语音教学提供高品质、丰富的样本和数据。

由于我们计划中的计算机辅助汉语语音学习系统的训练形式主要是朗读，且测评、分析性反馈及指导也是针对朗读的效果，所以本语料库也将建成朗读语料库（而不是自然口语语料库）。[1]从朗读内容来说，本库分为单音节、双音节、三音节、四音节、句子和语段六类子库。整个语料库将分阶段、按学习者国别进行

---

[1] 关于朗读语料库跟自然口语语料库的区别可参见 Li, A., Chen, X., Sun, G., Hua, W., Yin, Z., Zu, Y., Zheng, F., Song, Z. The phonetic labeling on read and spontaneous discourse corpora. *Proceedings of ICSLP 2000*. Beijing, 2000.

建设。

所谓分阶段指的是:先建设小规模的一期语料库,再建设大规模的二期语料库。一期库无论在发音人数还是语料数目上都少于二期库,但不同汉语水平——根据 HSK 成绩划分为初、中、高等——发音人的比例大体相同。之所以要分阶段进行,一来是因为有经费问题,二来是因为这样可加快(一期库的)应用。此外,一期库的建设不但可以看作是二期库的前期工作,而且其数据还能直接用于二期库自动标注系统的训练,节省人力。

有关学习者国别,我们的长远目标是:创造条件,依托北京语言大学 140 多个国家的留学生,建立全球各国别汉语学习者的语音语料库。近期在建的主要是面向日本、泰国和伊朗学生的 CAPL 语音语料库。

该语料库的结构如表 2-1 所示:

表 2-1　面向 CAPL 汉语中介语语音语料库的构成

内容		单音节	双音节	三音节	四音节	句子	语段
数目	一期	526 (×20人)	60 (×20人)	80 (×20人)	128 (×20人)	301 (×20人)	1 (×100人)
	二期	1530 (×100人)	297 (×100人)	400 (×100人)	640 (×100人)	1093 (×100人)	60 (×20人)
国别		日本、泰国、伊朗、法国、韩国、美国、罗马尼亚……					

作为补充和参照,我们对普通话母语者也进行了同样内容小规模(20 人)的录音和标注。

二 语料选择与设计

面向 CAPL 的汉语中介语语音语料库从内容来说可以分为单音节、双音节、三音节、四音节、句子和语段六类子库,除语段外,各子库又分一期和二期两种。在这些子库中,单音节库和句子库是整个语料库的两大重点子库。下面对各子库的语料选择与设计思路做概要说明。

(一)单音节库

该子库可以全面反映学习者对声母、韵母、声调在单音节层面的掌握情况。一期库(每人)的 526 个音节全部来自 HSK 的 800 个甲级字——甲级字中的同音字只保留 1 个(音节),而许多助词因为不能单念也被排除在外。可以说,这 500 多个音节是对外汉语教学中最常用的实语素音节。二期库(每人)的 1530 个音节由《现代汉语词典》第 5 版中的 1298 个不重复音节外加 232 个具有不同声韵调搭配关系的儿化音节[①]组成。

(二)双音节库

该子库主要用于考察和统计学习者对两个音节连续的掌握情况及其音节间的音联表现。一期库的 60 个音节分别是 3 组各 20 个双音节的"句调基本单元"/"基本节奏单元"[②]——阴平+

[①] 儿化虽是一种语流音变现象——具体来说,合音、弱化、减音等现象都有——但是儿化的结果,即"儿化音节",属于单音节范畴。参见曹文编著《汉语语音教程》,北京语言大学出版社 2002 年版。

[②] 参见吴宗济《普通话语句中的声调变化》,《中国语文》1982 年第 6 期。吴宗济《汉语普通话语调的基本类型》,《王力先生纪念论文集》,商务印书馆 1990 年版。王洪君《汉语非线性音系学》(增订版),北京大学出版社 2008 年版。

阴平、阴平+阳平、阴平+上声、阴平+去声、阴平+轻声……二期库除了有更多组的"语调基本单元"外,还要全面考察两个音节(间)的音联情况。297个双音节搭配借鉴的是吴宗济先生(1998、2004)[①]的研究。

(三)三音节库

三音节也是基本节奏单元的常见形式(吴宗济,1990;王洪君,2008)。建立该子库(含轻声音节)主要用于考察学习者对汉语三音节单元韵律的把握情况。无论一期库还是二期库,三音节的设计与选择都围绕声调组合进行。一、二期的区分主要在数量上。一期库中每种三音节声调组合仅有1例,共80例(×20人);二期库中每种组合有5例——尽可能兼顾不同的结构关系(如:2+1"展览馆"、1+2"小老虎"、1+1+1"索马里")——共400例(×100人)。

(四)四音节库

四音节库稍许复杂一些。从韵律角度来说,四音节主要有两种情况:一种属于2+2结构,如"一衣/带水";另一种属于"受限"节奏单元[②],如"乱七八糟"。而从词汇、语法角度来讲,它们也可以分为两类:一类是成语和四字格,另一类是普通四音节短语。该子库的设计思路与三音节库相近,也主要围绕声调组

[①] 参见吴宗济"The formalization of segmental coarticulatory variants in Chinese synthesis system",《汉语及少数民族语言语音学研讨会论文集》,香港城市大学出版社1998年版。吴宗济《吴宗济语言学论文集》,商务印书馆2004年版。

[②] 参见王洪君《普通话中节律边界与节律模式、语法、语用的关联》,《语言学论丛》(第26辑),商务印书馆2002年版。

合进行。一期库主要收录具有不同韵律结构/声调组合的成语和四字格,二期库除了数量增加外,兼收普通的四音节短语,包括含轻声的四字短语。

(五) 句子库

某种意义上说,前述各子库只是汉语及汉语中介语的备用单位库,句子库才是真正反映学习者言语运用(语音)情况的语料库,是我们全面考察学习者汉语语音面貌的一个平台。

该子库不但可以全面反映学习者的语调习得情况,包括句重音/语调调核、调尾/边界调、调域展缩、停延、断句、语速等等,还可用于考察学习者对声母、韵母、声调在语流层面的把握程度。该库主要收录单句(包括对话形式的单句),同时也收少量复句。一期库收录对外汉语精品教材《汉语会话301句》(北京语言大学出版社,1998)中的301个句子,二期库则增加了12组共792个声韵平衡的句子。

(六) 语段库

语段库在整个语料库中只是作为资料库来建的。[①] 一期库是每位发音人半朗读半即兴发言性质的一段自我介绍。二期库则按照文学、新闻、军事、体育等20种文体和题材选取语料,每种3段/篇,每段/篇的音节数为100—200。需要说明的是:语段库一、二期的发音人是前多(100位)后少(20位),这与其他各子库不同。

---

① 笔者认为真正属于语段层面的语音偏误都是因为(对朗读内容)理解不到位或(口语表达)思维混乱引起的,那不应该在正音的范畴内。也正因如此,现在较有影响的对外汉语语音/正音教材中,要么基本没有语段教学,要么所占比例很小,且无任何理论讲解。

三 语料采集

所有的语料都在北京语言大学对外汉语研究中心语音实验室内采集。录音设备有：铁三角指向性话筒（Audio 3000）、Kay-Pentax 前置放大器、移动声卡（M-Audio）、ASUS 笔记本电脑；录音软件为视窗 Vista® 附件/录音机。

单音节子库的语料除儿化音节外，都以拼音形式呈现。考虑到发音人可能对儿化音节的拼音形式不习惯，儿化音节以汉字和拼音共现的形式呈现给发音人，如"音儿 yīnr"。其他各子库则都以汉字和拼音共现形式呈现语料。

每个子库的语料都以随机顺序排列，可以通过分屏器在电脑液晶屏上同时显示给发音人和实验人员。录音或由实验人员操作，或由发音人直接操作。后一种情况下，实验人员负责监听和答疑。录音时要求发音人双唇距话筒 10 厘米以内。

所有语料的采样率统一为 16 000 赫兹，量化精度 16 位，单声道录音。

四 语料标注

一个语料库建设得成功与否跟它的标注体系密切相关。本语料库面向计算机辅助对外汉语正音，重点放在（能）为偏误检测、正音提示及偏误修正提供信息。这与一般的识别语料库或合成语料库不同。事实上，它既要为识别服务（偏误检测），又要为合成服务（偏误修正），而总体上又是为教学服务的。所以，对语料的标注体系必须要有相应的设计。

（一）偏误标注准备与标注规范

进行偏误标注，首先应当对目标群学习者可能出现的发音偏误有较为全面的了解，这就要求我们对相关的语音教学和语音习得领域内已有的成果及发现能够鉴别与吸纳，然后再设计出能够表征这些偏误的标注符号。以日本学生为例，他们常见的偏误有：送气、不送气音混淆，前、后鼻音混淆，r、l 混淆，sh、x 混淆，f、h 混淆，zh、j 混淆，ch、q 混淆，a、e 混淆，ou、uo 混淆，二、三声混淆，u、ü、en、iu、ui、un、ing 发音不到位，等等。[1] 日本学生汉语中介语语音库的标注符号至少要能覆盖这些偏误种类。此外，学习者的偏误确有一些非 A 即 B 式的音位替换，但更多的是似 A 似 B 式的音素（发音）不准。这些差异在标注体系里也须考虑到。

一般的语音语料库，包括一些现有的中介语语音语料库都是用国际音标（IPA）作为记音式的语音学标注，而对发音偏误未做任何标注。如果语料库使用者想获取有关的偏误信息，必须再把这些语料拿给专门的教师听。[2] 这使语料库的实用性大大受限。而我们

---

[1] 参见朱川《汉日语音对比实验研究》，《语言教学与研究》1981 年第 2、4 期。曹文编著《汉语语音教程》，北京语言大学出版社 2002 年版。王韫佳《日本学习者感知和产生汉语普通话鼻音韵母的实验研究》，《世界汉语教学》2002 年第 2 期。梅丽《日本学习者习得普通话卷舌声母的语音变异研究》，《世界汉语教学》2005 年第 1 期。鲁宝元《日汉语言对比研究与对日汉语教学》，华语教学出版社 2005 年版。

[2] 参见王韫佳、李吉梅《建立汉语中介语语音语料库的基本设想》，《世界汉语教学》2001 年第 1 期。Hincks, R. Speech recognition for language teaching and evaluation: A study of existing commercial products. *Proceedings of ICSLP 2002*. Denver, 2002. 曾金金《华语语音资料库及数位学习应用》，新学林出版股份有限公司 2008 年版。

第三节 面向计算机辅助正音汉语中介语语音语料库创建

主张通过恰当的标注，把中介语语音语料库建成一个基本自足的语料库，让使用者——无论是教师、学生或者计算机工程师（及其所设计的程序）——通过对标注文本的解读就能了解学习者的偏误。

为使建库工作能够尽快、顺利地进行，我们结合实际需要和教学经验，对面向 CAPL 汉语中介语语音语料库的标注做了规范与说明。总的原则是简要性和区分性兼顾。在为偏误类型分配标注符号时，主要考虑相关符号应该便于联想和记忆。有几个符号参考了 SAMPA-C 汉语音段标注体系[1]和 C-ToBI 汉语韵律标注体系[2]，这样做是为了避免给相关领域的语料库使用者／共享者带来同符异指的干扰。

部分规范如表 2-2、表 2-3 所示：

表 2-2 面向 CAPL 汉语中介语语音语料库音段标注规范（BLCU-CAPL-1）

类型	标注符号	偏误举例	备注
高化	^	a{^}	a 的舌位与标准音相比不够低，发音近似 [ɐ]
低化	!	u{!}	u 与标准音相比舌位过低，发音近似 [ʊ]
前化	+	e{+}n	e 的舌位靠前，en 发音近似 [ɛn]
后化	-	n{-}	前鼻音发音近似后鼻音
长化	:	z{:}	z[ts]（的擦音段）发音太长
短化	;	p{;}	p[pʰ]（的送气段）时长不够

---

[1] 参见陈肖霞、祖漪清、李爱军《对汉语普通话正则标音系统的探索》，吕七楠等主编《现代语音学论文集——第四届全国现代语音学学术会议》，金城出版社 1999 年版。

[2] 参见 Li, Aijun. Chinese prosody and prosodic labeling of spontaneous speech. *Proceedings of the Speech Prosody 2002 Conference*. Aix-en-Provence, France, 2002.

（续表）

类型	标注符号	偏误举例	备注
央化	"	uo{"}	uo 中的 o 的舌位同时低化、前化，uo 近似 [uə]
圆唇化	o	e{o}	e 似被发成了圆唇音
（展）唇化	w	f{w}, u{w}	f 被发成双唇擦音，u 被发成了不圆唇音
唇齿化	f	u{f}	u 被发成 [v]
舌叶化	sh	sh{sh}	普通话的 sh 被发成 [ʃ]
清化	○	r{○}	浊擦音或通音 r 被发成清擦音
浊化	v	d{v}	清塞音 d 被发成浊音
增音	音+	i{e+}	i 后增加了一个 e
减音	音-	j{io-}u	"久"被发成 [tɕu]
塞音化	p	l{p}	l 被发成近似 [t]
擦音化	s	p{s}	塞擦音或送气塞音的塞音丢失，似吹气音
边音化	l	r{l}	r 似被发成 l
鼻音化	~	e{~}	e 被发成鼻化元音
闪拍化	dl	d{dl}	塞音 d 似被发成闪音/拍音 [ɾ]
卷舌化	r	l{r}	l 似被发成 r

注：（1）{ } 表示偏误。（2）替换用增减音组合表示；如 {ii-, i+} 表示 [ɿ] 被发成 [i]。

表 2-3 面向 CAPL 汉语中介语语音语料库的韵律标注规范（BLCU-CAPL-2）

类型	标注符号	偏误举例	备注
声调	T	T1{4}	第一声被发成第四声
变调	TT	TT2{1}	应发升调/2 声的连读变调被发成平调/1 声
高音点	H	H{L}	高音发成低音，如阴平 HH 被发成去声 HL

第三节　面向计算机辅助正音汉语中介语语音语料库创建

（续表）

类型	标注符号	偏误举例	备注
低音点	L	L{H}	低音发成高音，如去声HL被发成阴平HH
焦点	*	{*-} {*+}	焦点或调核重音错置
升调尾	H%	H{L}%	上升的语调尾被发成降调尾
降调尾	L%	L{H}%	下降的语调尾被发成升调尾
音阶高化	^	L{^}	低音特征点发生不应有的高化
音阶低化	!	H{!}	高音特征点发生不应有的低化
调域极点	^^	—	（客观记录，供统计对比用）
调域低点	!!	—	（客观记录，供统计对比用）
停延	音节-韵律词-短语-句：1-4	1{2}	词内出现停顿
嗓音	假声FT，气嗓BR，嘎裂CV，中断？	{?+}	嗓音发生不必要的中断
长化	:	i{:}	i发音太长
短化	;	i{;}	i发音太短

注：（1）高化、低化、长化、短化亦用于音段标注。（2）轻声可能会还原本调，如听感不觉有误，用（）标注；如"知道T1T0（4）"。

从表2-2、表2-3可以看出，本语料库是以普通话标准音为参照，直接进行偏误动程或动向的标注。这种方法使标注人员无须在具体音值上费时费力地纠缠。这样做是有实践依据的。以音段为例，教师们对发音偏误的动程很容易取得一致看法，但对偏误所致的具体音值常有争议。从纠音的角度来说，学习者偏误的具体起点是什么音并不重要，重要的是发音部位、发音方法与标准音相比有怎样的偏移，应当进行什么样的改进。大体说来，我们的标注方法类似于评改而不是记音。

（二）语料库标注实例

对于不同的子库，标注层的数量与内容有所不同。标注最少的是单音节库，分为五层：正则拼音层（TPY）、声母—韵母层（I & F）、声调层（Tone）、特征点层（F-PNT）、嗓音层（Phona）。正则拼音层标注的是汉语拼音及该音节的边界；声母—韵母层标注的是声、韵母的实际发音——如果发音正确就标汉语拼音，如果有偏误就在拼音后加 { } 标注偏误情况；声调层标注声调的实际调位（而不是调值，也无须标注调值）——T1、T2、T3、T4 分别表示阴平、阳平、上声、去声，发生调位混淆的以 { } 加注；特征点层标注的是韵母稳定段基频音高的起、折、末点——分别用 s、t、e 表示；嗓音层标注的是音节内出现的非正常发声（Non-model Voice）。

我们之所以关注嗓音 / 发声（Phonation），是因为近年来有不少研究已经发现：嗓音是影响声调知觉的重要因素。[①] 事实上，本语料库各子库的最后一层都是嗓音标注层。

---

① 参见孔江平《语言发声研究及相关领域》，《新世纪的现代语音学——第五届全国现代语音学学术会议论文集》，清华大学出版社 2001 年版。朱晓农《浙江台州方言中的嘎裂声中折调》，《方言》2004 年第 3 期。曹文《陈述句焦点——重音的韵律表现》，北京大学博士学位论文，2006 年。Zheng, Xiaoju. Voice quality variation with tone and focus in Mandarin. *Proceedings of International Symposium on Tonal Aspects of Languages*. La Rochelle, France, 2006. 李倩、曹文《日本学生汉语单字调的阳平与上声》，第九届全国人机语音通讯学术会议（NCMMSC），安徽，2007 年。曹文《也说第三声及其教学》，《走向世界的汉语教学探索——第四届对外汉语国际学术研讨会论文集》，外语教学与研究出版社 2008 年版。Cao, W. & Zhang, J. Tone-3 accent realization in short Chinese sentences. *Tsinghua Science and Technology* 13(4), 2008.

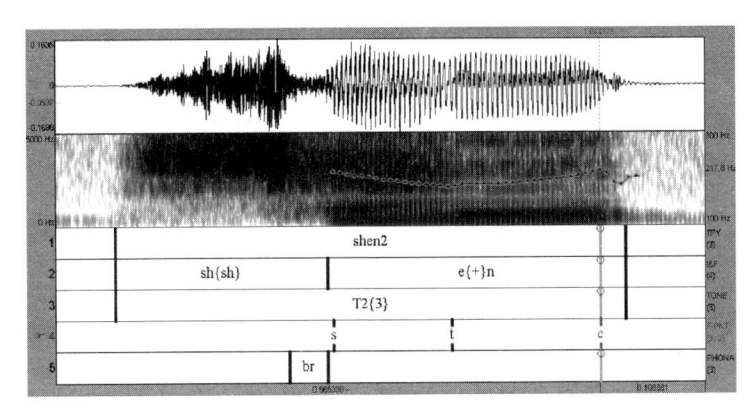

第三节 面向计算机辅助正音汉语中介语语音语料库创建

图 2-2 单音节标注示例（JFOO2_007）

图 2-2 所示为一个日本女生所发的 shén。标注符号 sh{sh} 表明她的声母 sh 有舌叶化倾向，近似于 [ʃ]，这显然是受了日语发音习惯的影响；正音时舌头应当后缩，让舌尖而不是舌叶指向齿龈后。标注符号 e{+}n 表明韵母 en 的元音发生了前化，[ə] 好像被发成了 [E]，这也是受了日语发音的影响；正音时同样要求舌头有所后缩，舌尖不能碰到下齿。标注符号 T2{3} 表明发音人的第二声听起来像第三声。结合第四层标注的声调起、折、末三个特征点的有关数据，我们（以及未来的 CAPL 系统）就可以在调形、调阶、折点时机等方面给出诊断与建议了。第五层的标注 "br" 说明该发音人在 sh 的后段有气嗓音。

在每个（单）音节的五层标注中，二、三层是偏误标注的重点，其他各层主要是为了提供有关数据，为研究或修正合成做参考。

标注层最多的是句子库的标注，有九层：词（Word）、正则拼音（TPY）、声母—韵母（I & F）、声调（Tone）、关键点（C-PNT）、语调（Inton）、时长（Dura）、停延／间断（BI）、嗓音（Phona）。其中三至七层是重点，学习者音段、超音段的偏误集中在这里进行定性的标注。

句子（库）的词标注层实际上是对句子按词典词进行的切分，文本是汉字形式。正则拼音、声母—韵母、声调、时长、嗓音等五层的标注工作与单音节相同。但关键点层的标注与单音节库的特征点层有所不同：在语流中，音节与音节间相互影响、互为参照，不必每个音节都要有饱满的调形、自足地实现其特征，它们是在大音段中映射各自的特点的。因此，原则上每个音节只标注高音点 H 和低音点 L——阴平 HH、阳平 LH、上声 LL（H）、去声 HL、轻声 HH 或 LL，然后再看是否可运用删除规则——除了句子的起点、焦点、末点及发生偏误的音节前后保留关键点以外，中间的一些调性相同的赋值／标记（高音点 H 或低音点 L）可以删除。例如：

  我 怎么 能 不 来 呢？

  LH{L}-LL-HH-LH{L}-HL-LH-LL{H} →

  LH{L}-LL-H-LH{L}-H-LH-LL{H} （见图2-3）

这些关键点（的标注）主要用于简化、重建及修正语调基频曲线，同时也可以用来描写语流中的声调变异现象。

语调层是句子库独有的。该层标注的内容有：调核重音[①]（用 * 表示）、调域最高点（用 ^^ 表示）、调域最低点（用！！表示）和调尾／边界调（用 H% 或 L% 表示）。这些既是本体语调研究的重要内容，也是中介语语调研究极其重要的考察点。

[①] 调核重音大体相当于句重音。正确的调核标示语义焦点所在，所在它有时也被称为焦点重音。调核重音节对语音学习和口语表达的影响非常大，但在对外汉语教学领域，这方面的研究还很不够（鲁健骥，1984）。希望本语料库的建设对此有所促进。参见鲁健骥《中介语理论与外国人学习汉语的语音偏误分析》，《语言教学与分析》1984 年第 3 期。

停延／间断层从两音节库开始出现。停延／间断层标注的是音节至句子间各级可感的停延或间断。

时长层的数据是基于20位普通话母语者该音段的时长参数而求取的Z-score参数。数值大于0，表示该音段相对于标准时长较长，值越大，说明加长越严重；数值小于0，则表示该音段相对于标准时长较短，值越小，说明缩短越严重。如果大于1或小于-1，表示该时长的出现概率小于16%；如果大于2或小于-2，则概率小于2.3%。这些数据可以帮助标注者来判断时长及停延偏误的有无，起到"补听官之缺"[①]的作用。

此外，还有两点需要说明：（1）不同于单音节子库，双音节以上子库都会有轻声，但是在句子层面的发音中，轻声音节在一定条件下可以恢复本调，普通话母语者也常有这样的表现，此时标记为T0（1／2／3／4）。（2）我们从教学经验和实际需要出发，没有对重音进行多级划分，也没有对副语言学、非语言学现象进行标注。

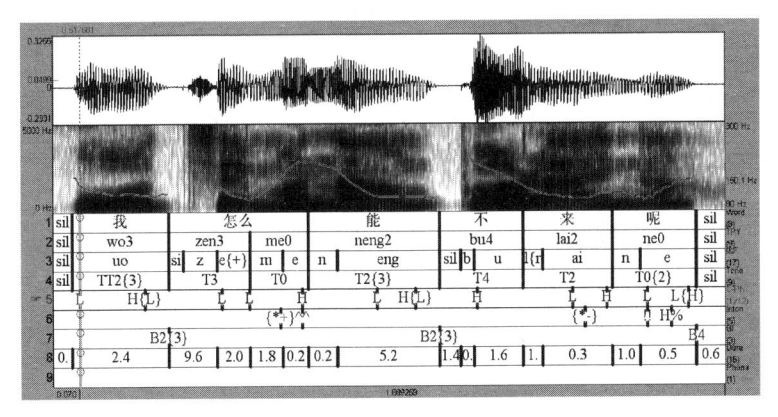

图2-3 句子标注示例（JM09_162）

---

① 参见罗常培《汉语音韵学导论》，中华书局1956年版。

图2-3为一位日本男生所读的"我怎么能不来呢？"的音图及标注，该句在音段方面表现出的偏误不多，主要是"怎"的韵腹发音靠前（标作e{+}）和"来"的声母有卷舌动作（标作l{r}）；但句子在韵律方面偏误较多。

在声调方面，7个音节有3个产生偏误：（1）"我"该变调而未变（TT2{3}），末点当高实低（H{L}）。（2）"能"（néng）的末点同样是当高实低，所以第二声变成了第三声（T2{3}）。（3）"呢"（ne0）在句中作为阳平后的轻声/语气词本应是LL，却被发成LH，自身倒变成了阳平（T0{2}）——究其缘由或许是发音人将疑问句调尾的"大波浪"（上升感）强加到了声调"小波浪"上。①

语调方面的偏误也非常明显。通常，在"我怎么能不来呢？"这个句子里，"我""不""来"都可能聚焦，而在"来"上的概率/可能性最高。但是，图2-3所示日本学习者的语调发生了我们称为"抢焦"或"错焦"的现象，轻声音节"么"占据了全句音高曲线的最高点，而"来"的高音点远不够高，落实到词上，"怎么"最为突显（{*+}），抢走了"来"应有的焦点/调核地位（{*-}）。正音时，降低"么"的高度和提升"来"的高度/高音点应成为重点。

该发音人在间断方面的表现也不好（图2-3的七、八层标注）。"我"和"怎么"之间、"能"和"不"之间出现了过度的停顿

---

① 参见赵元任"A preliminary study of English intonation with American Variants and its Chinese equivalents"，《历史语言研究所集刊外编1本1分》1932年版。曹文《赵元任先生对汉语语调研究的贡献》，《世界汉语教学》2007年第4期。

（B2{3}），使得语流有断裂感，不流利。

（三）标注质量与控制

目前北京语言大学面向 CAPL 的语音语料库都采用半自动标注，即先通过我们编制的程序对各级语料自动切分、标注，然后人工听音、读图，进行校正和偏误标注。

语料库中的每条语料都有三人进行校正，最终两人以上一致的看法确定标注结果。三人完全不同的，经过讨论确定。

所有标注人员都有语音学或方言学专业背景，熟练掌握国际音标，至少有半年（以上）对外汉语教学经验，并经过培训、试标和考核（通过）。

五　结语

本节介绍了我们面向汉语 CAPL 系统研发的中介语语音库的构建方案和标记体系。一个好的语料库应当具有较高的复用性，[1]而本语料库的标注内容和方法正是其复用性的重要保证。我们认为，本语料库既可为识别服务，也可为合成服务，更可为教学服务（包括用于对外汉语教师培训）。

到目前为止，基于该语料库的研究已取得不少成果，从留学

---

[1] 参见黄昌宁、李涓子《语料库语言学》，商务印书馆 2002 年版。

生的声韵母偏误研究到声调、语调研究都有新的发现。[①] 我们今后的目标是进一步完善标注体系,增加语料库内容,并研发具有一定正音指导功能的计算机辅助汉语正音系统。

第四节 基于偏误反馈的对韩汉语词汇教学信息库创建[②]

"语料库的建设和语料库语言学的崛起,是语言学战略目标转移的一个重要标志。"[③] 语料库语言学"包含两方面的内容,

[①] 参见边卫花、曹文《日本人产生普通话 r 声母和 l 声母的音值考察》,第九届全国人机语音通讯学术会议(NCMMSC),安徽,2007 年。李倩、曹文《日本学生汉语单字调的阳平与上声》,第九届全国人机语音通讯学术会议(NCMMSC),安徽,2007 年。谯蓉《汉语单音节句语调比较研究》,北京语言大学硕士学位论文,2007 年。Zhang, J. & Cao, W. "Tone information processing for Chinese automatic speech recognition and a discussion of its application to computer aided pronunciation training",第八届中国语音学学术会议暨庆贺吴宗济先生百岁华诞语音科学前沿问题国际研讨会,北京,2008 年。李方延《汉语母语者与日本学习者汉语普通话音位 /ɯ/ 的声学特征比较——基于汉语中介语 HSK 甲级字音节语音语料库的研究》,北京语言大学硕士学位论文,2009 年。

[②] 本节摘自焉德才、胡晓清《基于偏误反馈的对韩汉语词汇教学信息库建设》,《华文教学与研究》2013 年第 2 期。

[③] 参见冯志伟《从语料库中挖掘知识》,肖奚强、张旺熹主编《首届汉语中介语语料库建设与应用国际学术讨论会论文选集》,世界图书出版公司 2011 年版。

一是对自然语料进行加工、标注,二是用已经标注好的语料进行语言研究和应用开发"①。当语料库建设的"加工"和"标注"工作基本完成以后,从哪些方面开发其应用价值就成为语料库建设者关注的重要问题。一般认为,汉语中介语语料库的应用开发价值主要体现在"语言研究""教材编写"和"词典编纂"三个大的方面。除此以外,如果我们能从服务课堂词汇教学的角度去思考汉语中介语语料库的应用价值,就不难发现,还有一项重要的应用开发工程需要提上议事日程,那就是:基于偏误反馈的汉语词汇教学信息库的建设。

众所周知,语料库语言学的优势在于:它在很大程度上避免了传统语言研究"重例解,轻覆盖""重直觉内省,轻数据量化"的不足,引领着语言研究向"实证化"和"精细化"的方向发展。迄今为止,对于"实证化"这一概念,学界基本没有异议。但对于"精细化"这一概念,学界的理解却未必一致。有人从语言研究精细化的角度认为,语料库研究在本质上是描写性的。② 因此,语料库建设的目的之一是培养精细化和实证性的科研能力;从语料标注的精细化角度看,我们会要求语料库信息的标注尽可能地详尽,比如从标点、字、词、句、篇五个层面进行偏误标注,每个层面都有一系列复杂的标注代码。除此以外,还有一种精细化,我们却常常忽略,那就是从服务于课堂教学的应用角度,给 HSK

---

① 参见黄昌宁、李涓子《语料库语言学》(第二版),商务印书馆 2007 年版。

② 参见何安平《语料库语言学与英语教学》,外语教学与研究出版社 2004 年版。

大纲词①附加上一些来自于偏误反馈的教学提示信息，这些信息可以组织成一个词汇教学的自主应用平台，为教师备课和教学发挥重要的参考作用。这样的信息平台，其内容起码应该包括：每个大纲词的语音、汉字、语法、广义语义的编码难度等级的标注信息，认知难度的评价信息，常见迁移情况的描写信息，典型偏误的展示信息等。目前，这些来自于偏误反馈的、服务于教学的中介语描写信息尚未完全纳入到汉语语料库建设的视野。

"基于语料库的语言描述的应用是语料库进化中最具有创新性的一项活动。"（黄昌宁和李涓子，2007）下面，本节将从服务课堂词汇教学的应用角度对"基于偏误反馈的对韩汉语词汇教学信息库"的建设谈一下初步的设想。

一 基于偏误反馈的对韩汉语词汇教学信息库的建设设想

（一）对韩汉语词汇教学信息库的建库原则

1. 服务教学

不同的语料库，其主要功能也不尽相同。就二语中介语语料库来说，有的偏重"研究导向"（Research Guidance），有的偏重"教学导向"（Teaching Guidance）。总体来讲，国内已知的汉语中介语语料库大部分偏重"研究导向"。"基于偏误反馈的对韩汉语词汇教学信息库"则是一种偏重"教学导向"的信息库。它主要服务于从事对韩汉语教学的国内外广大教师，向他们提供词汇

---

① 本节涉及的 HSK 大纲词是北京语言学院出版社 1992 年出版的《汉语水平词汇与汉字等级大纲》中的 8822 个词。

教学上的参考。我们的设想是通过这个开放型的信息库,让每个从事对韩汉语教学的教师都能够对韩国学生习得汉语 HSK 大纲词的认知难度、常见迁移情况以及典型的偏误形态有一个比较全面和充分的了解,可以随查随用。

2. 聚焦偏误

本信息库的关注焦点是中介语中的偏误因素。偏误语料主要是以汉语 HSK 大纲词为搜索项,从已经建成的"韩国留学生汉语中介语语料库"中提取偏误句,建成子库,为汉语词汇教学信息库的建设提供数据和信息支持。

3. 语料真实

基于偏误反馈的对韩汉语词汇教学信息库所搜集的偏误语料必须是真实自然的,所有偏误形式都必须是在学生的书面作业或者口头话语中出现的真实句子。这一点无须赘言。

4. 开放共享

信息库的"开放"包含两个层面的内容:一是信息库的建设是一个长期的开放过程;二是信息库会不断吸收学界最新的研究成果,随时修正和完善相关内容。信息库的"共享"是指所有从事对韩汉语教学的国内外教师,均可通过固定网址凭密码登录这个信息库,免费查询所需要的信息和语料。语料库的"开放"和"共享"是未来的大趋势,崔希亮和张宝林(2011)[1]所倡导的"全球汉语学习者语料库"就预示着这一趋势即将到来。

---

① 参见崔希亮、张宝林《全球汉语学习者语料库建设方案》,《语言文字应用》2011 年第 2 期。

(二)对韩汉语词汇教学信息库的内容和框架

1. 对韩汉语词汇教学信息库的内容构成

对韩汉语词汇教学信息库直接面向查询者的内容分五大部分：基础附码、编码度标注、认知难度评价、迁移情况描写、典型偏误展示。在这五部分中，"典型偏误展示"是最关键的内容，因为其他内容的撰写大多来源于对这些偏误信息的分析和归纳。

具体来说，"基础附码"分"词性附码""词法附码"和"词调附码"三种。比如"半天"一词的词性附码是"n"（名词），词法附码是"pz"（偏正结构），词调附码是"41"（四声＋一声）。"编码度标注"是对每个词从语音、汉字、语法和广义语义四个维度标注认知难度系数。"认知难度评价"是对词汇的"认知难度"做出解释和评价。"迁移情况描写"是在对偏误语料综合分析的基础上对词的正负迁移情况做出描写和说明。"典型偏误展示"呈现的是搜集到的典型偏误例句。面向查询者的信息库简化界面如图2-4：

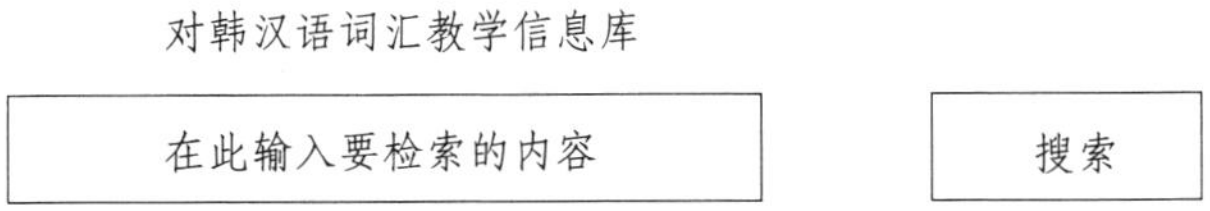

对韩汉语词汇教学信息库

| 在此输入要检索的内容 | 搜索 |

图 2-4 对韩汉语词汇教学信息库界面

查询者进入此界面，只要输入查询的单词，然后点击搜索键，就会进入该词的信息页面。同样，输入不同的基础附码，也可以检索出具有相同属性的某一类词。比如，输入词性附码"lhc"，就可以将大纲词中所有离合词检索出来；输入词法附码"pz"，就可以将所有偏正结构的单词检索出来；输入词调附码"32"，就可以将所有声调是"三声＋二声"的单词检索出来。单击检索出来的词，就可以直接进入该词的信息页面。所有检索出来的信息，既可以用于课堂教学，也可以用于大规模的集合研究。

2.对韩汉语词汇教学信息库的主体框架

对韩汉语词汇教学信息库的主体框架包括"语料处理系统""数据库"和"用户检索系统"三个部分。"语料处理系统"中存储的是从"韩国留学生汉语中介语语料库"中提取的所有偏误语料以及韩国留学生汉语音频语料的偏误信息；"数据库"中包括 HSK 大纲词、大纲词基础附码集、大纲词词频统计、大纲词汉字偏误统计、大纲词认知编码度集等各种信息；"用户检索系统"的内容分基础附码、编码度标注、认知难度评价、迁移情况描写、典型偏误展示五大部分。信息库的主体框架，如图 2-5：

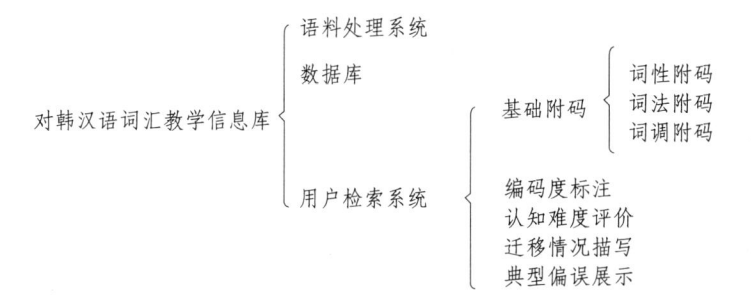

图 2-5 信息库的主体框架

二 需要处理的其他问题

（一）语料收集的形式

本信息库语料收集的形式，主要是学生的书面作业，包括造句作业、语段作业和作文，除此以外，还有一部分音频语料。书

面语料和音频语料互补可以使语料的收集更加全面。比如，韩国学生受母语口语"안녕"语调上挑的影响，其汉语对应词"再见"的发音也出现了上挑现象。再比如，我们在考察初级阶段韩国学生"因为"的迁移情况时，本来发现"为"字有典型的母语负迁移现象发生，即韩国学生在读汉语"为"的发音时，常发成类似"雨衣"（"雨衣"二字快速连读）的音，这是可以预测到的。但是我们从学生的音频语料中居然发现了连读变异的情况。"因为"这个词，有的学生读成了"in + [nu + ei]"的音（[nu + ei]快速连读），这完全是由韩语母语发音的连读习惯造成的。以上两种现象，在常规的语音对比中很难被发现。类似现象都需要在信息库中加以提示和说明。

英国应用语言学家Corder曾经将学习者偏误分为"前系统偏误"（Presystematic Errors）、"系统偏误"（Systematic Errors）和"后系统偏误"（Postsystematic Errors）三种类型。[1]这种分类缺乏操作性，但有其"心理现实性"。在语料收集的过程中，我们也确实能感觉到不同阶段语料在质量上的差异。一般来说，初级上半学期的偏误语料基本上是属于"前系统偏误"，有人认为这一时期的偏误语料的研究价值不大，所以收录的积极性不高。我们收录的原因有二：一是基于偏误研究本身的需要，二是基于纵向研究的考虑。比如以下音频语料：

（1）老师，字小，我不看。（老师，字太小了，我看不清楚。）
（2）他常常帮忙我，他真好人。（他常常帮助我，他真是个好人／他真好。）

---

[1] 参见王建勤主编《第二语言习得研究》，商务印书馆2011年版。

（3）他很学习努力，所以他很好成绩。（他学习很努力，所以成绩很好。）

（4）旅游以后，我太病了。（旅游回来以后，我得了一场大病／我病得很厉害。）

以上的语料就比较有价值，我们可以从中更细致、更直观地观察到学生汉语习得的某些历时特点，也有利于我们更全面地认识汉语中介语这一特殊的语言系统。

（二）偏误句的判定及偏误焦点的确定

偏误句的判定是建设对韩汉语词汇教学信息库过程中不得不面对的一个现实问题。比如以下几个造句偏误语料：

（5）我∧看书。（想、要、爱、常常、喜欢）

（6）我∧和妈妈去商店买东西。（想、要、每天、常常、喜欢）

（7）昨天，我去市里买了∧衣服。（一件）

（8）我想听说课的老师很聪明。（觉得）

（9）你今天为什么打扮得∧漂亮？（这么）

以上五个句子，如果有特定的上下文语境，基本上都能成立。但如果只是这样孤立地出现，语义的自足性不充分，就很可能被判为偏误句。至于如何处理这一问题，见仁见智。我们的原则是"阶段侧重、从严把握"。

另外，在处理语料的过程中，偏误焦点的确定也是一个比较棘手的问题。比如上文例句（6），偏误焦点究竟是哪些词，就很难做出准确的判断。再比如以下例句：

（10）a. 以前他很坏了，3年以后，他变成非常好人。

b. 以前他很坏∧，3年以后,他<u>却</u>变成<u>了</u> <u>一个</u>非常<u>好的</u>人。

c. 以前他很坏∧，3年以后，他变成<u>了</u>非常<u>好的</u>人。

严格来讲，例句（10a）起码有五个偏误焦点，分别是："了$_1$"误加、"了$_2$"遗漏、副词"却"遗漏、数量词"一个"遗漏、结构助词"的"遗漏。在常规操作时，一般会将这个句子分别编入"了""却""一""个""的"五个词的偏误语料中。可是这么做，标准似乎过于严格，操作起来也比较烦琐，因此不如根据（10c）句确定为三个偏误焦点，即"了$_1$"误加、"了$_2$"遗漏和"的"遗漏。这样，（10a）句就只需纳入"了"和"的"这两个词的偏误用例就可以了。当然，在研究的过程中，还需要本着实事求是的态度，具体问题具体分析。

（三）如何处理语言形式的回避问题

在信息库的建设过程中，我们也发现，有些语言形式会被学生回避。语言形式的回避问题是第二语言习得过程中普遍存在的现象，它的产生跟语言形式实用度、词汇的教材复现率、个体表达的语体风格和学习者的心理状态等因素都有直接关系。比如以下副词：

很 太 真 最 更 挺 极了 非常 特别 有点儿
好 够 多么 十分 极其 格外 分外 更加 越发 尤其

语料显示，在这 20 个副词中，前 10 个词的偏误语料非常多，而后 10 个词，不只偏误语料极少，甚至在学生的语篇作业中都很难见到这些词。为解决这一语料失衡的问题，我们通常的做法是布置作业，让学生用目标词造一些语义自足的单句，或者让他们用给出的单词或语言结构去进行语段或篇章表达。通过这样的方式，语料分布的失衡问题（稀疏）可以得到一定程度的缓解。

（四）影响认知编码度标注的相关因素

在对韩汉语词汇教学信息库的建设过程中，"编码度标注"

第四节 基于偏误反馈的对韩汉语词汇教学信息库创建 85

是一个比较重要的内容。这里的"编码度"是一种衡量韩国学生认知汉语词汇难易程度的量化指标。对汉语大纲词进行编码度的标注，有助于对韩汉语教师比较直观地了解韩国学生学习汉语词汇的难点，以便采取针对性的教学方法和教学策略，实现教学效果的最大化。

汉语词汇编码度的标注，可以简单概括为"四维五级"。"四维"是指编码度的标注分"语音""汉字""语法"和"广义语义"四个维度；"五级"是指学生认知汉语词汇的五个难度等级，认知难度最大的词标为5，最小的词标为1，其他的根据偏误率、词频等指标信息分别标为2级、3级和4级，各级都有相应的级差标准。需要指出的是，这里的难度等级主要是指韩国学生学习汉语词汇动态过程中起点时的相对静态的难度评价系数，它既包含预测的信息，比如语音，也包含基于偏误反馈的信息，比如语法。

具体来说，语音编码度的确定，需要跟韩国语的语音进行比照，找出难音的偏误规律，同时要兼顾声调难点、语流音变、音频语料的反馈信息等。比如，发音方面，"ü、ue、f、p、b、zh、ch、sh、r、z、c、s"等是难音；声调方面，汉语的"三声+二声""三声+三声"和"四声+四声""二声+二声"等四类双音节词的声调以及"一""不"的变调对韩国人来说是最难的。这些难音难调会导致词汇的语音认知难度系数高。相反，"不得不、不得已、新郎、不满"等词的韩语发音跟汉语差不多，有正迁移因素，语音的认知难度系数就低。

汉字编码度的确定起码要考虑如下几方面的因素：汉字笔画数（一、繁）、汉字结构的复杂度（旧、翻）、与其他汉字的相似度（爱、受）、简繁体因素（韩、韓）、汉韩字体笔画相似度（吕、旮)、汉字偏误的数量等。

语法编码度的确定起码要综合考虑如下几方面的因素：这个词能否纳入"介宾+谓词"框架（对……感兴趣、为……操心）、是否是语法词（了、的、反而、还有、随着）、是否属于高难认知的副词（就、才、都、还、再、又）、是否是离合词（见面、聊天儿）、是否常以高难的特殊句式呈现（"把"字句、"被"字句、"得"字补语句、存现句、主谓谓语句）等等，当然这些最终也要参考语法偏误的数量才能确定。

广义语义编码度的标注起码要考虑如下几方面的因素：是否是汉字词（不满、新郎）、语义实用度（非常、极其）、语义差异（经历、经验）、语义负迁移（朝、对、向、冲）、语体差异（勤奋、勤勉）、词彩差异（造成、快乐）、文化义差异（白手、黄色）以及语义偏误的数量等。

三 结语

本节从服务课堂词汇教学的应用角度，阐述了"基于偏误反馈的对韩汉语词汇教学信息库"的建设设想。我们认为：第一，汉语中介语语料库若想跟课堂教学实现更紧密的对接与融合，"基于偏误反馈的汉语词汇教学信息库"的建设需要提上议事日程；第二，对韩汉语词汇教学信息库的建设有利于为对韩汉语教学和研究提供精细化的信息，这些信息所组建的教学自主应用平台可以实现对韩汉语中介语语料库建设与对韩汉语课堂教学的对接和融合；第三，从基础附码、编码度标注、认知难度评价、迁移情况描写和典型偏误展示五方面呈现信息库内容的建库范式，是我们在借鉴了二语习得及语料库语言学相关理论成果的基础上提出来的;第四,词汇编码度的研究可资借鉴的前人成果偏少,一方面,我们要开创性地展开研究,另一方面,如何避免主观因素对编码度标注的干扰是我们需要着力解决的问题;第五,对韩汉语词汇教学信息库的建设是一种探索,我们的目标是以此为范例,提炼国别化汉语词汇教学信息库的建库规范,用以指导其他国别化信息库的建设,力争在未来形成系列化、国别化的汉语词汇教学信息库,共同为汉语教学、汉语研究以及汉语国际推广服务。

第五节　国际汉语教学的语法资源库建设[①]

大规模开放在线课程(MOOC)作为一种新的开放教育资源模式受到全世界的瞩目,[②]再一次让人们感受到远程教育在信息时代教育领域的巨大优势和潜力。当前,国际汉语教育蓬勃发展,而面向世界各地不同国家和地区、具有不同文化背景和需求的学习者开展远程教学显然是一个不容忽视的广阔领域。但是相比其他教育领域,国际汉语领域的远程教学却相对滞后。究其原因,教育信息化在特定领域的深入开展均依赖于教学资源的有力支持,而目前国际汉语教学资源建设在规范化、规模化和共享机制

---

① 本节摘自彭炜明、宋继华、赵敏《面向国际汉语教学的语法资源库建设》,《中国远程教育》2014年第8期。

② 参见王海荣、王美静《国外MOOC评估报告对我国高校教学改革的启示》,《中国远程教育》2014年第3期。

等方面还存在诸多问题，其中语法教学资源的问题尤为严重。借鉴 MOOC 的实践经验，反思国际汉语语法教学资源建设的现状，我们不难发现存在如下问题：

知识点的组织框架不明确。MOOC 以知识点为单元开展教学资源研发和建设，知识点的组织框架依赖于特定的学科和课程体系。语法教学中的知识点一般称为"语法点"，而语法点的项目设置和等级划分一直以来就是国际汉语教学中的难点问题，对具体课程教学乃至教材编写而言并没有形成一套成熟、公认的标准规范。由于汉语语法理论研究中本就有各家体系之争，因而国际汉语教学领域的所谓"语法大纲"[1]也是多家并存的局面，且它们在语法点的立项、分级以及语法术语的使用上均存在一定的差异。

语法资源的信息化程度不高。MOOC 教学资源建设中，知识点作为资源创新的基本单位，[2]在碎片化分解的基础上又可进行资源共享和重组，从而有效地避免了资源的重复建设。反观国际汉语教学领域，各类语法大纲大多停留在纸质的指导性文件层面，很少有人系统地将其中语法点转化为可供信息检索和定量统计分析的资源库或知识库。国际汉语教学中的语法点总量有多少，实际教材中课后讲解的语法点该如何分布等，许多类似的问题都只

---

[1] 参见王还主编《对外汉语教学语法大纲》，北京语言学院出版社 1994 年版。国家对外汉语教学领导小组办公室汉语水平考试部编《汉语水平等级标准与语法等级大纲》，高等教育出版社 1996 年版。杨寄洲主编《对外汉语教学初级阶段语法大纲》，北京语言文化大学出版社 1999 年版。

[2] 参见王鹏、边琦、肖凤艳、恩和门德、张丽桃《MOOC 背景下教学资源建设的发展方向——基于对国家精品开放课程工作的回顾》，《现代教育技术》2014 年第 4 期。

能"参照"大纲做定性的回答。

　　信息技术在资源利用过程中的学习支持不够。MOOC中对教学资源的有效利用很大程度上取决于信息技术所能提供的学习支持。只有在学习者之间开展充分的分享、交流和协作，实现学习的自组织和他组织的动态平衡（杨寄洲主编，1999），才能使大规模教学资源真正发挥积极作用。在国际汉语教学领域，一方面由于语法资源本身的信息化程度不高，另一方面也受制于当前中文信息处理技术水平，语法点与动态语言文本之间未能建立起有效的互动关系，这使得为语法资源配备的例词、例句只能是一种静态罗列，语法点讲解就显得枯燥乏味，近乎语言规则的说教。

　　语法教学之所以成为汉语国际推广中的困难之一，与传统的教学模式和固化的教学内容有很大的关系，而这种不利于远程教学的局面亟待改变。在当前这个互联网高度发达的大数据时代，利用信息技术逐步解决语法资源建设中的问题不仅是必要的，也应该是可行的。近年来，我们从梳理语法大纲入手，提出构建国际汉语语法资源库的解决方案，并结合国际汉语教材语料库和中文信息处理基础数据资源，进行了具体的工程实践探索。

一　国际汉语语法资源库构建

（一）构建方案和依据

　　针对上文提出的问题，构建国际汉语语法资源库的目标是：框架体系稳定，具体语法点开放，并能够实现资源库语法点与教学语言材料之间的动态关联。根据文献调研，我们尚未发现符合以上目标的教学语法资源库，也就是说，没有现成案例可供参考。

因此，我们确立的语法资源库构建方案是：首先，参照某一语法大纲，建立反映教学语法系统性的稳定结构框架；其次，利用已有国际汉语教材库或其他类型的语法知识库充实语法框架下的具体语法点，即最大限度地收罗语法教学中可能会出现的语法点，并通过属性建立语法点的难度等级、知识关联和描述语等信息；最后，完善各类语法点对应语言文本的特征属性，为从语言文本中动态获取语法点奠定基础。

由国家汉办颁布并推广的《汉语水平等级标准与语法等级大纲》（以下简称《大纲》）在语法资源库的建设中显然占据着无可置疑的基础框架地位。

首先，《大纲》中语法点的体系性基本上是周全的，从语素、词类、词组、句子成分、句子分类、特殊句型，一直到复句和句群，都有所覆盖。在目前所见的各类语法大纲中，它是最全面的。

其次，《大纲》本身又是一部"等级标准和水平大纲"，其中的语法点按照甲、乙、丙、丁四个等级排布，并且分级标准是在"多学科定量统计与群体性定性、定位分析相结合"的综合集成方法下制定的。也就是说，《大纲》中的语法点带有相对合理的等级划分信息。

最后，《大纲》颁布后，由于其指导和示范作用，后来绝大多数对外汉语教材的编写都以其作为标准，有的教材甚至直接从中选取具体语法点内容。由于教材语法点通常都与课文文本有一定的相关性，因而《大纲》语法点具有最广泛的教材语料基础，也就最适合作为语法资源库的基础框架。

（二）实施步骤和成果说明

1.《大纲》语法点重构

虽然《大纲》可以用作建立语法资源库的基础框架，但它与

第五节 国际汉语教学的语法资源库建设

实用的语法资源库之间还存在着较大的差距,具体表现在:《大纲》按甲、乙、丙、丁四级编排语法点,各级语法点的分类标准不统一,甲、乙级称为"语法项",丙、丁级称为"语法点"。也就是说,共计1168个"语法项/点"不是均质的,有的是"尽举性的",有的是"举例性的",还有的"介乎二者之间"。图2-6表示了分散在各级中"词类·名词"相关的语法项/点,显然,对于资源库的结构化要求来说,这种语法点编排是不合适的。

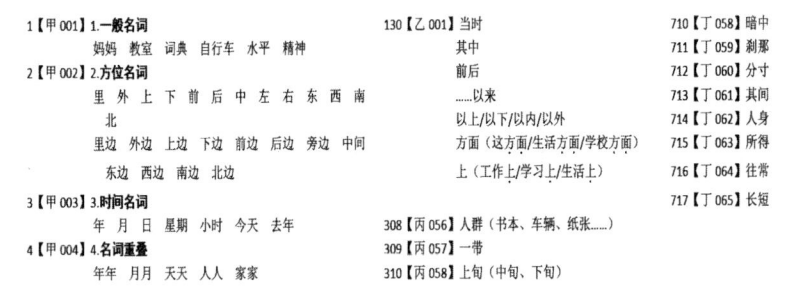

```
1【甲001】1.一般名词                    130【乙001】当中           710【丁058】暗中
      妈妈 教室 词典 自行车 水平 精神              其中               711【丁059】刹那
2【甲002】2.方位名词                          前后               712【丁060】分寸
      里 外 上 下 前 后 中 左 右 东 西 南       ……以来              713【丁061】其间
      北                                以上/以下/以内/以外       714【丁062】人为
      里边 外边 上边 下边 前边 后边 旁边 中间    方面(这方面/生活方面/学校方面)  715【丁063】所得
      东边 西边 南边 北边                   上(工作上/学习上/生活上)   716【丁064】往常
3【甲003】3.时间名词                                             717【丁065】长短
      年 月 日 星期 小时 今天 去年        308【丙056】人群(书本、车辆、纸张……)
4【甲004】4.名词重叠                    309【丙057】一带
      年年 月月 天天 人人 家家           310【丙058】上旬(中旬、下旬)
```

图2-6 《大纲》"名词"相关的语法项/点

因此,我们首先将《大纲》中1168个项/点按"大类→小类→语法项→语法点"的层级重新组织,如图2-7所示,"语法项"以上不分等级,它代表了稳态的语法知识体系,原《大纲》中的项、点统一作为"语法点"分级依附在"语法项"之下。从"语法项"到"语法点"的细分,有的是依据语法讲解本身的深入程度,有的是依据用词、用语的难易等级,属于一种动态知识。重构后的语法库共计8个大类、39个小类和183个语法项。

大类	小类	语法项	语法项描述语	大纲级别	大纲编号	原始说明
词类	名词	名词	名词	甲	001	妈妈 教室 词典 自行车 水平 精神
				丙	056、057	人群、一带、上旬
				丁	058、060、061、062、063、064、065	暗中 刹那 分寸 其间 人身 所得 往常 长短
		方位名词	方位名词 方位词	甲	002	里（边）外（边）上（边）下（边）前（边）后（边）旁边 中（间）左右东（边）西（边）南（边）北（边）
				乙	001	当时 其中 前后 ……以来 以上/以下/以内/以外 方面 上
		时间名词	时间名词 时间词	甲	003	年 月 日 星期 小时 今天 去年
				丙	058	上旬
				丁	059	刹那
	代词	代词	代词 代名词	甲	008	各 每 有的 有些 别人 别的 它 它们
				乙	002	某 如何 任何 人家 本 自我
				丙	077、078、079、080、081	彼此 各自 某些 这会儿 那会儿
				丁	066、067、068、069、070、071、072	彼 何 啥 咋 怎 怎么着 这么着
		人称代词	人称代词 第一人称 第二人称 第三人称	甲	005	你（您）你们 我 我们 他（她） 他们（她们） 咱 咱们
		疑问代词	疑问代词	甲	006	谁 哪 哪里（哪儿） 什么 怎么 怎么样 多少 几
		指示代词	指示代词 指代词	甲	007	这 这些 那 那些 这里（这儿） 那里（那儿） 这么 那么 这样 那样
	动词	动词	动词	甲	009	看 写 打 参观 爱 想 喜欢 希望 像 姓 在 进行
				乙	005	作为 善于 具有 加以 引起 显得 搞 弄 肯 上 来 赶 冒 为
				丙	059、060、061、062、063、064、065、066、	打量 给予 给以 归 愣 配 赚 敢于 便于 不顾 惯 多亏 不比 算是 好比 总得 怀 眼看
				丁	073、074、075、076、077、078、079、080、	包干儿 唠叨 得以 哄 看作 落（lā） 入手 限于 予以 在乎 折腾 着想 乐意
		助动词	助动词 能愿动词 情态动词	甲	011	能 会 要 想 可能 可以 愿意 应该 得（dei3）

图 2-7 《大纲》语法点重构

2.《大纲》语法点扩充

对于《大纲》中“举例性的”语法点，只要是有教学价值的，从资源库构建的角度出发都应该进行类推收罗。最典型的例子就是“固定短语”和“成语、四字格”。《大纲》中收录的具体固定短语和成语、四字格非常有限，而汉语中这两类实际存在的总量远远不止这些。我们采用的措施是借助《现代汉语语法信息词典详解》① 等中文信息处理领域的成熟语言知识库，将其中成语子库和习用语子库中的词语作为扩充语法点加入到资源库中。扩充语法点的等级则参考它们在大规模国际汉语教材语料库中出现的频次来决定。

更多类别的语法点扩充却没有直接的语言知识库可资利用，比如“固定搭配”“口语句式”和“复句格式”等，必须从大规

① 参见俞士汶等《现代汉语语法信息词典详解》，清华大学出版社 2003 年版。

模国际汉语教材的课后讲解中获得。对此，我们采用"机器识别+人工校对"的方式对752册国际汉语教材的课后语法讲解进行了切分标注。如图2-8所示，机器识别主要根据语法讲解标题文本中出现的语法术语与资源库中语法点描述语的匹配情况，通过少量人工校对，既补足了《大纲》未列的语法点，同时也在不断丰富各个语法项的描述语集合，使机器识别的召回率逐步提高。

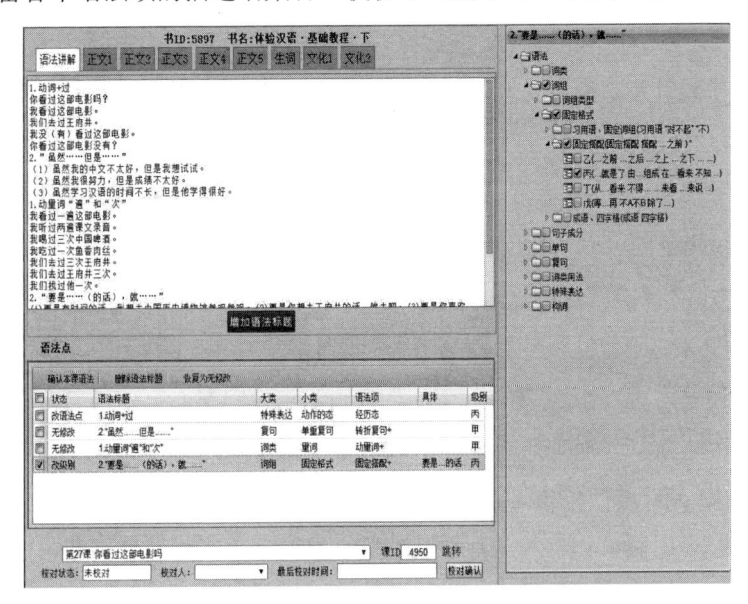

图 2-8 教材课后语法点标注

语法描述语的丰富和完善是资源库信息化的一个重要内容。比如，许多教材不使用《大纲》的"词组"术语而称"短语"，将其补充至语法项描述语集合中，有利于提高各种不同教材或教学过程中语法点的信息检索率。此外，许多特定语法点在实际教材中的不同表述也需要进行适当的归并，比如，在"固定搭配"中常见的"从……来看""从……来说／来讲""从……来说／

来看"等即可被归并为一个语法点——"从……来说／来讲／来看"。

3. 建立语法点的文本特征属性

不同类别的语法点对应着不同的文本特征,在当前中文信息处理自动句法分析还未达到实用水平的情况下,可以采用正则表达式先行解决一部分语法点的特征属性问题。所谓正则表达式是用某种模式去匹配一类字符串的一种公式,它广泛运用于计算机程序设计中。利用正则表达式对文本字符串进行相应的模式匹配,可以找出其中蕴含的特定语法点。

例如图 2-9 表示了部分语法点对应的正则表达式,其中"\p{han}"为 Perl 正则表达式中"任一汉字"的简写形式,加号"+"表示前面符号出现 1 次或 1 次以上,故"因为 \p{han}+,所以 \p{han}+"可以匹配带关联词"因为……所以……"的因果复句。"(?〈!)"和"(?!)"分别表示"向左看"和"向右看"情况下逻辑"非"的条件。比如"把"字句,首先可确定的文本模式只有一个"把"字,为了保证匹配的准确率,需排除像"把手""把握机会""一把椅子"等"把"字构词或做量词的情况,限制"把"字前后数字及可构词汉字的出现,如图 2-9 所示(当然,这也许会造成漏匹配,具体分析详后)。

大类	小类	语法点名	正则表达式
单句	特殊句型	"被"字句	\p{han}(?<![棉植单夹毛巾拭花])被(?![动浮单加减告头套子害开捕捌迫选面禁除罩麻])[\p{han}
单句	特殊句型	比较句	一(\p{han})比一\1\不如(仅次于相当于)匹敌于不亚于
单句	特殊句型	"把" 字句	\p{han}(?<![一二三四五六七八九十两大小个百千万零几这那拿刀把捆掐拜火车过捕])把(?![戏式柜柄门控散关整持手])\p{han}
单句	功能分类	祈使句	请\p{han}+!
单句	功能分类	祈使句	(倒不要)\p{han}+!
复句	因果复句	……以至于／以致……	,(以至于|以致)\p{han}+
复句	因果复句	因为……所以……	因为\p{han}+,所以\p{han}+
复句	选择复句	不是……就是……	不是\p{han}+[,；]?\p{han}*就是\p{han}+
复句	选择复句	与其……不如……	与其\p{han}+[,；]?\p{han}*不如\p{han}+
复句	选择复句	或……或……	或(?:者)?\p{han}+[,；]或\p{han}+

图 2-9 部分语法点对应的正则表达式范例

4. 成果说明

采用前述步骤，目前构建的国际汉语语法资源库规模大致如表2-4所示。其中"构词""词类用法""词组类型"和"句子成分"四类因涉及深层的词法、句法结构信息，无法从字符表层进行正则匹配。"词类"中有教学价值的语法点主要集中在几个封闭的虚词词类（如副词、介词、助词），而名词、动词、形容词等实词词类作为语法点进行匹配的意义不大，因此，资源库中"词类"相关的正则属性也较少。

表 2-4　国际汉语语法资源库统计表

大类	小类	语法点数量	描述语数量	正则属性数量
构词	—	10	16	0
词类	—	530	164	37
词类用法	—	10	28	0
词组类型	—	17	78	0
句子成分	—	45	108	0
单句	—	25	45	21
复句	—	108	132	79
固定格式	固定短语	2627	2627	2627
	成语、四字格	6902	6902	6902
	固定搭配	223	223	203
	口语句式	126	126	110
合计		10 623	10 449	9979

通过与大规模国际汉语教材库的互动，语法资源库基本上实现了一个稳定的体系框架。有了基本的体系框架，新编教材或教学过程中新产生的语法点便可通过描述语信息找到其所属语法项位置，从而纳入到语法资源库的体系结构之中，这样便形成了语法资源的一个开放系统。

由于结构框架建立在《大纲》语法体系基础之上，并且语法点和描述语信息的扩展丰富又是通过与大规模国际汉语教材语料库互动实施的，并且经过严格的人工校对，因此，不管是从语法点的等级划分，还是从组织体系的合理性和合法性角度，语法资源库都有了可靠的保障。而其创新性则体现在：在国际汉语教学领域首次建立了一个具有相当规模的信息化语法资源库，其中语法点不仅停留在本身的信息化，而且初步具备了与真实语言文本建立联系的正则特征属性，有助于在语法点动态获取的基础上开展以学习者为中心的远程语法教学。

二 语法资源库的创新应用——语法点的动态获取

（一）语法点动态获取的意义

利用信息技术从语言文本中动态获取语法点也许是一个具有争议性的命题。争议可能来自两个方面：其一，若不结合实际教学环境（包括学习者水平、教学目标等因素），笼统地考察句子中存在的语法现象，则每个句子都蕴含着多个语法点。因为从构词讲到词类、词组、成分、句型句式，乃至复句、篇章关系，不同的视角便会产生不同的语法点。其二，在中文信息处理现有自动析句水平下，单纯依靠技术很难保证语法点识别的准确率和召回率，那么动态获取语法点的合理性和有效性如何保证呢？

根据我们的实践经验，这两方面问题在工程中确实客观存在着，但是开展语法点的动态获取仍然有其现实意义。对于第一个问题，其实不管是否采用动态获取的技术手段，都是无法回避的，而若能借助信息技术手段动态发掘出文本中的各类语法点，那么不管对施教者还是对学习者而言，都已经在很大程度上减轻了逐句分析的任务量。传统的语法教学之所以难以开展教学互动和自主学习，很大程度上也是受制于人工析句任务的烦琐。语法点动态获取并非技术对人力的完全替代，而是通过技术手段尽量节省人力，从而达到优化教学质量的目的。

对于第二个问题，在计算机自然语言理解问题获得彻底解决之前（应当承认离实现这一目标还相当遥远），高准确率和高召回率不可能兼得，应根据教学实际灵活取舍。比如上文所举"把"字句的正则模式中，我们对"把"字前后做了较强的排除限制，在获取该语法点时就可能会将"我把门打开了""我把手伸过去"这样的句子漏掉。但是，汉语文本中"把"字句并不稀缺，从学习者角度看，更需要的是信息系统能在遇到"把"字句时将其他相关例句准确地类聚出来，而不是为了求全而给出像"我来把门""车把手坏了"这样的误匹配例句。

总之，尽管目前基于正则的语法点动态获取方法仍存在技术上的漏洞，但仍不失为一种可以改进的有效方法，在大规模真实文本的语法点获取中其效果还是可以接受的。

（二）语法点动态获取的实现和应用

动态获取真实文本中的语法点是以句子为单位进行的，先将待分析文本按照"。|？|！"的断句标点切分，再利用正则表达式循环匹配切分好的句子。由于"固定短语"类和"成语、四字格"类的语法点数量较多（在目前资源库中分别有2627条和6902条），考虑到计算机处理的效率问题，对这两类进行了特殊处理，即将这两类语法点对应的正则表达式采用逻辑"或"运算，各自合并为一条规则后再去匹配。比如"成语、四字格"的语法点正则表

达式为“（一丝不苟 | 一举一动 | 一举两得 | 一举成名 |……）”。

为了检验语法点动态获取的效果，我们选择新闻类文本作为系统应用的测试语料，因为新闻语料是国际汉语教学素材的重要来源之一，它代表了最真实、最鲜活的现代汉语。其中一篇关于“中国科考船雪龙号遭遇奇异自然现象”的新闻报道，其动态获取语法点的部分结果如图 2-10 所示：

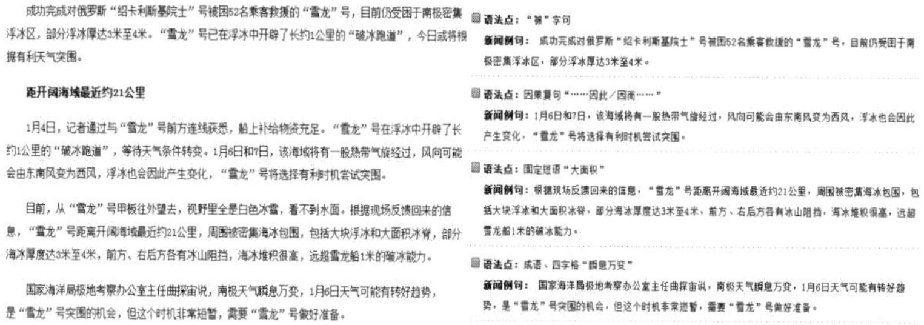

成功完成对俄罗斯“绍卡利斯基院士”号被困52名乘客救援的“雪龙”号，目前仍受困于南极密集浮冰区，部分浮冰厚达3米至4米。“雪龙”号已在浮冰中开辟了长约1公里的“破冰跑道”，今日或将根据有利天气突围。

距开阔海域最近约21公里

1月4日，记者通过与“雪龙”号前方连线获悉，船上补给物资充足。“雪龙”号在浮冰中开辟了长约1公里的“破冰跑道”，等待天气条件转变。1月6日和7日，该海域将有一股热带气旋经过，风向可能会由东南风变为西风，浮冰也会因此产生变化，“雪龙”号将选择有利时机尝试突围。

目前，从“雪龙”号甲板往外望去，视野里全是白色冰雪，看不到水面。根据现场反馈回来的信息，“雪龙”号距离开阔海域最近约21公里，周围被密集海冰包围，包括大块浮冰和大面积冰脊，部分海冰厚度达3米至4米，前方、右后方各有冰山阻挡，海冰堆积很高，远超雪龙船1米的破冰能力。

国家海洋局极地考察办公室主任曲探宙说，南极天气瞬息万变，1月6日天气可能有转好趋势，是“雪龙”号突围的机会，但这个时机非常短暂，需要“雪龙”号做好准备。

语法点：“被”字句

新闻例句：成功完成对俄罗斯“绍卡利斯基院士”号被困52名乘客救援的“雪龙”号，目前仍受困于南极密集浮冰区，部分浮冰厚达3米至4米。

语法点：因果复句“……因此／因而……”

新闻例句：1月6日和7日，该海域将有一股热带气旋经过，风向可能会由东南风变为西风，浮冰也会因此产生变化，“雪龙”号将选择有利时机尝试突围。

语法点：固定短语“大面积”

新闻例句：根据现场反馈回来的信息，“雪龙”号距离开阔海域最近约21公里，周围被密集海冰包围，包括大块浮冰和大面积冰脊，部分海冰厚度达3米至4米，前方、右后方各有冰山阻挡，海冰堆积很高，远超雪龙船1米的破冰能力。

语法点：成语、四字格“瞬息万变”

新闻例句：国家海洋局极地考察办公室主任曲探宙说，南极天气瞬息万变，1月6日天气可能有转好趋势，是“雪龙”号突围的机会，但这个时机非常短暂，需要“雪龙”号做好准备。

图 2-10 语法点自动获取效果示例

从图 2-10 中可以看到，系统自动获取语法点的准确率还是很高的（根据大规模测试结果，准确率可达 95% 以上），基本可以满足实用需求，并且通过不断完善正则表达式可使错误率降至一个可接受的最低限度。

三 结语与展望

在开放教育思想的影响下，“共享优质资源，开展规模教学”的理念已经逐渐成为教育界的共识，以互联网为核心的信息技术的高速发展让这种理念更加接近现实。国际汉语教学也不例外。当各类教学资源不断丰富至一定规模时，如何实现资源的共享共建和教学应用就成为迫切需要解决的问题。而这两方面又是相辅相成、相互促进的。

在以往国际汉语教学资源建设中,受信息化程度的制约,能够开展共享共建的资源类别多为字、词或语料库层面,语法资源的建设和共享都处在一个比较初级的阶段,也未成规模地应用于动态语料的教学。我们基于《大纲》构建的语法资源库在这方面有了较大的进步,不论从资源的体系性还是从语法点的规模来看,都已开始走向实用层面。将语法资源库应用于网络教学平台,我们初步实现了资源的共享共建和教学互动。具体体现在:

第一,以目前语法资源库的语法点作为标注体系,对752册国际汉语教材的课后语法讲解及部分课文语料进行了信息标注。这样便建立了语法资源与教材资源、语料资源乃至字、词资源的关联,有利于今后各类教学资源的深度整合和系统集成。

第二,因为实现了动态语法点获取的机制,语法教学的素材突破了传统备课内容的限制,极大地拓宽了教师和学生的互动空间,为国际汉语语法远程教学的开展奠定了基础。

第三,资源建设和教学过程也形成了良性的互动关系。如前所述,语法点动态获取所依赖的正则表达式有一定的局限性,但是,通过网络教学平台可以收集到来自教师或学生的反馈信息,促使语法点正则模式的不断优化。比如,前举"'把'字句"正则表达式,就是在教学中匹配到"一卷史册,皇皇二十四朝,本纪、列传之类,大多是帝王将相,弄个把江湖人物进去,就算是很另类、很体贴了"这样的句子后,才优化到目前状态的。

当前国际汉语教学领域的许多问题都折射出基础资源建设方面的相对薄弱,而后者很大程度上又源于资源信息化和共享共建意识的缺失。不管是词汇教学还是语法教学,国际汉语教学中许多标准和大纲都还停留在"文件"层面（不管是纸质的还是电子的），尚未实现资源的结构化和知识库化。其中有相当一部分标准规范是必须进行规则类推才能真正用于信息处理的，如新HSK的六级词汇大纲等。国际汉语教学界对标准和大纲的信息化工作或者热情不高，或者因技术门槛而力所不及，而在具有信息技术背景的研究者看来，这些工作只不过是最基本的数据库技术，不值得过多关注，因此造成了这种特定学科领域急需进行深层次的信息化、规范化、基础资源建设等重要问题，这不仅需要信息技术自身的领域化，也需要特定领域学科规律的深度挖掘和整理，而这也是开放教育时代发展的必然。只有跨越边界，深入实际问题，才能促使信息技术切实为推动汉语国际教育这一特定领域的健康发展贡献力量。

第六节　国际汉语教材语料库创建[①]

语料库语言学和语料库技术的发展日益革新，对语言教学的课程设计、教材编写与课堂教学均带来广泛影响。[②]"语料库证据"指将大型语料库里真实语料的使用频率、常用搭配、前后语境等语言特征提取出来，为教材编写提供资源，指导教学中的语言选

---

　　① 本节摘自周小兵、薄巍、王乐、李亚楠《国际汉语教材语料库的建设与应用》，《语言文字应用》2017年第1期。

　　② 参见何安平《语料库的"教学加工"发展综述》，《中国外语》2010年第4期。

取、内容选编等。①

长期以来，国内外基于海外非母语者教材（尤其是多次改版的经典教材）所建的语料库，开发和研究很不成熟。主要表现是：建库少，应用少，研究少。因此，有必要系统研究已编海外非母语者汉语教材的文本语料库。为行文方便，本节将此类语料库称为"国际汉语教材语料库"。

一 国际汉语教材语料库的建设

教材语料库建设一般分为两个阶段：第一阶段是教材库建设；第二阶段是在教材库基础上建设教材语料库。下面以中山大学国际汉语教材语料库建设为例进行讨论。

（一）教材库建设

全球汉语教材库（www.ctmlib.com）由中山大学国际汉语教材研发与培训基地（以下简称"教材基地"）建设。该基地由国家汉办、中山大学共建，2009 年创办。

全球汉语教材库收录国际汉语教材 17 800 余册（40 个国家出版、57 种教学媒介语）/种（该库中的"册"数是不重复的），实体教材 10 000 余册/种。现有教材库主要收集海外非母语者使用的汉语教材，不包括我国少数民族学习汉语使用的教材。教材库收录教材信息包括：ISBN 书号、书名信息（书目全名、外文题名、

---

① 参见郭曙纶、杨晓惠、曹晓玉《另类中介语初探》，肖奚强、张旺熹主编《首届汉语中介语语料库建设与应用国际学术讨论会论文选集》，世界图书出版公司 2011 年版。

丛书名等)、作者信息(主要责任者、责任者附注、主要责任方式等)、出版信息(出版国家、出版社、出版年、版次、页数、价格等)、学习者信息(适用国家、适用水平、适用学校、语言环境等)、基本内容(教学媒介语、教材资源类型、汉字繁简体、注音形式、适用课型、语言要素、内容简介)、补充内容(教材介质、教材类型、专业汉语教材、文化类教材、练习形式等)、附载物(形式、数量、简介)、链接信息(介绍链接、购买链接等)、其他(样课、书籍封面、审核阶段等)。

每一册/种教材,详细信息含98个字段;最简信息35个字段。建库目的,是让世界各地的汉语教师和其他从业者(含教育机构管理者、出版社人员)及时从网上了解教材信息,找到自己想要的教材。

教材库提供国际汉语教材信息在线查询服务。用户可根据详细、准确信息,找到相关教材。也可以通过国别或地区、教学媒介语、教学水平、大致教学内容等模糊关键词检索出目标性、针对性较强的教材。自建库以来,教材库网站访问总量达532 572人次。

大容量的全球汉语教材库,为建设教材语料库夯实了基础。

(二)教材语料库建设

第一步,通过调研,选定首次进入教材语料库的教材。教材基地组建专门团队,对海外16个国家和地区的汉语教学和教材使用情况进行了考察。通过对97名海外汉语教育专家的访谈,形成了调研报告和调研方案。

在此基础上,通过专家遴选,初步确定首批入库的3212册/种汉语教材,涵盖19个国家,22种教学媒介语。教材选择兼顾了出版时间、语种、出版地、适用对象和课程类别等多个因素。

1. 注重时效性，2006 年后出版的教材有 1752 册，占 54.5%。

2. 覆盖当前国际汉语教材中较多的 21 个语种：日语、韩语、汉语、英语、越南语、俄语、泰语、法语、印度尼西亚语、西班牙语、德语、意大利语、荷兰语、菲律宾语、阿拉伯语、冰岛语、芬兰语、哈萨克语、吉尔吉斯语、斯洛伐克语、马来语。

3. 兼顾中国和海外版教材；海外版教材 1802 册，占 56.1%。

4. 照顾各年龄段，包含学前、小学、中学和大学各个层次。

5. 通用汉语类教材。包含当前国际汉语教学的主要课程——语言交际技能类，语言要素类，其他类（如唱歌、游戏、文化等）。

第二步，将选定教材的文本进行扫描或 OCR 处理，转化为电子文本。

第三步，对其中的字、词进行标注，制成在线检索系统。该系统存储并查询 500 万字的国际汉语教材语料库。

自然语言分词处理、分词人工校正以及文本特征标记服务于教材语料库的数据提取，为创建索引提供参照。教材语料库的查询环节包括过滤、校正字词和语法等文本要素，通过查询结果匹配度计算出频率并排序，实现教材语料库的搜索功能和结果链接跳转。

该库语料在汉语作为第二语言学习中具有一定的典型性、可教性等特征，检索结果反映的是汉语二语教学中的常用用法。

第四步，在此基础上，制成汉语文本指南针在线分析软件以及汉语字词档案在线分析软件，使教材语料库实现以下功能：教材语料的字词分析，教材文本语料的定级与评估。

二 国际汉语教材语料库的应用

国际汉语教材语料库的应用价值，主要体现在以下方面：教材编写指南研制，教材评估与难度测定，测评软件的研制与使用，教材语料库与其他语料库的配合使用。

（一）教材编写指南研制

从学习角度看，不同的汉字、词汇、语法点，有不同的学习难度等级。从二语学习者、使用者角度看，不同的汉字、词汇、语法点，其使用频率也有区别。因此，教材编写必须考虑相关语言要素的频率与分级。对于教材的研究者、开发者来说，必须了解现有教材的汉字、词汇、语法点分级情况和文化点选用情况。

现有的汉字、词汇等级表，基本是根据汉语母语者使用频率研制的；现有的语法点等级表，只是参照汉语本体研究的语法体系；现有的文化项目表，更是根据对本族人的文化介绍研制。这些等级表和项目表，既未充分考虑汉语二语学习者、使用者的情况，也未充分考虑汉语二语教学和教材的情况。如果能依据国际汉语教材语料库，根据教材中汉字、词汇、语法点、文化点的出现频率，研制出相应的字、词、语法点分级表和文化项目表，将会直接促进汉语作为第二语言教材编写，对国际汉语教学有重要的指导作用。

因此，教材基地广泛收集国际汉语教材，形成国际汉语教材语料库，通过分析单字、词汇、语法点、文化点进行频率统计，并结合国际汉语教学专家组的意见，教材基地于2012年研制出《国际汉语分级字表》《国际汉语分级词汇表》《国际汉语分级语法点表》和《国际汉语分类文化项目表》①，并将其作为教材编写的指南，真正体现了教材语料库建设"从教材中来，到教材中去"。

1. 编制分级汉字表

《国际汉语分级字表》包含2719个汉字，选自3212册通用国际汉语课堂教材中频率较高的汉字；根据其出现频率高低，参考汉字与词汇的关系，分成四个等级：一级字869个，二级字784个，三级字574个，四级字492个。超纲字指不在这四个等级中的单字。

使用建议：零起点教材只从最常用的一级汉字中选取；初级教材汉字尽量只从一、二级汉字中选取；中级教材尽量只从一、二、三级汉字中选取，慎用超纲字；高级教材汉字使用相对自由，尽量覆盖四级汉字，超纲字最好不超过35%。

字表研发过程借鉴刘英林和马箭飞（2010）② 字表研制的方法，参考《汉语国际教育用音节汉字词汇等级划分》（语言文字规范GF0015-2010）。基于教材语料生成字表后，在计算机上进行比对，删减重复部分。依据字词出现频率进行由低到高排序，并针对少

---

① 参见中山大学国际汉语教材研发与培训基地《国际汉语分级字表》，2002年，https://www.cntexts.com/studyDetaie.aspx?nid=3230。中山大学国际汉语教材研发与培训基地《国际汉语分级词汇表》，2002年，https://www.cntexts.com/studyDetaie.aspx?nid=3230。中山大学国际汉语教材研发与培训基地《国际汉语分级语法点表》，2002年，https://www.cntexts.com/studyDetaie.aspx?nid=3230。中山大学国际汉语教材研发与培训基地《国际汉语分类文化项目表》，2002年，https://www.cntexts.com/studyDetaie.aspx?nid=3230。

② 参见刘英林、马箭飞《研制〈音节和汉字词汇等级划分〉探寻汉语国际教育新思维》，《世界汉语教学》2010年第1期。

量内容采取专家干预的方式，最终形成该字表。该字表避免了基于经验制作的做法，是一种标准化、规范化、系统化、科学化的等级水平划分。同时，字表制作过程删减了地名、人名等使用度较低的字。《国际汉语分级字表》采用大数据的计算机技术手段，不依据教材等级对词汇进行等级水平划分，而是将所有字词依据频率进行重新排序，避免了教材字词出现顺序对字词等级的影响。

2. 编制分级词汇表

《国际汉语分级词汇表》是通过统计、分析 3212 册教材中词汇的出现频率，并结合国际汉语教学专家组的意见确立的四级词汇表。词表研制过程中参考了《国际汉语教学通用课程大纲》（外语教学与研究出版社，2008）。词汇表包括词汇 8531 个，分为四级：一级 1032 个，二级 1999 个，三级 2155 个，四级 3345 个。超纲词指不在该词汇表中的词汇。

使用建议：零起点教材的词汇除专有名词以外，应严格限定在一级词汇之中，超纲词应严格限制使用；初级教材除专有名词之外，选词范围应该严格限定在一、二级词汇之中并做到尽量覆盖，超纲词不可超过 20%。中级教材应从一、二、三级词汇中选择使用并做到尽量覆盖，可选用不超过 30% 的超纲词。高级教材词汇选择相对自由，教材编写中应尽量覆盖四级词汇，但超纲词不超过 35%。

3. 编制分级语法点表

通过对 3212 册教材中的教学（显性）语法点进行提取、标注以及频率统计和排序，并参考《国际汉语教学通用课程大纲》等相关大纲中所列语法点，最终研制成《国际汉语分级语法点表》。该表包含 245 个语法点（287 项），分为四个等级：一级 80 个（102

项），二级 77 个（88 项），三级 56 个（62 项），四级 32 个（35项）。从一级到四级难度递增。超纲语法点指不在该语法点表中的语法点。

语法点比较复杂，可分为四个层次，融在上述四个等级里。第一层次包括语素、词类、句子成分、单句、复句、固定格式六个部分；其中，语素部分仅在第三、四级出现。第二层次在第一层次基础上展开，如第一层次的词类，又包括名词、代词、数词、量词、动词、形容词、副词、介词、助词、连词等。第三层次介绍具体的语法点，如助词又分为语气助词、结构助词、动态助词等。第四层次列出具体的语法项。如动态助词又细分为四个语法（即语法点后的"项"）：过、了、着、呢。

使用建议：零起点教材应覆盖 30% 以上的一级语法点，需要时可选用不超过 10% 的二级语法点，三、四级语法点应该严格限制使用。初级教材应尽可能涵盖一、二级语法点，限制使用超纲语法点，超纲语法点不多于 10%。中级教材应基本涵盖所有三级语法点，限制使用超纲语法点，超纲语法点不多于 30%。高级教材可根据教材性质和内容选取语法点，超纲语法点一般不多于 35%。

4. 编制分类文化项目表

教材基地利用全球教材语料库对 3212 册国际汉语教材中的显性文化点进行统计与考察，参考了《国际汉语教学通用课程大纲》《AP 汉语与文化课程概述》等相关大纲，制定了《国际汉语分类文化项目表》。该项目表共四层，第一层项目 5 项，第二层项目 38 项，第三层项目 179 项，第四层项目 61 项。5 个一级项目分别为：中国国情、成就文化、日常生活和习俗、交际活动、思想观念。

《国际汉语分类文化项目表》为国际汉语文化教学总体设计、课堂教学、教材设计与测试提供依据和参考。教材编写者在使用该表编写教材或设计文化内容时,可根据具体情况从项目表中选取合适的话题,也可把话题综合概括介绍。当然,也建议使用者以现有教材为基础,继续探索补充新的文化素材和主题,优化项目表的设置。

(二)教材评估与难度测定

国际汉语教材语料库为教材评估与难度测定提供了研究语料,依托语料库可以评估和测定教材中的词汇、成语、练习、文化项目等内容。

1. 教材评估

词汇方面,周小兵和陈楠(2013)[①]在教材语料库的基础上,对比了两种"一版多本"教材(《新实用汉语课本》共7个语种,包括英语、法语、西班牙语、日语、韩语、泰语和阿拉伯语;《当代中文》除上述语种外,还有印度尼西亚语和意大利语,共9个语种)与6部9册海外汉语教材词汇本土化情况。发现海外教材的本土词汇涉及面多于"一版多本"教材。海外教材本土词汇数量远远高于"一版多本"教材。

成语方面,周小兵和程燕(2013)[②]基于语料库系统考察31册汉语二语教材,发现教材选用的成语跟《汉语水平词汇与汉字

---

① 参见周小兵、陈楠《"一版多本"与海外教材的本土化研究》,《世界汉语教学》2013年第2期。

② 参见周小兵、程燕《汉语教材中成语的系统考察——基于31册综合(读写)教材与〈大纲〉的分析》,《汉语学习》2013年第6期。

等级大纲》(经济科学出版社,2001)差别巨大,教材成语过多,超纲、越级成语过多。该研究对比母语者语料库,发现《汉语水平词汇与汉字等级大纲》中成语很多是汉语母语者的低频成语,难度等级不合理。

练习方面,陈楠和杨峥琳(2015)[①]对3部美国、日本、韩国编写的汉语教材和3部在中国使用的英语、日语、韩语教材进行考察对比发现,面向不同地区的教材练习,在学习策略上有显著差异,如美国教材注重社交策略、日本教材突出认知策略和记忆策略等。原因是教材练习体现出的学习策略应与当地教学法协同一致。此研究为国际汉语教材练习的区域化和本土化提供借鉴和参考。

文化方面,周小兵等(2010)[②]参考其他语种的经典二语教材,系统考察了9部汉语文化教材。基于语料库的查询、统计发现,汉语文化类教材普遍存在以下问题:学习对象、目标不明确,内容偏重古代文化知识,语言难度偏大,跨文化体验型练习不足。通过对教材语料的细致统计,还发现以下有趣的现象:课文语言难度,对话体比非对话体要低;有非母语者参与的对话,比纯母语者参与的对话难度要低。此研究对文化类教材编写有启发。

2. 难度测定

教材语料库可用于教材词汇方面的难度测定,属于教材词汇层面的评估。研究者可以使用语料库和词汇分析软件,统计分析教材选词情况,从而判定教材难度如何,是否适合学习者使用。

---

① 参见陈楠、杨峥琳《基于学习策略的汉语教材练习本土化研究》,《世界汉语教学》2015年第2期。

② 参见周小兵、罗宇、张丽《基于中外对比的汉语文化教材系统考察》,《语言教学与研究》2010年第5期。

周小兵和刘娅莉（2012）[①]依据《汉语水平词汇与汉字等级大纲》（北京语言学院出版社，1992），横向比较国内外各4部初级汉语综合课教材的词汇，发现甲、乙级词比例，国外教材高于国内教材；越级词、超纲词比例，国内教材高于国外教材。国外教材中，非华人作者编写的教材，甲、乙级词汇比例高于华人作者编写的教材；越级词、超纲词比例，低于华人编写教材。相对国内教材，4部国外教材的词汇等级与分布更符合《汉语水平词汇与汉字等级大纲》（同上）。更有趣的是，对比还发现，国外教材词汇中，汉语母语者使用的高频词、次高频词的比例，远远高于国内教材。

（三）测评软件的研制与使用

在教材语料库基础上，可以研制出相应的衍生工具，如教材语料难度分析软件等，促进智能化的教材评估、研究和编写。例如，"汉语文本指难针"[②]是基于国际汉语教材语料库研制、面向汉语作为第二语言教学的文本语料难度测评工具。该工具采用语言数据智能技术，以"汉语教材语料库"中的课文语料为数据基础，提供汉语文本语料的难度评估与改编反馈。在评估汉语文本难度时，可提供文本定级、改编反馈与例句查询三大功能。

在文本定级时，该工具主要基于汉字等级、词汇等级、平均句长与文本长度等指标来计算文本难度。汉字等级与词汇等级依据《汉语国际教育用音节汉字词汇等级划分》（北京语言大学出版社，2010；刘英林和马箭飞，2010）中的字表与词表，平均句

---

① 参见周小兵、刘娅莉《初级汉语综合课教材选词考察》，《语言教学与研究》2012年第5期。

② 参见金檀、李百川"汉语文本指难针"，语言数据网，2016年，http://languagedata.net/editor/。

长计算每个句子所含的字数,最长句长指文本中字数最多的句子,文本长度计算文本所含的总字符数。计算文本难度所采用的是机器学习中的支持向量机算法。我们以《阶梯汉语·中级精读1》(华语教学出版社,2004)第10课"汉民族的红色文化"第一段为例进行测量。

> 红色是汉民族最喜爱也最常用的颜色之一。红色的种类很多,比如红中带紫的紫红,颜色较浅的粉红,颜色很浓的大红,像火一样的火红,像血那样的血红,还有跟红橘子皮一样颜色的橘红,等等,真是数也数不清。与汉语中的多数颜色词一样,红色包含着深厚的汉民族的文化心理和感情色彩,具有丰富的文化象征意义。

通过测量,该文本的平均句长为43,文本长度为127,难度划分为三级,对应中级水平。这说明,教材中该段落适合中级学习者学习。经检验,该工具的定级准确率已超90%。[1] 由于定级准确、操作方便,"汉语文本指难针"已被许多二语研究所采用,例如许琪(2016)[2]。

在改编反馈时,该工具主要提供词汇等级和最长句的标注。词汇等级方面,该工具对初级词、中级词、高级词、更高级词和超纲词进行标注,分别对应通用大纲的一至四级以及超纲词,这里的超纲词指未出现在《汉语国际教育用音节汉字词汇等级划分》

---

[1] 参见林星彤《国际汉语阅读文本难度指针的设计与实现》,中山大学学士学位论文,2016年。

[2] 参见许琪《读后续译的协同效应及促学效果》,《现代外语》2016年第6期。

（语言文字规范 GF0015-2010）中的词汇。上述词汇分别用不同颜色标注（黑、绿、黄、紫、红）。仍以"汉民族的红色文化"第一段为例，该文本中，"喜爱""种类""紫""浅""火""清""包含""着""深厚""心理""色彩""象征"为中级词（标注绿色）。文本中还出现了一些超纲词（标注红色），如"紫红""火红""血红""红橘子皮""橘红""等等""真是"等。教材编写者可视情况替换或改编上述超纲词。另外，虽然最长句并不一定是文章中最难的句子，但对最长句进行下划线标注反馈，仍可视为文本改编的有效方法。

在例句查询时，该工具依据全球汉语教材语料库中的3212册/种教材语料信息，基于"频数驱动"理念，筛选出最具代表性的教材语料数据，从而实现通过词语查询例句的语料库检索功能。使用者可以根据需求，输入特定词语（如"见面""满足""都、了"等），找出各类教材中该词汇或语法点呈现的句子或语篇，用于编写教材、教辅或教学实施。使用者可以通过查询功能，明确某些超纲词在教材语料库中的使用情况，进而决定对这些词汇的取舍。如文本中出现的超纲词"橘红"，点击该词，进入查询，使用者会发现教材语料库只收录了3个例句。这说明，作为超纲词，该词在其他教材中使用较少。但为了保持原文的表达效果，可以选择不做修改。

该工具的文本定级功能对教师来说具有参考价值。通过工具的分析，每一篇文本都可确定自身的难度等级，从而帮助教师解决以往选材时主要靠个人经验和主观判断的问题。词汇反馈功能可为教师们提供有效的参考，帮助教师解决因缺乏参考而过于随意的问题。在教授生词、语法时，该工具的例句查询功能可为教师提供相应的例句参考，可以解决以往选择例句困难的问题。

（四）教材语料库与其他语料库的配合使用

汉语作为第二语言教学的学科建设，必须解决"教什么、怎么教、怎么学"这三个基本问题。[①] 要很好地解决这些问题，需要综合使用教材语料库和其他相关语料库。这些语料库有：目标语语料库、中介语（二语学习者）语料库、学习者母语语料库。

1. 相关语料库的功能

在二语研究中，这三种语料库和教材语料库的功能有一定分工，需协同使用。

目标语语料库可以考察"教什么"。如：（1）看学习者中介语表达，跟目标语母语者使用有何异同。形式不同，会被认定为"错误"，如韩国人说"*我一小时学习了"。频率不同，可显现二语使用特点，如"见面"在"离"状态时（"见了他两面"）的使用频率，母语者远高于二语者。（2）从某个语言项的使用情况、频率中总结出它的具体用法，并从中概括出规则。如表示总括的"都"，从其位置、搭配可总结出其用法，从用法、频率可概括出规则。

中介语语料库（二语学习者语料库）可以考察"怎么学"。功能有：（1）看中介语语言现象跟目标语对比有何异同。形式跟目标语不同的是错误。通过正确率、错误率统计，可看出特定语言项的习得状况。如同一个学习者"我学了一小时"的频率超过"我一小时学了"，证明基本习得该语言项。大范围统计，可

---

① 参见赵金铭《对外汉语研究的基本框架》，《世界汉语教学》2001年第3期。

概括出语言项的习得顺序。(2)从特定语言项的使用情况、频率等,总结它在中介语中的用法、规则和发展趋势。

学习者母语语料库可以考察"怎么学"。如:(1)跟目标语语料库对比,看学生母语与目标语的异同。若形式相同,会产生正迁移,如:我有汉语词典 / I have a Chinese dictionary。形式不同,可能发生负迁移,如:我比他高得多 / I am much taller than him。英语区人容易出现"*我比他很高"。(2)系统对比学习者母语与目标语,概括两种语言的规则和系统差异。

国际汉语教材语料库可考察"教什么、怎么教"。如:比照教材语料库特定语言项目的相关信息与其他三种语料库的异同,如存现句否定式("墙上没挂着画""桌上没放着书")在汉语母语语料库中使用频率极低,但不少国际汉语教材却用了不少篇幅讲解。此现象涉及"教什么"。事实证明,该句式其实没有必要对二语者进行教学。

各类语料库可根据学习者母语不同进一步分类。如学习者母语语料库,可分英语、日语等语料库。中介语语料库也如此。台湾师范大学有英语母语者学习汉语的中介语语料库。教材语料库可根据教学媒介语分类,以便凸显教材的国别化、本土性特征。如阿拉伯地区的教材,"酒、猪肉、比基尼"等词语是否出现,如何呈现,就要慎重考虑。

2. 教材语料库与相关语料库综合使用案例

下面以二语者使用离合词"见面"为例,看如何使用多种语料库进行考察。

第一步,用中介语语料库考察二语者"见面"使用情况。如:笔者统计北京语言大学 HSK 动态作文语料库"见面"使用情况,总频次为287，其中正确频次为247，正确率达86%。

从中介语角度考察，可以把出现"见面"的句式分为以下几类：

A. 能愿／否定／频度……＋见面＋了——我们又能见面了。（错误极少）

B. 时／地等状语＋见面——我们每天都在学校见面。

＊他们隔了好久才见面在一个公园里面。

C. 跟＋宾语＋见面——如果我没跟她见面的话，我可能现在不学汉语。

＊回去我的国家我就见面同事。

D. 见＋了／过／……＋面——我们去年见过面。

＊这么多年都没见面过。

E. 见＋次数词＋面——我和家人一周见一次面。

＊一年之中一两次我跟他见面。

F. 见＋对象＋的／一＋面——他们不想见对方的面。

＊我一见他面就觉得有一些奇怪的感觉。

表2-5是这六类句子的使用情况：

表2-5 北语HSK动态作文语料库"见面"小类使用情况

类型	总频次	使用频率（%）	正确频次	正确率（%）
A	85	29.7	84	98.8
B	58	20.3	48	82.8
C	108	37.7	92	85.2
D	14	4.9	7	50.0
E	20	7.1	15	75.0
F	2	0.7	1	50.0

注：数据依原文。

由表 2-5 可知，外国学生使用"见面"，"合"（"见面"不分离状态）时正确率高，"离"（"见面"分离状态）时正确率低。

对比母语者使用频率。请看表 2-6：

表 2-6　北大 CCL 语料库"见面"使用情况（抽样总频次 1210）

类型	频次	使用频率（%）	类型	频次	使用频率（%）
A	234	19.3	D	148	12.2
B	168	13.9	E	211	17.4
C	394	32.6	F	55	4.6

对比两个表可知"见面""离"的状态，二语者频率为 12.6%，远低于母语者的 34.2%。

第二步，用双语语料库考察汉外语言对比，探索二语者错误、回避"离"态的原因，是否跟母语有关。此处只列举英汉、韩汉对比，使用"二语星空"英汉语料库（www.luweixmu.com）和沪江韩语学习网站（kr.hujiang.com）。

对比可知，无论是英语还是韩语，跟汉语"见面"对应的词：（1）都不能分离。（2）都是及物动词，可跟对象宾语组合（I met liz / 나는（我）친구를（朋友）만났다（见面））。（3）表示过去等语义单位，或在该词后，或动词变形。（4）次数、时间、地点等成分，韩语均在动词前（일년에（一年）그는（他）한두번 정도（一两次左右）만나요（见面））；英语一般在动词后（We met once a week）。母语影响使学习者容易错用"见面"，回避"离"的状态。

第三步，使用国际汉语教材语料库考察"怎么教"：统计教材对"见面"的呈现情况，看教材、教学对学习可能产生什么影响。下面是教材库中部分教材展示的"见面"例句：

第六节　国际汉语教材语料库创建　117

A. 能愿 / 否定 / 频度…… + 见面（+ 了）

马老师：我们还在一个学校，会常常见面的。（《乘风汉语》4）

咱们聊聊天儿吧，很久没见面了。（《发展汉语》高级上）

B. 时 / 地等状语 + 见面

田中平：好吧，七点一刻见面。（《新编汉语教程》1）

过一会儿我们在咖啡厅见面。（《中国全景·中级汉语》3）

C. 跟 / 和 / 同 + 宾语 + 见面

太好了，我也想和你见面。（《乘风汉语》3）

她说三点钟跟我们见面。（《拾级汉语》第 2 级）

D. 见 + 了 / 过 / …… + 面

毕业后，我们再也没见过面。（《博雅汉语·初级起步篇》Ⅱ）

路易斯：见了面，我给你介绍。（《中国全景·中级汉语》1）

E. 见 + 次数词 + 面

我想跟你见一个面。（《当代中文》）

传说王母娘娘只许牛郎和织女每年七月七日见一次面。

（《新中国语》5）

D + E. 见 + 过 + 次数词 + 面

我们曾经见过一次面，后来就没再联系。

（《走进中国：中级汉语》）

我们见过三次面。（《目标汉语·基础篇》6）

F. 见 + 对象 + 的 / 一面

如"见他的面""见妈妈一面"，教材库中没有体现。

句式分布情况如表 2-7 所示：

表 2-7 "见面"句式统计

类型	合			离				共计
	A	B	C	D	E	D+E	F	
数据	122/37.78	90/27.86	50/15.48	38/11.76	13/4.02	10/3.11	0/0.00	323/100.00
	262/81.11			61/18.89				323/100.00

注:"/"前为数量,"/"后为比例(单位:%)。数据依原文。

教材解释"见面"基本用英语 to meet 注释;多标注为"动词 / V.",极少数标为"离合词"。拼音多是 jiànmiàn(说明是一个完整词),少数为 jiàn//miàn(说明是离合词)。

通过分析统计教材语料库,可以看出目前教材普遍的问题是:呈现"见面"句"合"态(尤其是对象不用介词导引的 AB 句式)占比过多,"离"态占比太少,仅占 18.89%。学生使用"见面"偏误多("离"态频率高),常回避"离"态"见面",跟教材输入的严重不足密切相关。

从以上案例分析可知,教材语料库跟其他语料库配合使用,可以解释学习者偏误产生的部分原因,可直接促进教材研发和教学实施,有助于解决"教什么、怎么教、怎么学"。

三 问题与展望

本节阐释了海外非母语者汉语教材语料库的开发和应用。我们认为,目前国内教材语料库建设存在以下问题:

第一,类别少,内部分类不够科学。海外非母语者汉语教材语料库主要收录通用汉语教材语料,缺少专用汉语教材(如商务汉语、旅游汉语、医学汉语等)语料。在通用汉语教材内部,没有区分面向华裔的传承语教材和面向非华裔汉语教材。

第二,规模不大,中山大学国际汉语教材语料库目前国内规模最大,但仅有 500 万字。跟实际教材相比,汉语教材库收录的教材数量还是太少,且多以纸质媒体教材为主。多媒体教材只能查询基本信息,未将其纳入语料库建设。

第三,加工处理不够。如多数教材语料库仅做了分词、词性标注等加工。国际汉语教材语料库只能对字、词、显性语法点、显性文化点进行标注。教材的图片、表格、练习等内容尚未进行深入加工。

为了满足全球汉语教育的迅速发展,满足从业人员对教材研发使用的迫切需求,面向海外的非母语者的汉语教材语料库建设,应该着力做好以下几方面的工作:

第一,加大语料库类别建设、规模建设,强化语料库内部的分类建设,以提高语料库使用范围和使用效率。从分类上看,教材语料库的分类,可以考虑分若干层次进行。例如:第一层,区分传承语教材和非传承语教材。第二层,区分目标语环境教材和非母语环境教材。第三层,区分多媒体教材和纸质媒体教材。第四层,通用汉语教材和专用汉语教材。第五层,各年龄段的教材。第六层,汉语水平分层,如零起点、初级、中级、高级。此外,语别因素、国别因素也需要适当考虑。

第二,根据需求,对教材语料进行系统、纵深加工。如,在识别字、词、显性语法点、显性文化点的基础上,进而对隐性语法点、篇章结构、话题点、交际点(含交际功能、交际场景)等进行标注。再进一步,对话语态度进行标注,对图片、表格等多模态资源进行标注。有了这些标注,将大大提高语料库使用效能。

第三,加强多种语料库综合使用功能的开发。作为教学的辅助性工具,教材语料库在功能上需要配合多种语料库共同使用,在应用上可作为词汇、短语、语法、文化等方面的参照依据,实现教学、教材之间的互动。

比较国内外教材语料库的应用,我们发现,国内教材语料库应用系统性不强,而国外这方面已初步形成从词汇到语法的各类应用,应用产品以词典、手机 APP、教材等方式呈现。因此,我们认为,国内教材语料库发展的必然趋势,是依托现有教材库,编制出国际汉语教学各类大纲的参考依据,并形成教材编写的资源,通过从人工评定教材到机器自动评定的研发,构建出一套较完整的"人—机"评估模型基础,更好地应用于教学、服务于教学。

第七节 汉语中介语纵向语料库创建[①]

一 中介语纵向语料库与二语习得研究

中介语语料库在语言教学和研究中所起的作用日益受到学界的重视。陆俭明(2013)[②]指出,汉语中介语语料库的建设和应

[①] 本节摘自曹贤文《留学生汉语中介语纵向语料库建设的若干问题》,《语言文字应用》2013 年第 2 期。

[②] 参见陆俭明《汉语中介语语料库建设面临的任务与对策》,崔希亮、张宝林主编《第二届汉语中介语语料库建设与应用国际学术讨论会论文选集》,北京语言大学出版社 2013 年版。

用有助于我们客观了解汉语学习者的习得表现和发展过程，有助于揭示学习者汉语学习的规律，是进一步改进汉语教材、革新汉语教学方法、提高汉语教学质量的基础。近年来，汉语中介语语料库建设有了较快发展。为了推进这一发展趋势，促进学界的交流与合作，南京师范大学和北京语言大学先后于2010年和2012年主办了两届汉语中介语语料库建设与应用国际学术讨论会。目前已有多家高校建成了一定规模的汉语中介语语料库（崔希亮和张宝林，2011；肖奚强和张旺熹主编，2011）[1]，不但为汉语教学和研究提供了丰富的语料，也为语料库的建设积累了宝贵的经验。不过从目前已建成的语料库来看，基本上都属于共时语料库，即采集的语料为学习者的横向共时语料，相比较而言，纵向追踪语料仍十分缺乏。

长期以来，纵向研究被视为儿童母语习得实证研究的基本工作。在儿童母语习得领域，研究者们很早就开始采用纵向语料来研究儿童的语言发展。Leopold（1939—1949）[2] 通过对自己两个女儿习得英语和德语的纵向个案追踪调查，历时10年撰写出版的四卷本著作是采用这一方法的范例。大约30年后，Brown

---

[1] 参见崔希亮、张宝林《全球汉语学习者语料库建设方案》，《语言文字应用》2011年第2期。肖奚强、张旺熹主编《首届汉语中介语语料库建设与应用国际学术讨论会论文选集》，世界图书出版公司2011年版。

[2] 参见 Leopold, W. F. *Speech Development of a Bilingual Child: A Linguist's Record.* Volume 1-Volume 4. Evanston, IL: Northwestern University Press, 1939-1949.

(1973)[1]通过对不同年龄母语学习者的调查，完成了一项典型的群案纵向研究。国内很多学者对汉族儿童母语习得的研究也是建立在纵向调查的基础上。例如，20世纪20年代我国著名教育家陈鹤琴对自己的儿子从出生开始进行了长达808天的追踪记录，写成的《儿童心理之研究》是我国儿童早期发展研究的开创之作；李宇明（1995）[2]在对女儿6年半语言发展追踪日记的基础上，撰写的系列研究论文和《儿童语言的发展》一书是汉族儿童母语习得纵向个案研究的范例。除了个案研究以外，也有很多群案的纵向调查。例如，李讷和汤珊笛（Li & Thompson，1977）[3]对17名中国台湾儿童习得汉语声调过程所做的为期7个月的追踪调查，吴天敏和许政援（1979）[4]对5个婴儿从初生到3岁期间言语发展的追踪记录和研究，等等。为了支持汉族儿童母语习得研究，实现资源共享，目前学界已经建成了一些汉族儿童母语发展语料库，如华东师范大学的"汉语儿童语言研究语料库"[5]等，尤其值得一提的是，国际儿童语料库（CHILDES）中的汉族儿童母语发展

---

[1] 参见 Brown, R. *A First Language: The Early Stages.* Boston, MA: Harvard University Press, 1973.

[2] 参见李宇明《儿童语言的发展》，华中师范大学出版社1995年版。

[3] 参见 Li, N. C. & Thompson, S. A. The acquisition of tone in Mandarin-speaking children. *Journal of Child Language* 4(2), 1977.

[4] 参见吴天敏、许政援《初生到三岁儿童言语发展记录的初步分析》，《心理学报》1979年第2期。

[5] 参见华东师范大学的"汉语儿童语言研究语料库"主页：http://www.childes.ecnu.edu.cn/DataBase/Login.aspx。

语料子库[1]已经提供了免费在线查询和下载功能，大大提高了语料的利用率，为从事相关研究提供了极大的便利。

与儿童母语习得相比，采用纵向追踪语料进行的二语习得过程研究比较少，由于收集语料时间跨度较长，建设纵向语料库费时费力，大多数二语习得过程研究都采用跨层共时语料，即通过初、中、高不同水平等级的共时语料来研究二语发展过程。客观地讲，在纵向语料缺乏并且收集难度较大的情况下，采用跨层共时语料研究二语发展过程不失为一种简便易行的办法，对促进二语习得过程研究起到了积极的作用，不过正如 Doughty & Long（2003）[2]所指出的："（由于）纵向研究极少，大量的二语习得研究是横截面式的，使得在一些重要问题上所得出的结论存在严重的限制。"例如，很多二语习得研究利用学习者早期横截面语料得出了二语形态句法线性发展和固定的习得顺序，但 Fillmore（1976）[3]、Huebner（1983）[4]等学者的纵向研究却显示，实际上学习者的早期语言产出很大程度上依赖预制的语言构式，有些句法特征看起来习得了，其实它们仍然不是学习者的句法系

---

[1] 参见国际儿童语料库（CHILDES）中的汉族儿童母语发展语料子库的主页：http://childes.psy.cmu.edu/browser/index.php? url = East Asian/Chinese /。

[2] 参见 Doughty, J. C. & Long, H. M. *The Handbook of Second Language Acquisition*. Blackwell, 2003.

[3] 参见 Fillmore, L. W. The second time around: Cognitive and social strategies in second language acquisition. Stanford University Doctoral Dissertation, 1976.

[4] 参见 Huebner, T. *A Longitudinal Analysis of the Acquisition of English*. Ann Arbor, MI: Karoma, 1983.

统中可分析的部分。因此，只有通过纵向追踪调查才能全面了解学习者由预制的套语到可分析的语言结构、由重复模仿他人话语到自主生成第二语言的习得过程。

在二语习得理论的历史发展过程中，纵向发展语料及追踪研究起了重要作用，Ellis（2008）[1]指出，二语习得的许多理论框架受到了早期纵向个案研究的影响，Van Lier（2005）[2]也认为这些纵向的个案研究以相当实质性的方式帮助了整个二语习得领域。由于纵向追踪研究能观察较完整的二语发展过程和发展过程中的一些关键转变点，因此特别适合习得过程研究。[3]从宏观层面来看，二语习得研究的目标之一是总结第二语言发展模式，关于二语习得模式，长期以来存在线性（Linear）和非线性（Nonlinear）发展模式之争。线性发展模式认为，学习者的二语水平从零起点到本族语水平的发展是日渐进步、稳步提高的过程。这一假设得到了很多实证研究的支持，包括词汇发展研究、句法复杂性发展研究、写作流利度发展研究等。与此相对，非线性发展模式认为，二语发展并非总是连续上升的过程，学习者的整体语言水平或某些语言特征在某个阶段出现发展停滞甚至倒退并非偶然现象，学习者的进步模式除了线性上升或下降形式以外，也包括 N 形、V

---

[1] 参见 Ellis, R. *The Study of Second Language Acquisition* (*2nd edition*). Oxford: Oxford University Press, 2008.

[2] 参见 Van Lier, L. Case study. In Hinkel, E. (ed.) *Handbook of Research in Second Language Teaching and Learning*. Mahwah: Lawrence Erlbaum Associates, 2005.

[3] 参见王建勤主编《第二语言习得研究》，商务印书馆2009年版。文秋芳、胡健《中国大学生英语口语能力发展的规律与特点》，外语教学与研究出版社2010年版。

形、Ω形、U形等不同模式（文秋芳和胡健，2010）。以往根据跨层共时语料进行的汉语二语习得顺序和发展过程的研究，基本上都得出汉语二语特征线性渐增的结论，但基于纵向语料的研究会发现一些新的规律。例如，邱野（2012）、冯瑶（2012）[①]等根据南京大学留学生汉语中介语纵向语料库所做的研究发现，汉语二语习得也同时存在U形或者W多波形等非线性发展的特点，尽管学习者在不同发展阶段对不同语言特征的习得总体呈现增长的趋势，但局部存在发展停滞甚至退步的现象。

二语习得是一个动态的发展过程，学习者并非从目的语规则的"零知识"突然跳跃到对规则的完美习得，而是要通过一系列的发展过渡阶段才能到达彼岸。[②] 通过纵向追踪调查，对二语学习者获得第二语言能力的渐进过程做出准确的描述，研究贯穿整个学习过程的二语发展步骤和模式，可以帮助我们认识二语习得规律，在规划和实施二语教学活动时，把握二语发展中的关键转变点或临界点。因此，对于研究汉语二语习得过程，既需要截面数据，也需要纵向数据，纵向追踪语料库起着共时语料库难以替代的作用。不同类型的语料库各有其效用，我们需要推动各种类型的汉语中介语料库的建设与发展。

---

① 参见邱野《12类汉语句式在美国学生作文语料中的分布与偏误研究》，南京大学硕士学位论文，2012年。冯瑶《初中级水平留学生习得汉语比较句语法项目的发展过程研究》，南京大学硕士学位论文，2012年。

② 参见施家炜《国内汉语第二语言习得研究二十年》，《语言教学与研究》2006年第1期。

二 中介语纵向语料的采集

中介语纵向语料的采集首先要考虑采集的时间问题。二语发展纵向研究多长时间比较合适？Ortega & Iberri-Shea（2005）[①] 认为受到生物时间和教学时间两种因素的潜在影响。第一，由于被试生理、心理发展条件的变化，二语纵向研究跟生物时间有关。第二，教学机构的学期、学年制是最方便的语料采集和研究时段，从已有研究可知，一个学期、一年和四年时间为很多纵向研究采用。不过如果研究的目标不是整个二语发展过程，而仅仅是某项二语特征的习得过程时，一种常用的方法是选择学习这项语言特征的时间（从发生到掌握）而非学习者的生物时间或者教学单位固定的学期或学年。

纵向语料的另一项基本特征是采集多波数据（Multiwave Data），因为数据是重复收集的，而且通常至少要收集两次，才能描述随着时间的推移学习者语言发生的变化和增长。因此，数据收集的频率和时间间隔需要仔细考虑。在决定多长时间观察和收集一次数据时，既要考虑到教学单位的时间安排和被试的情况，也要考虑到研究的总时长、样本的大小、研究目标及其精细度等多方面的因素。例如，教学强度大、研究精细度高、发展变化快的被试语料采集的间隔时间就要短一些，反之，则可以长一些。

数据的可比性也是收集纵向语料时需要仔细考虑的重要问

[①] 参见 Ortega, L. & Iberri-Shea, G. Longitudinal research in second language acquisition: Recent trends and future directions. *Annual Review of Applied Linguistics* 25, 2005.

题。Gass & Mackey（2011）[①]指出，第二语言数据收集方法主要有两种：一种通过观察、录音、录像的方式获得自然数据（Naturalistic Data），另一种是通过问卷的方式获得诱导产出数据（Promoted Production Data）。如果采用不同的任务和话题诱导产出数据，在分析某项语言特征的纵向发展变化时，有时很难分清变化究竟是由时间因素引起的，还是由不同的话题或任务因素引起的。因此，在每次数据收集时应尽可能保持相似的程序和内容，从逻辑上讲，这样做可以最大限度地减少其他因素的影响。然而，从另一个角度来看，这也并不能保证不会产生新的问题。例如，如果研究者在较长一段时间内的语料采集精确重复同样的任务和话题，一方面前面相同的任务和话题势必会影响到后面的话语产出，另一方面多次重复相同的任务可能减弱被试的兴趣，甚至造成被试消极应对，因而严重影响到数据的有效性。鉴于以上因素，目前收集纵向语料比较常用的做法是，采集被试自然环境下的产出语料，或者使用循环而非重复的任务导出学习者的语料。

高质量的二语习得研究依赖于高质量的语料。Myles（2008）[②]认为高质量的语料库具有以下四个特点：口语的、纵向的、包含着足够的学习者、代表了广泛的母语—目标语配对。首先，口语语料能更好地代表学习者语言产出体现的语言系统，由于受到在

[①] 参见 Gass, M. S. & Mackey, A. *Data Elicitation for Second and Foreign Language Research*，外语教学与研究出版社 2011 年版。

[②] 参见 Myles, F. Investigating learner language development with electronic longitudinal corpora: Theoretical and methodological issues. In Ortega, L. & Byrnes, H. (eds.) *The Longitudinal Study of Advanced L2 Capacities*. Routledge, 2008.

线言语产出的压力,与书面表达受到较多监控处理特征相比,口头表达相对来说更能反映学习者的语言能力。其次,要真正研究学习者的语言发展变化,纵向语料比跨层语料更加适合。再次,要概括学习者的语言发展规律,需要有足够的学习者作为研究对象。最后,由于语言类型上的差异,如果要了解语言迁移的作用,调查学习同一目标语的不同母语学习者非常重要。

在上述理论的指导下,我们在南京大学建设了两个小规模的汉语中介语纵向语料库:"外国留学生汉语口语纵向语料库"和"美国学生汉语作文纵向语料库"。外国留学生汉语口语纵向语料库收集了100多位外国学生共计约400个小时的口语发展语料,其中包括90多位学生期初、期中和期末口头报告录音录像,期初和期末OPI口语考试录音,讨论课录音等以学期为单位的低密度纵向跟踪音频和视频语料共约200个小时,还有对10名外国学生为期半年到1年的自然谈话高密度跟踪录音共约200个小时。目前已转写了其中6人大约140个小时的录音,共约150万字的语料。自然谈话语料的采集,我们采用每人每1—2周1次、每次1个小时的面谈方式,由调查者跟学生进行一对一面谈。面谈内容参照美国外语教学学会OPI模式自然进行,主要围绕被试的个人经历,从日常生活、近期所见所闻及所感所想谈起,逐渐过渡到对一般性社会话题再到各种抽象话题的讨论。谈话过程全程录音。目前,我们正在进一步扩大外国留学生汉语口语纵向语料库中自然谈话语料的规模,计划把其中的自然谈话追踪语料建成一组取样更为平衡的数据。为此,我们制订了语料补充采集计划,即在已采集语料的基础上,最终达到下述均衡要求:为期1年的纵向跟踪访谈对象12名,初级零起点的新生和中、高年级分别已学了1年与2年汉语的外国学生各4人,在每个水平等级的4名学生中,来自欧美的学生和其他地区的学生各2名。

美国学生汉语作文纵向语料库是单一国别的留学生作文语料库,收集了90多位美国学生为期1个学期到1年的60多万字的作文发展语料,包括课堂限时作文和课后不限时作文,既有必须选择给定语言点的限制性写作,也有无指定语言点的自由写作。平均每位学生的作文10篇。我们根据学习者的语言水平把语料划分为三级:初级、中级和高级。初级学习者相当于在中国大学学完半年到1年汉语的留学生,中级学习者相当于在中国学完1年到2年汉语的学生,高级学习者相当于在中国学完2年以上汉语的学生。作为发展语料,我们按照写作的先后顺序对每一篇作文语料进行了编号,并根据语言水平分级存放。

三 汉语中介语纵向发展的分析方法

语料库的建设往往跟一定的研究目的和语料分析方法紧密相关,如何对语料进行分析,不仅直接决定语料采集的内容和方式,也会影响到后续的整理、标注和检索。早期的汉语中介语语料库以偏误分析为研究目标,因此,除了能提供少量的"基础标注"[1]信息以外,主要提供的是偏误信息。虽然这些偏误信息可以很好地用于偏误分析和研究,但要想进行更加全面的"表现分析"[2],

---

[1] 参见张宝林《汉语中介语料库建设的现状与对策》,《语言文字应用》2010年第3期。

[2] 参见刘珣《对外汉语教育学引论》,北京语言文化大学出版社2000年版。

偏误语料库提供的信息则明显不足。因此，如何进行中介语的表现分析以及如何对相关信息进行标注是汉语中介语语料库建设需要解决的重要问题。

目前，汉语二语习得表现分析研究的维度仍然比较单一，通常只限于语言表现的正误层面。例如，对于汉语二语习得过程研究，目前最常用的方法仍是对学习者使用特定语法项目的正误频率进行统计分析，从而推断出不同语言项目的习得次序（Acquisition Order）或某个语言项目的发展过程（Developmental Sequence）。又如趋向补语的习得顺序、"把"字句的习得过程等。这种聚焦于中介语在准确性单个维度上的发展分析方法，我们称之为分立式测度法。虽然这一方法简明易控、操作性强，能够较好地描述中介语在准确性方面的状态和发展变化，不过却存在测量指标单一、难以揭示中介语的全貌及在不同维度上的动态发展轨迹等问题。

根据国外学者的研究（例如 Wolfe-Quintero et al., 1998）[1]，测量学习者语言发展的综合表现通常包括三个维度：复杂性（Complexity）、准确性（Accuracy）和流利性（Fluency），简称为"三性分析"（CAF Analysis）。"三性分析"是对语言表现进行多维度综合测量的方法，我们称之为"综合式测度法"。"三性分析"最早来源于对儿童母语成熟度的测量手段研究，[2] 后来

---

[1] 参见 Wolfe-Quintero, K., Inagaki, S. & Kim, H. *Second Language Development in Writing*: *Measures of Fluency, Accuracy, and Complexity.* University of Hawai'i, Second Language Teaching and Curriculum Center, 1998.

[2] 参见 Hunt, K. Syntactic maturity in school children and adults. *Monographs of the Society for Research in Child Development* 35(1), 1970.

Skehan（1989）[①] 提出把它用于测量二语学习者的语言表现。不过直到 20 世纪 90 年代中后期，才发展出一套针对二语学习者在不同任务条件下的语言表现进行测量和分析的比较完整的测度指标，并形成了相对可靠实用的操作框架。[②] 近年来，一些学者就如何完善以"三性分析"为核心的综合式测度法提出了新的建议，Skehan（2009）[③] 认为应该把对词汇使用的测量补充进"三性分析"；文秋芳和胡健（2010）则提出在"三性分析"的基础上，需增加一项多样性，与复杂性、准确性和流利性一起作为"四性分析"。在传统的"三性分析"中，多样性属于复杂性的一部分，从纯学理的角度来看，这样的归类不无道理，不过在这种分析框架中复杂性承载的内容太多，范畴不够显豁，从有利于测量的角度考虑，

[①] 参见 Skehan, P. *Individual Differences in Second Language Learning.* Edward Arnold, 1989.

[②] 参见 Skehan, P. & Foster, P. Task type and task processing conditions as influences on foreign language performance. *Language Teaching Research* (3), 1997. Skehan, P. *A Cognitive Approach to Language Learning.* Oxford: Oxford University Press, 1998. Wolfe-Quintero, K., Inagaki, S. & Kim, H. *Second Language Development in Writing：Measures of Fluency，Accuracy，and Complexity.* University of Hawai'i, Second Language Teaching and Curriculum Center, 1998. Ellis, R. & Barkhuizen, G. *Analysing Learner Language.* Oxford: Oxford University Press, 2005. Ellis, R. *The Study of Second Language Acquisition (2nd edition).* Oxford: Oxford University Press, 2008. Housen, A., Kuiken, F. & Vedder, I. *Dimensions of L2 Performance and Proficiency: Investigating Complexity，Accuracy and Fluency in SLA.* Amsterdam: John Benjamins Publishing Company, 2012.

[③] 参见 Skehan, P. Modeling second language performance: Integrating complexity, accuracy, fluency, and lexis. *Applied Linguistics* 30(4), 2009.

笔者赞成把多样性从复杂性中分离出来，单独作为一个测量的维度，这样新的语言表现分析框架就是由准确性、流利性、复杂性和多样性四个维度组成的综合测度指标系统。

在汉语二语习得研究中，有部分学者采用综合式测度法对汉语中介语表现进行过探索性研究。例如，施家炜（2002）[1]采用"平均句长""平均停顿次数"和"正确使用频次"三个量化指标对一名韩国学生汉语句式的发展过程进行了追踪研究；靳洪刚（2007）[2]认为汉语作为一种"主题突出语言"，在语法和篇章结构上跟印欧语言存在明显差异，提出以话题链代替 T 单位作为汉语结构成熟度测量指标的设想；袁芳远（Yuan，2009）[3]对二语习得研究中流利度、准确度、复杂度三方面的指标研究进行了回顾，提出在汉语二语习得研究中也可以采用一套综合测度指标；曹贤文和邓素娟（2012）[4]从流利性、准确性、复杂性和多样性四个维度以及汉字、词语、语法等多个层面，对中越两国学生的书面语言表现进行了测量。这些研究具有一定的开拓价值，为我们采用综合测度指标分析汉语中介语表现打下了一定的

---

[1] 参见施家炜《韩国留学生汉语句式习得的个案研究》，《世界汉语教学》2002 第 4 期。

[2] 参见靳洪刚《从中文写作过程看 CFL 语言结构成熟度的发展》. *Journal of the Chinese Language Teachers Association* 42(1), 2007.

[3] 参见 Yuan, F. Measuring learner language in L2 Chinese in fluency, Accuracy and complexity. *Journal of the Chinese Language Teachers Association* 44(3), 2009.

[4] 参见曹贤文、邓素娟《汉语母语和二语书面表现的对比分析——以小学高年级中国学生和大学高年级越南学生的同题汉语作文为例》，《华文教学与研究》2012 年第 2 期。

基础。

我们认为，汉语中介语系统的纵向发展是一个使用准确度、表达流利度、结构复杂度和类型变化度等多维语言能力协同发展的过程，一个熟练的说话者能够采用复杂的结构、丰富的词汇和格式，准确流利地运用语言。因此，在建设新的汉语中介语纵向发展语料库时，需要从以上角度考虑如何采集语料，如何标注和提取中介语综合表现信息，突破以往只能从中介语语料库中检索偏误信息的模式，为研究汉语中介语系统提供比较全面的综合语言表现信息，以便全面地测量汉语中介语的动态发展轨迹。

四　语料的转写、标注和相关工作

在建立口语语料库时，口语语料的文本转写比较费时费力，我们曾尝试用电脑软件把汉语中介语录音自动转写成文字，但效果不佳，经比较，还是人工转写更好。在人工转写文本时，我们一开始是音档和文档各开一个窗口，但听、写过程中窗口频繁转换非常麻烦。后来找到一款辅助转写录音的软件：SitMan PC 复读机，这款软件把语音和文本融合在一个界面上，可边听边写，而且具有完备的复读复听功能，使用起来很便捷，大大提高了转写的效率。在转写时，如何处理语音错误，涉及转写文本的真实性和质量，我们的处理办法是：

第一，如果是口误，如把"学习"说成"学校"，或是心理词汇记忆错误，如把"舞厅"说成"跳厅"，或是类推错误，如把"牲口"说成了"动物口"，都按照学生的实际录音语料转写成文字。

第二，如果只是发音不到位，不影响听辨和交际的发音问题，暂不考虑，直接转写成相对应的文字（具体发音错误留到语料发音标注时再处理）。

第三，在听不清学生到底说的是什么时，用相似的拼音或者音标符号标出。学生说了英语词或者其他母语词，就直接转录成英语或者相应的母语，如果听不懂学生的母语或外语词，也用拼音或音标符号标出。

当说话者的一个话轮结束后，我们在句末标上结束的时间，例如3′22″，表示这段话是在录音文档的第3分22秒处结束的，以便于今后的语料库中流利性信息的提取。

作文语料的整理相对容易一些，我们收集到的外国学生汉语作文原始文本包括两类：一部分原始材料本来就是电脑输入的电子文本（学生交作业时直接把电子稿寄到教师邮箱中或者上传到专用教学网络平台上），另一部分原始材料是手写的纸质文本。对于电子文本，直接保存并编号；对于手写的纸质文本，根据真实性原则统一录入电子文本，在文本转写过程中，碰到别字和非汉字词语，原文照录，碰到缺笔少画、多笔多画、错笔错画的错字，则用"*"代替，并在后面的括号中标出正确的字。

如前所述，标注的信息取决于今后的研究目的和提取信息等方面的要求。由于涉及中介语在准确性、流利性、复杂性和多样性等多个维度以及汉语字、词、句、篇等不同层面的"语言表现"指标非常多，如果语料库中对所有这些指标都进行标注，实际操作中并不可行。另外，一些指标的分析并不需要专门的人工标注，只要设计软件或利用已有软件就可以进行自动统计和测量。因此，首先要对"语言表现"的测度指标进行合理的筛选,把不需要专门标注的测度指标与其他测度指标分开。例如,涉及字和词的种数与例数在流利性、复杂性和多样性等方面的各种测量指标基本上都可以用已有软件工具解决,不需要专门进行标注。其次,要区分通用简洁型语料库和专用复杂型语料库在语料标注时对测度指标的不同要求。通用简洁型语料库只需要从准确性、流利性、复杂性和多样性每一类测度指标中选取最有代表性的一两种进行标注即可;而专用复杂型语料库则需要围绕特殊的研究目的,从准确性、流利性、复杂性和多样性每一类测度指标中选取多项指标对语料进行标注。最后,口语语料与笔语语料的测度指标与标注内容既有共同之处,也存在差别。有些测度指标只适用于口语的测量,如与发音准确度和口语表达流利度相关的测度指标等;另外也有一些测度指标只适用于笔语的测量,如与汉字准确度、复杂度和多样度相关的测度指标等。

就中介语"语言表现"的综合标注来说,目前可选的方案主要有两种,一种是借鉴"基础标注+偏误标注"模式,在偏误标注基本不变的情况下,把其他综合指标参数纳入"基础标注"部分。另一种模式是按照准确性、流利性、复杂性和多样性四个维度分为四个子系统对共核语料分别进行标注,然后合成一个精加工的熟语料库。经过对小规模样本的标注实践和分析,我们认为前一种方式简明实用,可以满足建设通用简洁型纵向语料库的需要,而后一种标注方式更符合专用复杂型纵向语料库的需要。南京大学"汉语中介语纵向语料库"为通用简洁型语料库,我们借鉴了北京语言大学"HSK动态作文语料库"的偏误标注形式,[①] 同时增加基础标注的内容。例如,增加了话题链作为复杂性标注信息,不当停顿(大于1秒)和自我修正(重复、错误话头、重组等)作为流利性标注信息,"把"字句、被动句等常用的语法格式作为准确性和多样性的标注信息,从准确性、流利性、复杂性和多样性四个维度对语料进行了简洁性标注。

目前,南京大学美国学生汉语作文纵向语料库已初步建成,不但可以像横向语料库那样检索准确性、复杂性和多样性方面的相关信息,还可以按照纵向时间检索指定学习者为期一学年或一学期的纵向发展语料,为研究美国学生学习汉语的纵向发展过程提供了丰富的信息。外国留学生汉语口语纵向语料库的主体语料也已收集完成,语料转写和标注以及语料扩充收集工作正在进行之中,预计不久即可完成。语料库建设是一项系统工程,建设中介语纵向语料库更是费时费力,需要广泛聚集学界力量协同发展,我们正在与北京语言大学进行合作,参与崔希亮教授主持的教育部哲学社会科学研究重大攻关课题"全球汉语中介语语料库建设与研究",把南京大学中介语纵向语料库或纵向语料纳入"全球汉语中介语语料库"之中,通过真诚合作,齐心协力探讨深化建设汉语中介语语料库的理论和标准,建设一个更大更好的汉语中介语语料库,充分实现资源共享,为全球汉语教学与研究服务。

---

① 北京语言大学张宝林教授为我们提供了该款软件,特致谢忱。

第八节　汉语水平考试考生信息库创建[①]

语言资源是一种重要的社会资源，是开展学术研究和开发语言经济的重要手段，特别是在语言测试领域产生和积累的各种考试资源、考生信息资源以及作文语料和口语语料等，一直是进行语言教学与研究的重要学术基础。为了充分挖掘各种形式的语言资源，不少国家先后成立了若干专业化的语言资源开发组织或协会，致力于不同形式的语言资源的开发、保护、整理和利用。1992 年，美国宾夕法尼亚大学（University of Pennsylvania）成立了国际上第一个语言资源联盟（Linguistic Data Consortium，简称 LDC），其目的是建设、收集和发布各种形式的语言资源库，为语言信息处理领域的研究、教学和开发提供支持；1995 年，由欧洲若干国家在卢森堡（总部设在法国巴黎）成立了第一个非营利性欧洲语言资源协会（Europe Language Resources Association，简称 ELRA）。该协会设立的初衷主要包括两个方面，其一是开发欧洲各国、各种形式的语言资源，其二是对各种语言资源工程进行评估，并向个人或机构提供语言资源研究服务。[②] 进入 21 世纪以后，对汉语资源的开发、保护、利用和研究也日益得到我国政界和学界的高度重视。2003 年，由中文信息学会语言资源建设和

[①]　本节摘自柴省三《汉语水平考试（HSK）考生信息资源库的建设与应用》，《语言教学与研究》2013 年第 4 期。

[②]　参见 Maegaard, B., Choukari, K., Calzolari, N. & Odijk, J. ELRA: European language resources association-background, recent developments and future perspectives. *Language Resources & Evaluation* 39(1), 2005.

管理工作委员会发起,若干中文语言资源(包括文本、语音、文字等)建设和管理领域的科技工作者自愿成立了我国第一个中文语言资源联盟(英文译名 Chinese Linguistic Data Consortium,缩写为 CLDC)。中文语言资源联盟是我国第一个专注于建设能够代表当今中文信息处理国际水平的语言信息与知识库的学术性、公益性社会团体。[①] 由此可见,针对各种形式的语言资源的深度开发、利用以及资源库的建设正在成为国内外学术界关注的焦点之一。

然而,受各种原因的影响,与高速发展的信息技术和网络技术相比,我国的语言资源开发和建设研究还相对滞后。针对诸如语言测试资源等具有高附加值的衍生性语言资源的开发和利用尚未引起足够的重视,特别是专项语言资源库的研究成果还十分匮乏,这在一定程度上影响了我国的语言教学研究水平。比如,由于针对外语教学资源、对外汉语教学资源以及各种语言考试信息资源库的开发和建设明显不足,使得不少语言调查研究、语言教学研究和语言教育决策研究等因为缺乏相关语料和统计证据的支撑,从而导致实证研究的生态效度(Ecological Validity)不高,这不仅影响了我国语言经济的发展,而且也阻碍了语言研究的深度和广度。基于该考虑,本节将以汉语水平考试(HSK)考生信息资源库的建设和开发为例,对考生信息资源库建设的原则、方法和过程以及资源库的应用价值进行初步探讨。

---

① 参见陶建华《中文语言资源联盟简介》,《术语标准化与信息技术》2010 年第 4 期。

一 考生信息资源库建设的必要性

语言资源的开发和利用是语言信息化的出发点和最终归宿，作为语言资源的一个重要组成部分，第二语言测试资源的开发和利用水平不仅是国家语言资源开发水平的重要标志之一，同时也是第二语言教学与应用研究水平的反映。在第二语言习得中，学习者的中介语（Inter Language）水平是有别于其母语和目的语的一个特殊系统，[①]这种中介语水平也被称为"过渡语言能力"（Transitional Competence）。[②]过渡语言能力即学习者现实的心理规则系统，这种规则系统是学习者习得过程和教学过程共同作用的结果，并与学习者的个体特征密切相关。学习者的中介语水平或过渡语言能力，是第二语言水平测试的目标，同时也是语言教学与研究的主要对象，因此，以考生的习得背景信息、生物描述信息（Bio-data）和应试动机与目的为主要内容的考生信息资源，是语言测试研究和语言教学研究的共同接口（Interface）。所以，对考生的各种背景信息、应试信息以及应试策略信息的开发，特别是对考生信息资源数据库的建设与开发，对于语言测试和教学资源的整合、利用等具有重要的学术价值和经济价值。

[①] 参见 Ellis, R. *Understanding Second Language Acquisition*. Oxford: Oxford University Press, 1999.

[②] 参见 Corder, S. P. The significance of learner's errors. *International Review of Applied Linguistics in Language Teaching* 5(1-4),1967. Gass, S. & Selinker, L. *Second Language Acquisition: An Introductory Course*. New York: Taylor & Francis Group, 2008. 王建勤主编《第二语言习得研究》，商务印书馆 2009 年版。

中国汉语水平考试（HSK）是为测试母语非汉语者的汉语水平而研发的国家级标准化考试，HSK是对留学生汉语水平进行评价的重要工具，同时也是对外汉语教学研究和教育决策研究的基本依据。近年来，随着全球孔子学院教学模式和汉语国际推广形势的迅猛发展，在国内外参加HSK考试的留学生人数不断增加，截至2012年年底，累计已有超过180多个国家的200多万名考生参加了各种级别的HSK考试，因此我们不仅积累了各种形式的语料资源和考试资源，而且还积累了大量的以考生背景描述为主要内容的考生信息资源。充分整理、挖掘和利用HSK考试的各种考生信息资源，开发并建设一个规模较大、信息完整和使用便捷的共享性考生信息资源库，是语言测试资源开发和建设的一个重要组成部分，在对外汉语教学的学术研究、语言认知规律研究和考试效度的实证研究等方面具有不可忽视的应用价值。

2008年，为了提高我国对外汉语理论研究、汉语教学研究的信息化水平，充分开发和利用中国汉语水平考试（HSK）的考生信息资源，北京语言大学在充分调研和专家论证的基础上，正式启动了"HSK考生信息资源库"的开发和建设工作。期望通过HSK考生信息资源库的建设，为我国汉语测试的信度和效度研究、对外汉语教学领域的学习规律研究、留学生汉语入学资格决策研究等提供充分的保障。

二　HSK考生信息资源库的建设

汉语考试资源库建设的主要目的是服务于对外汉语教学和语言测试研究领域的专业研究人员，它属于专业性语言资源库建设

第八节 汉语水平考试考生信息库创建

和开发的范畴。根据考试资源的内容性质、服务对象、开放程度和共享范围的不同，汉语水平考试（HSK）的考试信息资源由四个部分组成，即考试宣传资源、考试服务资源、考试数据资源和考生信息资源（见图2-11）。因此，HSK考生信息资源库是中国汉语水平考试资源仓库的一个重要组成部分，同时也是对其他考试资源进行次级开发（Secondary Development）和充分利用的基础。

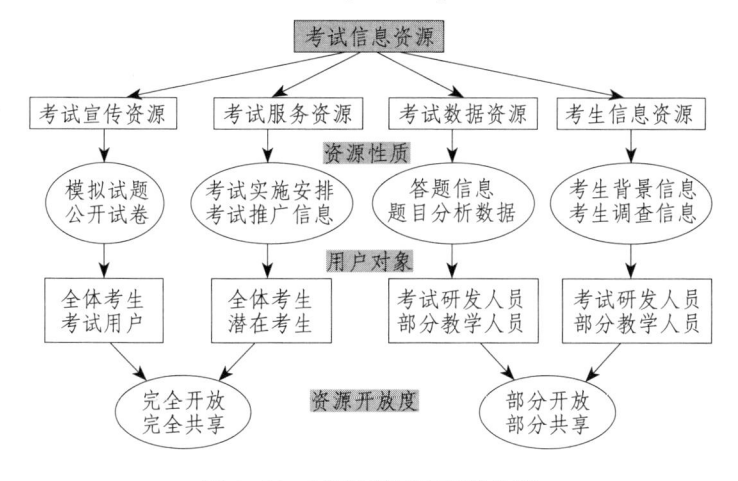

图 2-11　HSK 考试资源的分类

与考试资源性质相对应的资源库分别是考试宣传资源库、考试服务资源库、考试数据资源库和考生信息资源库。其中，考试宣传资源库和考试服务资源库的服务对象是希望了解中国汉语水平考试范式和考试安排的所有汉语教师和潜在考生，因此考试宣传资源库和考试服务资源库属于完全开放和完全共享的数据库。考试宣传资源是由考试开发机构提供的非交互式、静态资源（Static Resources），而考试服务资源的内容则属于动态资源（Dynamic Resources）。考试数据资源库是由在考试过程中考生为了完成答题任务而产生的各种考试内部信息所构成的表现型资源（Performance Data），比如考生的客观题选择信息、作文语料、口语表达语料以及评分阅卷过程中的题目分析数据和其他衍生资源等。HSK 考生信息资源库则是由考生的各种背景信息和拓展调查信息（Extended Data）共同构成的为考试研究而专门建设的信息资源库。HSK 考生信息资源库是对考试内容资源库进行深度语言学研究、考试科学研究的基础，它与其他资源库之间的关联性最强，因此，为了充分发挥相关考试资源库的使用效益和应用价值，HSK 考生信息资源库的建设必须遵循专业性信息资源库建设的原则、方法和过程。

（一） HSK 考生信息资源库的建设原则

开放性（Openness）

HSK 考生信息资源库建设的开放性有两层含义，一是指信息资源库对用户的开放度问题，二是指信息资源库的动态追加性和累积性。HSK 考生信息资源库建设的宗旨是为考试研究人员、对外汉语教师和教育行政主管部门的研究提供素材和服务，因此，HSK 考生信息资源库的建设必须在需求分析（Need Analysis）的基础上以开放性为原则。另外，考试本身是一个具有较强稳定性和持续性的教育测量活动，每次考试的对象不同，考试的具体题目也不相同，因此所产生的考生信息资源的内容也不一样，所以，HSK 考生信息资源库的建设必须遵循开放性原则。

针对性（Pertinence）

所谓语言信息资源库的针对性就是指信息资源库的建设与语言研究和资源应用的关联程度。Itai & Wintner（2008）[①] 经过调

---

① 参见 Itai, A. & Wintner, S. Language resources for Hebrew. *Language Resources & Evaluation* 42(1), 2008.

查研究认为：很多应用语言学理论问题一直无法得到解决的重要原因之一就是缺乏具有较强针对性的语言资源库的支持。专业性语言资源库的建设是提高语言资源应用意识的重要途径，因此，HSK 考生信息资源库的建设应该以汉语理论研究、语言测试研究、对外汉语教学研究以及国家汉语教学政策研究作为导向。

前瞻性（Prospectiveness）

语言资源库建设的前瞻性主要是指资源库的建设应该充分地考虑到未来的应用前景和潜在的开发价值，而不仅仅停留在资源的局部利用和即时应用价值方面。特别是专项语言资源库的开发建设更不能以原始资料（Raw Data）的简单累计为目的，而是以对原始资源的初级开发（Primary Development）和深度挖掘为最终目标。[①] 所以，HSK 考生信息资源库的建设应该以未来的研究趋势和用户的潜在需求为原则。

协作性（Interoperability）

语言资源库的协作性是反映若干关联资源库之间信息交换、信息共享和协同作用水平高低的重要属性（Witt et al.，2009），是评价项目型（Item-based）专项语言资源库应用价值高低的重要标准之一。因为专项语言资源库建设的目的不仅仅是为了语言资料的保存或存档（Documentation），而是以资源库中的信息条目作为参照进一步发挥相关资源库的研究作用，并提高关联资源库之间的协同研究价值。实现协作性的前提是在若干专项资源库之

---

① 参见 Witt, A., Heid, U., Sasaki, F. & Serasset, G. Multilingual language resources and interoperability. *Language Resources and Evaluation* 43(1), 2009.

间设置具有相同指代对象的关键性共享字段,保证专项语言资源库之间信息交流的开放性。HSK 考生信息资源库是其他相关资源库应用的引擎,为了充分发挥相关资源库的研究价值,我们在对各项 HSK 资源库进行逻辑分析和需求分析后,设置若干链接不同资源库的共享字段,从而保证与 HSK 研究和汉语教学研究相关的资源库之间具有较高的协作性。

(二)HSK 考生信息资源库的建设过程

根据语言资源内容的结构属性不同,语言资源可以分为篇章型(Text-based)语言资源、项目型(Item-based)语言资源和实体型(Ontological)语言资源等;[①] 从库际关系和资源更新的程度来看,语言资源可以分为静态语言资源(Static Language Resources)和动态语言资源(Dynamic Language Resources)两种;根据语言资源加工的程度不同,语言资源可以分为解释性语言资源和非解释性语言资源(Interpretative Versus Non-interpretative)。不同类型的语言资源库的建设方法和过程不同,HSK 考生信息资源库属于动态、项目型、非解释性资源库,其建设过程包括资源库的结构设计、资源调查和数据采集三个阶段(见图 2-12)。

[①] 参见 Bebell, D., Russell, M. & O' Dwyer, L. Measuring teachers' technology uses: Why multiple-measures are more revealing. *Journal of Research on Technology in Education* 37(1), 2004.

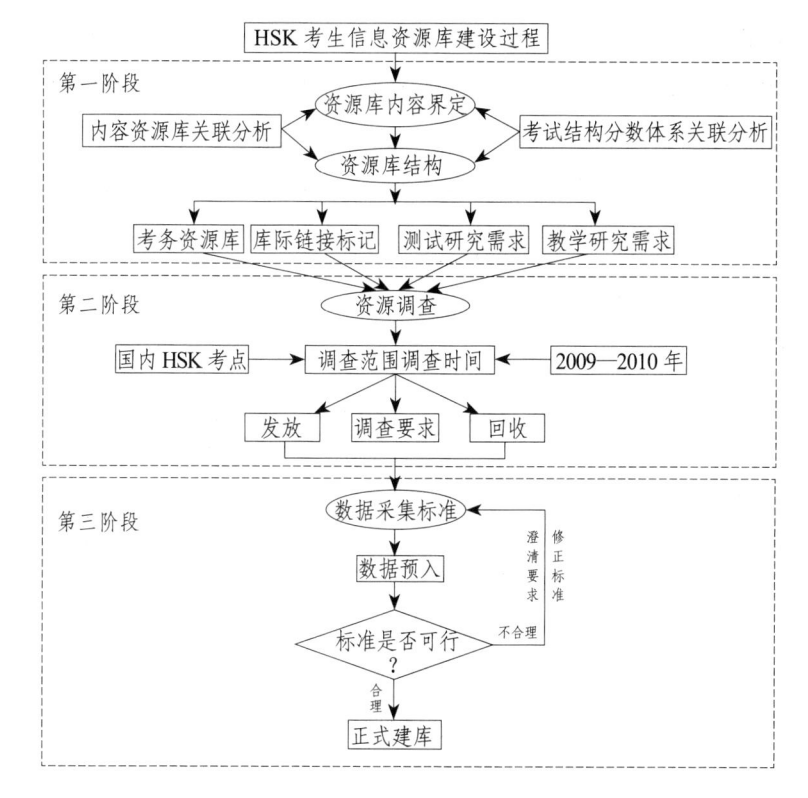

图 2-12　HSK 考生信息资源库建设示意图

结构设计

HSK 考生信息资源库建设的关键环节是基于应用需求和维度分析（Dimension Analysis）的结构设计。为了确保所开发的信息资源库具有较高的互用价值，考生信息资源库开发的第一阶段必须首先对信息资源库与汉语水平考试（HSK）的分数体系、考试内容以及考试数据资源库等进行关联分析（Relevance Analysis），同时还要兼顾对外汉语教学体系和教学理论研究的需要，在此基础上确定合理的资源库结构，并设计准确的字段信息和具有库际共享意义的关键字段,从而为信息资源内容的调查和应用提供操作架构(Architecture)。HSK 考生信息资源库的内容分为三个维度,即考生背景信息、应试调查信息和考生对汉语学习和考试内容的评价信息等(见图 2-13)。

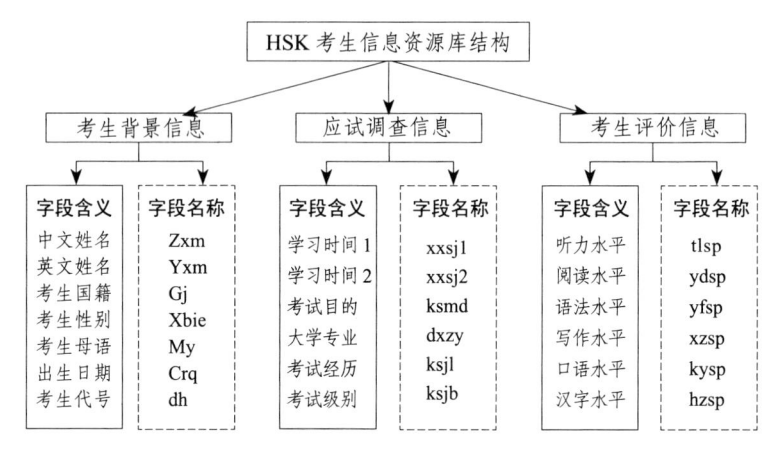

```
                    HSK 考生信息资源库结构
         ┌──────────────┬──────────────┐
     考生背景信息      应试调查信息     考生评价信息
    ┌────┬────┐     ┌────┬────┐     ┌────┬────┐
    字段含义 字段名称  字段含义 字段名称  字段含义 字段名称
    中文姓名  Zxm    学习时间1 xxsj1   听力水平  tlsp
    英文姓名  Yxm    学习时间2 xxsj2   阅读水平  ydsp
    考生国籍  Gj     考试目的  ksmd   语法水平  yfsp
    考生性别  Xbie   大学专业  dxzy   写作水平  xzsp
    考生母语  My     考试经历  ksjl   口语水平  kysp
    出生日期  Crq    考试级别  ksjb   汉字水平  hzsp
    考生代号  dh
```

图 2-13 HSK 考生信息资源库结构

资源调查

为了获得大样本和足够丰富的考生背景信息、评价信息和多维度语言习得信息,针对 HSK 考生信息资源库的建设,我们采用的是大规模问卷调查(Questionnaire)的方法。资源调查阶段的主要任务就是根据第一阶段设计的信息库的内容和结构,编制相应的问卷调查表,并确定调查的时间和范围,同时针对 HSK (初、中等)的考生目标团体进行问卷填写培训、问卷发放和回收。HSK 考生信息资源库建设和调查的范围是国内 38 个城市的 52 个 HSK(初、中等)考点,调查时间为 2009 年和 2010 年两个自然年,涉及目标考生近 10 万人。

数据采集

数据采集是资源库建设的关键环节,数据采集阶段包括录入标准的制定、信息的编码和数据的标准化。数据录入标准化水平的高低将直接影响资源库的检索和应用效果,为了降低信息条目的理解歧义度,确保数据加工和输入的标准化、规范化,我们首先邀请专业人员编制统一的录入标准和编码规则,然后通过试录过程检验录入标准和编码规则是否可行。如果可行,数据采集工作将正式展开;否则,对录入标准和编码规则进行修改或澄清,最后再正式开始资源库的数据采集工作。

三 HSK 考生信息资源库的基本情况

按照上述过程,经过两年的建设和完善,我们最终获得了国内第一个包含各种原始信息的大规模、条目型 HSK 考生信息资源库。为了方便国内对外汉语研究人员基于该信息资源库展开相关的应用研究,我们对 HSK 考生信息资源库的基本情况进行了初步统计。

(一) HSK 考生信息资源库的元信息

语言资源库的元信息(Meta Data)就是关于资源库本身的信息。元信息是信息资源库应用的指南和索引,也是引导语言资源应用研究的基础。HSK 考生信息资源库包括 80 523 条记录,每条记录包括 28 个内部字段,每一条记录对应于一个考生。按照资源库中的共享字段,可以将 HSK 考生信息资源库与其他考试内容资源库进行关联检索,从而对语言测试和语言习得规律进行专题研究(资源库的基本情况见表 2-8)。

表 2-8 HSK 考生信息资源库的基本情况

年份	国家数	母语数	人数 男	人数 女	平均年龄 男	平均年龄 女	数据库总人数
2009 年	173	113	21 351	22 438	23.50	22.50	43 789
2010 年	176	116	17 781	18 953	23.00	22.10	36 734
合　计			39 132	41 391			80 523

（二）HSK 考生的考试成绩

成绩是考生汉语水平高低的标志，同时也是汉语教学质量和学生习得效果的反映。根据我们对 HSK 考生信息资源库的初步分析，可以获得 80 523 名考生按性别在听力理解、语法结构、阅读理解和综合填空以及总分上的平均成绩（见表 2-9）。从性别来看，女生在听力理解、语法结构、阅读理解、综合填空和总分上的平均成绩皆略高于男生的平均成绩。基于 HSK 考生信息资源库的这一初步统计结果，为对外汉语教学研究的理论推断提供了实证证据。

表 2-9 HSK 考生考试成绩基本情况

年份	成绩	听力理解 男	听力理解 女	语法结构 男	语法结构 女	阅读理解 男	阅读理解 女	综合填空 男	综合填空 女	总分 男	总分 女
2009 年	原始分	28.2	30.3	16.1	17.2	26.8	28.8	19.5	21.5	90.6	98.2
	标准分	58.5	62.0	57.2	61.0	60.8	64.6	55.5	60.5	233.1	249.1
2010 年	原始分	28.2	30.1	16.3	17.7	27.0	29.1	19.2	21.4	90.8	98.3
	标准分	58.6	62.1	58.1	62.6	59.4	63.7	55.2	59.7	232.1	248.5

注：表中原始分是等值转化后分数；标准总分是前面四项的加权平均分。

（三）HSK 考生应试动机信息

任何考生报考 HSK 考试，都是在一定的内部动机或外部动机支配下的行为，有些考生的应试动机属于工具型动机（Instrumental Motivation），有些考生的报考目的则属于融入型动机（Integration Motivation）。应试动机、学习动机和第二语言习得效率之间存在着相当复杂的关系（Ellis，1999），也是对外汉语教师和语言测试研究人员一直感兴趣的问题。为了考察留学生的HSK应试动机与汉语习得效率之间的关系，为HSK考试成绩的应用提供决策参考，我们将考生的HSK应试动机纳入了HSK考生信息资源库的采集范围，统计结果见表2-10。

表2-10 考生信息调查问题与结果

应试动机调查内容	男性考生N=39 132	女性考生N=41 391
A. 申请进入中国大学学习	13 271（16.48%）	9312（11.56%）
B. 申请进入自己国家的大学学习	1530（1.90%）	2416（3.00%）
C. 申请获得母语国家的大学学分	4445（5.52%）	5749（7.14%）
D. 申请进入其他国家的大学学习	467（0.58%）	427（0.53%）
E. 在中国找工作	2706（3.36%）	2432（3.02%）
F. 在考生自己的国家找工作	2134（2.65%）	3978（4.94%）
G. 在其他国家找工作	362（0.45%）	419（0.52%）
H. 了解自己的汉语水平	12 816（15.92%）	15 635（19.42%）
I. 其他目的	1401（1.74%）	1023（1.27%）

对考生HSK应试动机的调查实际上是按照学业需要（选项A、B、C、D）、就业需要（选项E、F、G）和非功利性需要（选项H、I）三个维度进行的。通过对HSK考生应试目的的分析我们不难发现：无论男性考生还是女性考生，考生报考HSK的动机主要是由学业需求（Academic Requirements）所驱动的，考生选择A、B、C、D四个选项的比例高达46.71%；另外，选择"了解自己的汉语水平"选项的考生人数所占的比例也达到35.34%，而且报考HSK的目的倾向与性别基本无关。可见，外国留学生参加HSK考试的目的与考生追求获得更高层次的教育机会密切相关，这一统计结论对HSK考试用途的定位、内容的调整和招生政策的制定等均具有较高的参考价值。

四 HSK考生信息资源库的应用

HSK考生信息资源库是国内第一个针对留学生的大规模语言测试专业资源数据库，其中包含着丰富的研究信息。这些研究信息与留学生的汉语习得时间、习得方式、使用教材等其他变量结合在一起可以进行深入的汉语教学研究；基于考生的测验表现可以对考试本身的信度和效度进行研究，也可以针对考生的学业表现和HSK考试成绩的统计分析制定相关的留学生录取决策、分班决策和招工录用标准等。我们把HSK考生信息资源库的应用范围归纳为三个基本方面，即语言测试研究、语言教学研究和学生学习研究以及教育决策研究（见图2-14）。

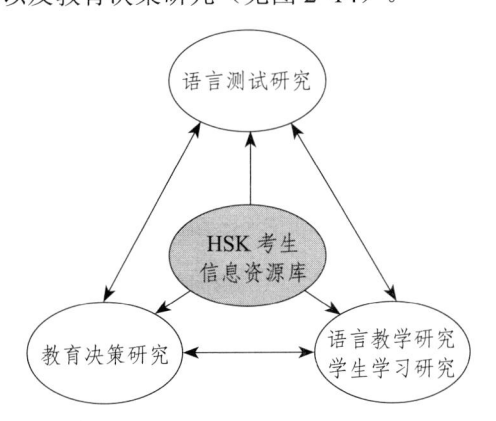

图2-14 HSK考生信息资源库的应用

（一）语言测试研究

任何语言测试都是为了测量某一特定考生团体的某一方面语言能力、水平、知识或成就而设计的，考试本身的信度和效度如何，测验内容对不同背景的考生亚团体（Subgroups）是否具有公平性等问题是评价考试质量高低的重要证据。汉语测试的理论研究和实证研究是 HSK 考生信息资源库开发和建设的直接动因之一，因此，基于 HSK 考生信息资源库可以针对汉语水平考试（HSK）进行如下研究：（1）针对母语、年龄、性别等不同背景的考生进行测验信度和效度的跨样本一致性检验。（2）针对不同汉语习得背景、学业背景和学习方式的考生进行测验内容的公平性（Fairness）检验。（3）针对不同考生亚团体进行测验题目指标的评价，考察题目的难度、区分度、猜测度等指标对样本的依赖性程度。

（二）语言教学研究和学生学习研究

语言测试的设计理念是不同语言能力和教学理论的反映，测试的模式和内容对语言教学具有一定的反拨效应（Washback Effects），因此，第二语言测试和第二语言教学之间存在若干研究接口，[①] 以 HSK 考生信息资源库为平台，可以开展如下各种形式的汉语教学研究：（1）对留学生汉语习得顺序进行研究。（2）以汉语习得时长（Duration of Acquisition）为控制变量，对汉语教学方式、教学效率等进行比较研究。（3）对汉语教学内容进行诊断性（Diagnostic）评价。（4）根据不同考生团体的考试表现，为汉语教材的编写提供参考依据。

（三）教育决策研究

留学生的汉语教学组织和管理工作，是我国对外汉语教育体系的一个重要组成部分，HSK 考生信息资源库的建设不仅可以在语言测试研究、教学研究中发挥重要的作用，而且在对外汉语教育的决策研究中可以发挥如下作用：（1）以 HSK 考生信息资源

---

① 参见 Bachman, L. F. & Cohen, A. D. *Interfaces Between Second Language Acquisition and Language Testing Research*. Cambridge: Cambridge University Press, 1998.

库的统计指标为基础，为留学生的汉语入学分班、专业入学标准的制定提供依据。（2）为留学生汉语能力标准的制定提供参考。（3）为汉语教学评估、语言教学政策的调整和职业晋升标准的设置提供决策平台。（4）以考生的汉语习得时长、习得方式（Mode of Acquisition）为控制变量，考察留学生的汉语习得起始年龄（Onset of Age）因素对语音、词汇、语法和汉字习得速度的影响模式，验证第二语言习得关键期假设（Critical Period Hypothesis）在留学生汉语习得中的有效程度，从而为留学生汉语教学政策的制定和不同语言模块的最佳教学时机选择提供实证参考。

五 结语

语言资源的开发和建设是一个国家语言研究水平高低的基本体现，同时也是保障应用语言学学术研究、教育教学研究和考试质量监控与改进的重要依据。语言资源的范畴十分广泛，既包括世界各国家、各民族曾经使用和尚在使用的各种语言工具系统，也包括某一自然语言使用群体在语言使用基础上产生、形成的衍生语言资源。汉语水平考试（HSK）的考生信息资源就是关于学习汉语的外国留学生的一种重要衍生语言资源，是汉语语言资源的一个重要组成部分。如何充分挖掘和利用汉语水平考试（HSK）的各种衍生资源，为汉语教学和语言理论研究提供素材一直是我们迫切需要解决的难题。HSK考生信息资源库的开发和建设，不仅可以满足国内汉语理论研究的需求，而且还可以在考生信息资源库的基础上对汉语水平考试（HSK）的信度和效度进行评价，对汉语作为第二语言的教学要素进行对比研究，同时还可以在语言要素、语言教学和语言教育决策之间进行各种接口式实证研究。

第三章

汉语教学资源加工与分析研究

第一节 汉语中介语语料库标注模式[1]

一 引言

（一）语料标注定义与本节研究范围

关于标注，我们赞同这样的观点，语料标注"是一种给口语和（或）书面语语料库增添解释的（Interpretative）和语言的（Linguistic）信息的实践。'标注'也可以指这个过程的最终产品：即附加或分散在语料库中的语言标记"[2]。标注可以"在不同的层次、从不同的侧面"[3]进行，例如可以从字、词、句、篇、标点符号，乃至语义、语用等各个层面对语料进行标注。

本节讨论通用型汉语中介语语料库的标注问题。所谓"通用型汉语中介语语料库"，是与"专用型汉语中介语语料库"相对而言的。前者为满足各种研究目的而建，例如运用"HSK 动态作

---

[1] 本节摘自张宝林《关于通用型汉语中介语语料库标注模式的再认识》，《世界汉语教学》2013 年第 1 期。

[2] 参见黄昌宁、李涓子《语料库语言学》，商务印书馆 2002 年版。

[3] 参见王建新编著《计算机语料库的建设与应用》，清华大学出版社 2005 年版。

文语料库"可以进行字、词、句、篇、标点符号等各个方面的研究；后者则只为某种专门的研究目的服务，例如通过"汉语学习者汉字偏误数据资料库"只能进行中介汉字的研究。本节讨论的语料标注模式，既适用于文本语料库，也适用于口语语料库。二者的唯一区别在于，口语语料由汉语母语者转写，因而不存在中介语性质的字处理问题。

下文如无特别说明，所提及的"语料库"均指汉语中介语语料库。

（二）语料标注现存的问题

语料标注在语料库的建设与应用中具有重要意义，它"是实现原始语料机读化的关键环节"[1]，"是语料深加工的重要环节，也是一个语种语料库建设水平的重要标志"[2]。而更深刻的意义在于，语料标注的内容与质量决定了一个语料库的功能与使用价值。语料标注有如此重要的地位，而汉语中介语语料库的语料标注却至今没有统一标准，标注内容与方式因建设者的主观认识不同而存在极大差异，在建库实践中带有很强的随意性，因而产生了一系列问题。其中主要有：

第一，语料标注内容差异很大，导致一些语料库的功能不完备。例如大多数语料库只有偏误标注，因而只能进行偏误分析，而无法进行表现分析；可以检索、提取有标志词的中介语现象，而无法检索并提取那些缺失关键词的偏误现象。例如该用

---

[1] 参见崔刚、盛永梅《语料库中语料的标注》，《清华大学学报》（哲学社会科学版）2000年第1期。

[2] 参见刘连元《现代汉语语料库研制》，《语言文字应用》1996年第3期。

"把""被""比""是""得"而未用的"把"字句、"被"字句、"比"字句、"是"字句和"得"字补语句的偏误句,就无法提取。

第二,标注只限于文字、词汇、语法层面,而没有语义、语用层面的标注。

第三,对语篇、语体的标注仅见于个别语料库,且十分简单。

第四,对同样的偏误现象认识不同,归类不同,采取的标注方式也不同。例如"是"字句缺"是",有的标为缺词,有的标为缺述语,有的标为句式错误。

第五,标注代码各异,给用户造成了不必要的记忆负担与混乱,也不便于资源共享。

第六,标注质量受标注方式制约,存在较大问题。自动分词与词性标注的正确率虽已达到很高水平,但错分错标的绝对数量仍然不可小觑,人工校对的工作量巨大;句法以上标注皆为手工标注,标注效率不高,标注代码的使用极易出现不一致的情况。

如何解决这些问题,对汉语中介语语料库的建设意义重大,对基于语料库的相关研究具有直接影响,需要进一步深入研究。

二 标注模式的提出

与以定性分析为基本特征的传统语言学研究相比,文本未经任何标注的生语料库(Raw Corpus)也"是语言研究和教学很好的语料资源"[①]。然而,生语料库,"尤其是汉语的生语料库包含很少关于词法和语法等的信息,因此其应用价值就很有限"。而"只有当语言研究者能够从语料库中获取知识或信息时,才能说这个语料库是有用的。事实上,为了从语料库中抽取语言信息,必须首先向该语料库中植入信息——即添加标注"(黄昌宁和李涓子,2002)。这是进行语料标注的根本动因。

中国境内第一个汉语中介语语料库——"汉语中介语语料库系统",对语料只经过断句、分词和词性标注等加工处理。[②] 其后的汉语中介语语料库则对语料中的各种偏误现象做了不同程度的标注,"这是由中介语的特点决定的,也是学者们研究的需要"[③]。偏误标注可以满足偏误分析的需要,对汉语中介语的各类偏误研究起到了很大的推动与促进作用。

然而,偏误分析只关注语言学习者错误的语言表现,而完全忽略了学习者正确的语言表现,因而其认识是不全面的,其所做出的判断是不准确的。例如我们对外国人习得汉语"把"字句的情况可能就并不十分清楚(张宝林,2010a)[④]。汉语习得研究需要观察两方面的中介语材料,一是学习者使用汉语的偏误,二是

[①] 参见许智坚、高登亮《语料库资源共享的可行性研究》,《漳州师范学院学报》(哲学社会科学版)2008年第2期。

[②] 参见陈小荷《"汉语中介语语料库系统"介绍》,《第五届国际汉语教学讨论会论文选》,北京大学出版社1996年版。

[③] 参见周文华、肖奚强《首届汉语中介语语料库建设与应用国际学术讨论会综述》,肖奚强、张旺熹主编《首届汉语中介语语料库建设与应用国际学术讨论会论文选集》,世界图书出版公司2011年版。

[④] 参见张宝林《回避与泛化——基于"HSK动态作文语料库"的"把"字句习得考察》,《世界汉语教学》2010年第2期。

其正确的语言表现，进而把偏误分析提升为表现分析。表现分析是从正、误两个不同的角度对中介语进行观察，看到的情况更加全面，做出的判断也就更加准确，因而是更为优越的研究方法。而进行表现分析的前提，就是在语料库的建设中，对语料中的偏误与正确的语言表现进行全面标注。

基于这种认识，我们首先提出了"基础标注"的概念，所谓基础标注，亦即对语料中正确的语言现象进行的标注；进而提出了"偏误标注＋基础标注"的语料标注模式，[①]并对这一标注模式进行了若干探讨（张宝林，2010b）[②]，特别是对基础标注进行了较为深入的阐述（张宝林，2010c）[③]。我们认为，从语料库建设的宏观角度来看，"基础标注"概念的提出是汉语中介语语料库建设的一个重要突破，"偏误标注＋基础标注"将成为汉语中介语语料库语料标注的新模式，并为其他语料库的建设提供借鉴（张宝林，2008）。在"首都外国留学生汉语文本语料库"的建设中，我们尝试采用了这一标注模式，效果良好。建库实践证明这一标注模式符合外国人汉语学习的实际情况，是完全可行的。

[①] 参见张宝林《"外国留学生汉语学习过程语料库"总体设计》，张普、徐娟、甘瑞瑗主编《数字化汉语教学进展与深化》，清华大学出版社 2008 年版。

[②] 参见张宝林《汉语中介语语料库建设的现状与对策》，《语言文字应用》2010 年第 3 期。

[③] 参见张宝林《基础标注的内容与方法》，张普、宋继华、徐娟主编《数字化对外汉语教学实践与反思》，清华大学出版社 2010 年版。

三 "偏误标注 + 基础标注"模式的内涵

(一) 对标注模式的理解

所谓模式,是"某种事物的标准形式或使人可以照着做的标准样式"(《现代汉语词典》第 5 版)。我们认为,语料标注模式指在语料库建设中对语料进行标注的标准样式,包括标注过程中涉及的所有环节:标注原则、标注内容、标注方法、标注代码与标注流程等。

(二) 标注原则

标注原则是制定标注规范的前提,与标注目的密切相关,对标注的内容与方法有重要制约作用。语料标注的根本目的是满足教学与研究的需要,但不同类型的语料库在标注目的上会有所不同;通用型语料库的标注原则与专用型语料库也必然存在差异,例如标注内容的全面性就应该成为通用型语料库的一个重要原则,而专供中介汉字研究的语料库则无须顾及词、句、篇等内容的标注。

1. 全面性

指语料标注的内容全面,目的是保证语料库功能的全面,避免某些语言现象因未做标注而出现无法查询的尴尬情况。作为通用型汉语中介语语料库,语料标注的内容必须全面,应在字、词、短语、句、篇、语体、语义、语用、标点符号等各个层面上对相关的语言现象进行标注,这样才能保证语料库功能的全面,从而更好地为汉语的教学与研究服务。

2. 科学性

指语料标注要正确、准确,符合汉语字、词的相关规范,符合一般的语法规则。对同类语言现象的判断与标注，要具有一致性。

语料标注的科学性首先体现为"标注规范"的科学性。"标注规范"在繁简字体、异体字、新旧字形、数字用法、标点符号用法、异形词的判定方面均应以国家相应的语言文字规范为标准；分词及词性标注应以教育部、国家语言文字工作委员会组织研制的语言文字信息处理国家标准《信息处理用现代汉语词类标记规范》（GB/T 20532—2006）为标准；语法系统应以学术影响大、采用范围广、具有行业标准意义的语法著作和语法大纲为主要依据，例如国家对外汉语教学领导小组办公室组织编写的《汉语水平等级标准与语法等级大纲》（高等教育出版社，1996）、《高等学校外国留学生汉语言专业教学大纲》（北京语言文化大学出版社，2002）等。

其次，科学性还体现为语料标注的一致性。对同一种语言现象，不论是词性、短语类型、句类句型句式，还是语体、语义、语用，所做的标注都应该是一致的，而不能此处为此，彼处为彼，前后不一，自相矛盾。

此外，标注代码的前后完整、形式统一，也属于一致性的范畴。

语料标注的一致性问题意义十分重大。"究竟如何标注，牵涉到如何分类与归类，这是研究的最为基本的问题，是展开研究的基础，在进行语料标注之前，就应该十分清楚。否则所标注的语料必然存在不全面、不一致的现象。"[①] 要解决这一问题，目前可以采取的办法，一是通过制定严密的标注规范、严格规范标

---

① 参见肖奚强《汉语中介语研究论略》，《语言文字应用》2011年第2期。

注流程、对标注员进行严格有效的培训等方法，尽最大可能将语料标注的错误率降到最低；二是通过检测计算出标注的错误率，并在语料库的说明中明确告知用户，使用户了解依据该语料库进行的相关研究，其结论有多大的置信区间，可以在多大程度上相信这个结论。而最终的解决方案则是通过技术手段，实现人和计算机的优势互补，实现计算机自动标注。

毫无疑问，语料标注的全面性是以科学性为前提的。否则，全面性就失去了应有的意义。

3. 忠于原作

指忠实于外国汉语学习者的原始语料，在语料的收集、录入、标注等各个环节均需最大限度地保持其汉语中介语的"原汁原味"，而不能使原始语料变得面目全非。

实事求是地说，外国汉语学习者产出的汉语中介语语料中的偏误现象是多方面的，包括文字、词汇、语法、语义、语用、语体、标点符号等各个层面的偏误。有研究认为，对这些错误（本节使用"偏误"的概念）"可以有两种不同的做法，一种是改正所有的错误，标注后呈现的句子都是正确的句子，把所有错误的信息保存在特定的标注符号中，从标注符号中，我们可以检索到各种错误类型；另一种是保留所有的错误，标注后呈现的句子还是原始语料的句子，而用标注符号指明错误类型，需要改正的信息及其正确形式都存入标注符号中，通过检索标注符号，可以获得有关句子（语料）的正确形式"，并从避免代价太大的角度出发，认为"比较合理的做法应该是后者"[①]。我们将前一种办法定义

[①] 参见任海波《关于中介语语料库建设的几点思考——以"HSK动态作文语料库"为例》，《语言教学与研究》2010年第6期。

为"既标且改"的方法,把后一种方法称为"只标不改"的方法。

如果只做偏误标注,只为偏误分析服务,"只标不改"确实足够了。而学术发展的客观需求是,我们不但要做偏误分析,更要做表现分析,这就要进行基础标注。基础标注的第一项内容就是由计算机自动进行分词和词性标注,"只标不改"在这里遇到了困难:字、词层面的偏误如果不进行修改更正的话,机器自动处理的分词和词性标注就将无法进行,或做出完全错误的分词与词性标注。像"**题**高、导**至**、考**虎**、身**休**"这几个词当中的别字,"先首、决解、持支、众所知周"这几个构成成分顺序错误的词语,如果不进行更正处理,机器就不可能做出正确的分词与词性标注。

为了保证分词与词性标注的正确性,进而确保基础标注的质量,我们必须采取一个切实可行的办法,即在进行字、词层面的标注时,对字、词方面存在的偏误需要"既标且改";除此之外,短语、句、篇等方面的偏误均应采取"只标不改"的做法。这样做的原因在于,短语以上的偏误不会影响到词的切分与词性标注。尽管这样做打破了语料宏观处理上的一致性,但却保证了分词与词性标注的正确性,进而确保了基础标注的质量。这也是"HSK动态作文语料库"在对语料偏误的处理策略上有所不同的根本原因。当然,如果使用可扩展的置标语言XML进行标注符号的编码,这一问题可以得到进一步的解决。

4. 标准化与通用化

指语料标注代码应符合标准化与通用化要求,使用通用代码,以便于用户使用,也有利于语料的资源共享。目前在汉语中介语语料库建设中,各建设单位使用的标注代码各不相同,且只有"北京语言大学的'HSK动态作文语料库'的偏误标注规范已在网上公布。这个标注规范进行了篇章、句、词、字四个层面的标注，规则比较系统、全面。因此，许多中介语语料库的标注，比如胡晓清等介绍的'韩国留学生汉语中介语语料库'和陆庆和等介绍的'小型口语语料库'，都是在此基础上进行适当修改进行的"（周文华和肖奚强，2011）。

在这种情况下，为了方便用户使用，以及不同语料库之间的资源共享、彼此融合，可以以北京语言大学的"HSK 动态作文语料库"的标注规范为基础，研制能为学界普遍接受并乐于使用的语料标注规范与代码，从而实现语料标注的标准化与通用化。

国内外母语语料库建设大多采用可扩展的置标语言 XML 进行编码，对语料的文本信息进行标注。在汉语中介语语料库的建设中，也已有人开始研究利用 XML 进行编码，对语料的语言本身进行标注，例如李斌（2007）[①]。从理论上说，XML 具有最广泛的通用性，最适合用于通用代码的开发，应深入研究并尽快应用于汉语中介语语料库的语料标注。

（三）标注内容

1. 从语言文字的各个层面进行标注，贯彻全面性原则

为了满足教学与研究的各种需要，我们认为语料标注的内容必须全面，既做"偏误标注"，又做"基础标注"，即对汉字、词汇、语法、语体、语义、语用、标点符号等各个方面的偏误现象与正确的语言表现进行全面标注。

（1）汉字标注，包括错字、别字、繁体字、异体字、拼音字、

---

① 参见李斌《中介语语料库建设中的语言错误标注方法》，《暨南大学华文学院学报》2007 年第 3 期。

漏字、多字；

(2) 词汇标注，包括错词、缺词、多词、外文词、离合词；

(3) 语法标注，包括词、短语、单句、复句、语篇；

(4) 语体标注，包括口语词与书面语词、口语句式与书面语句式；

(5) 语义标注，包括词语的语义色彩、句子成分的语义角色、动宾结构的语义关系、修饰语的语义指向、词语重叠的语义、歧义句、句式义等；

(6) 语用标注，包括语言单位的语篇功能、指示语与先行词的指代关系、信息结构、省略、语言运用的得体性、语用失误等；

(7) 标点符号标注，包括错误标点、缺失标点、多余标点。

2. 突破以往的标注范围，增加新的标注内容，深化部分原有标注内容

(1) 增加新的标注内容：语义标注和语用标注

语义、语用标注在汉语中介语语料库建设中尚无先例，但这些方面的偏误在汉语中介语中是广泛存在的。例如：

(1) 老师，你媳妇漂亮吗？

(2) 哪儿的话。（用于回答老师的称赞）

(3) 老师，把空调开开！[①]

(4) 那时候我就给全家带来了蓬荜生辉！

(5) 我还要把几个因素提出。

(6) 时常在家里弄得乱七八糟。

---

① 参见李宁、王小珊《"把"字句的语用功能调查》，《汉语学习》2001 年第 1 期。

（7）如果有人身体很健康，但是比如说在经济上发生出乎意料的事，愿意离开这个世界，请人帮他杀死，这个是应该被判刑的。

（8）把20年以来一直住的地方离开，您们感觉舍不得。

（9）所以如果那时候，妈妈给别人自己的孩子的话，可能那个孩子被伤心、痛苦。

例（1）中"媳妇"是一个"土俗之词"，不正式，不庄重；例（2）中"哪儿的话"含有"哪里有这样的话"的贬斥之意；例（3）表达支使别人做事的意思。此三例均可以用于上对下或平辈之间，而不能用于下对上，学生对老师这样说显然是不合适的。例（4）中"蓬荜生辉"表示对别人的恭敬与自谦，可以用于人，不可用于己。"把"字句中"把"的宾语必须是定指的，"几个因素"不定指，因而例（5）错误。例（6）、例（7）的"家里"和"他"在句中并非表示处所和施事（或受益者），而是"弄乱"与"杀死"的受事，原句混淆了句子成分的语义关系，因而错误。"把"字句表示处置义，例（8）说明一种令人难以割舍的情况，并不是要对"20年以来一直住的地方"加以处置，使其发生某种变化，所以不应使用"把"字句。而例（9）的从句恰恰表现的是施事主语"妈妈"对"孩子"的处置，应该使用"把"字句却未用；"伤心""痛苦"都是形容词，没有及物性，因而不能用于"被"字句，所以例（9）的两个分句都是错误的。

学生之所以会说出上述不得体的句子，就是因为不知道这些词语、句子的语义语用含义。拿学界普遍关注的"把"字句来说，学生的偏误正是因为不了解什么时候应该使用"把"字句，不知道用与不用"把"字句在表达上有什么区别。因此，"解决'把'

第一节 汉语中介语语料库标注模式

字句教学的根本途径是要揭示'把'字句的语义特征，使学生掌握表达什么意义时须用'把'字句，同时还要指出使用'把'字句的语境背景，使学生掌握在什么情况下用'把'字句"[1]，"我们不仅要让学生清楚'把字结构'的种种结构形式，还要告诉学生它的语义本质及其语用上的基本规律"[2]。由此可见，为了了解、掌握外国汉语学习者对汉语语义、语用的习得情况并进而改进语义语用教学，进行语义标注和语用标注是非常重要的。

存在的问题是，汉语语义语用方面的研究并不十分成熟，其典型表现之一是，同一个语言现象究竟是语义问题还是语用问题，有时并不容易分清。在这种情况下，应该如何进行标注就成了一个很大的问题。例如上面例（1）对"媳妇"一词的误用，究竟是语用偏误还是语义偏误？我们认为，从产生偏误的根源上说，学生不了解该词不严肃、不庄重之意是造成偏误的根本原因，属语义问题；但从语言使用的直接表现来看，则是"媳妇"一词的使用场合不对，应属语用偏误。该例可以说是一个因语义不明导致的语用偏误。

如果这样处理可以接受的话，例（1）－例（4）都应标为语用偏误。例（5）的定指与非定指属语义问题，例（8）是不清楚句式义造成的偏误，皆属语义问题，例（6）、例（7）、例（9）等也都是语义问题。

---

[1] 参见吕文华《对外汉语教学语法探索》，语文出版社 1994 年版。
[2] 参见张旺熹《汉语特殊句法的语义研究》，北京语言文化大学出版社 1999 年版。

（2）深化部分原有的标注内容：语篇标注和语体标注

语篇标注和语体标注在以往的语料库建设中很少被顾及。我们在"HSK 动态作文语料库"中进行了语篇标注，但是并不严谨，只要觉得句间连接不顺畅之处就加上了错篇标记。在"首都外国留学生汉语文本语料库"中，我们做了进一步加工处理，把语篇偏误分为形式连接偏误和语义连接偏误两种类型。同时为了给国家社科基金重大项目"外国学生汉语书面语习得与认知研究"提供语料支持，我们在该语料库中又进行了语体标注。语体标注分为四种，即口语词与书面语词、口语句式与书面语句式。

上述做法对外国人汉语语篇和语体的教学与习得研究是有益的，在汉语中介语语料库的建设中也是比较先进的。存在的问题是，语料的加工深度还不够深，分类也不够细，因而对汉语教学与相关研究的帮助也就比较有限。

我们认为，可以从偏误类型的角度深化与丰富语篇标注的内容，例如由关联词语、某些起关联作用的句式、话题连接、位置连接等方面的使用不当导致的语篇偏误，均应予以标注。

语体标注可以从再分类的角度进行深化，例如口语词句还可以分为口语正式语体和口语日常谈话语体，书面语词句也可以分为书面语正式语体和书面语日常交流语体。

（四）标注方法及代码

1. 标注方法

（1）"人标机助"与"机标人助"相结合，尝试计算机自动标注

标注方法现有手工标注、人标机助、机标人助、计算机自动标注等。手工标注即由人对各种语言现象进行判断，然后用预先设定的一套代码对相应的语言现象进行加工处理。这种标注方法

费时费力，对标注者而言是一项十分繁重的工作，而且会受到标注者的语言文字水平、工作态度、精神状态的影响，标注的一致性较差，标注质量难以保证。

为了减轻人的记忆负担，提高标注效率，也为了保证标注代码形式上的一致性，软件研制人员开发了一些辅助人工的标注工具，在一定程度上减轻了标注者的工作强度。这种标注方式就是所谓的"人标机助"。

"机标人助"则是由计算机根据预先制定并植入其中的标注规范自动进行标注，然后由人工进行检查校对和补充修改。这本来是非常理想的标注方法，但限于中文信息处理的发展水平，目前机器自动标注只在分词和词性标注这一层面上进入到了实用阶段，其正确率已经达到了99%（黄昌宁和李涓子，2002）。这听起来很让人振奋，然而对于以百万、千万计的语料来说，1%的错误率依然是一个庞大的数字。在标注实践上，"多数熟语料库的加工深度，也长期停留在自动分词和词性自动标注，经费与人力充足的单位，分词和标注后的语料要组织人工校对，否则，就听其自然"[1]。"听其自然"所造成的结果是相当严重的，因为"底层不一致性在上层应用中会被放大几倍到几十倍"[2]。

在目前的实际情况下，我们应在总体上采用"人标机助"的标注方式，而在分词和词性标注层面使用"机标人助"的方法，并充分发挥人的作用，在机器自动标注后的"人助"环节对语料

---

[1] 参见张普《基于动态流通语料库的现代汉语词语研究》，讲座课件，2008年。

[2] 参见宋柔《文本语料库建设同语言教学和语言研究》，讲座课件，2010年。

标注的结果进行严格的审查与修正。

随着科学技术的发展，新的技术手段不断涌现，为语料标注提供了更多的方法，可以帮助我们把语料标注工作做得更好。例如我们可以基于编辑距离算法，实现偏误句与修正句的自动比对并添加标记；[①] 可以采用数字墨水技术进行标注，以提高语料标注的效率与质量；还可以把数百万字已标注语料作为训练语料，尝试进行计算机自动标注（张宝林，2010b）。

（2）实行"有限的一错多标"

有些偏误现象从不同的角度看，可以视为不同性质与类型的偏误。例如：

（10）我对这个问题以下几个观点。

该句中缺少一个动词述语"有"。而这个"有"可以分别视为一个汉字、一个词、一个句子成分，整个句子则可以视为"有"字句、动词谓语句、主谓句等的偏误句。

对这类现象可以有两种处理方法：

第一，采取"从大"的原则，即在篇、句、词、字几个层面中，按照"从大到小"的顺序处理：先看其是否可以归入语篇的偏误，可以的话即可直接定性；不可以的话再看是否可以归入句子的偏误，依此类推。这样处理是基于下面两点认识：大的单位可以涵盖小的单位，而小的单位不能涵盖大的单位，如例（10）视为"有"字句的偏误可以涵盖缺述语、缺词的偏误；语料标注应尽量简化，

[①] 参见王洁、宋柔《HSK动态作文语料库偏误标注方法研究》，《第四届全国学生计算语言学研讨会会议论文集》，中国中文信息学会2008年版。

而不宜过于复杂，把从多种角度判定偏误归结到一种角度上来，即可以使标注得以简化，如例（10）直接标为"有"字句的偏误即可。这种方法可以概括为"从大到小，一错一标"。

第二，对同一个偏误现象，不考虑大小顺序，而是把所有可能的判断全部标出。这样处理偏误是出于求全的心理，追求的是不使任何一种潜在的偏误类型漏网。采取这样的处理方法，上面的句子标注之后将会是这样的情况：

（10'）我对这个问题有［L］{CQ有}{CJ-sy有} 以下几个观点{CJy}{CJdw}。

这样标注的含义是：漏字、缺词、缺述语、"有"字句偏误、动词谓语句偏误，还可以加上主谓句的偏误。这是所谓"不分大小，一错多标"的标注方法。

显而易见，"一错一标"的标注方法比较简洁，而"一错多标"的标注方法则较为全面，但也比较复杂，有时也显得没有必要。例如已经标明了属于"有"字句的偏误，再标动词谓语句、主谓句的偏误就没有多大意义。

然而，在涉及对句子偏误的不同理解时，"一错多标"还是有意义的。例如：

（11）对于非洲来说，这是还不够{CJxw}。

（12）从现在的情况来说，让大家去吃"绿色食品"是太早了{CC的}。

例（11）除了可以视为形容词谓语句的偏误句，还可以看成缺少助词"的"，并进而看成"是……的"句不完整的偏误句。例（12）除了可以看作用词错误，即该用助词"了"却误用了"的"，还可以视为不该用却用了"是……的"句的偏误句。这样处理可以发现更多的问题，发现不同的偏误类型，这对于全面、准确地认识外国汉语学习者对形容词谓语句及"是……的"句的习得情况都是非常有意义的。

结论是：在标明下位句式的偏误类型后，无须再标明其上位偏误类型；对可以同时视为词、句、语篇偏误的偏误，则应分别标明。这就是我们所提倡的"有限的一错多标"标注方法。我们认为这种方法符合外国人学习汉语的实际情况，是能够适应标注汉语中介语的实际需要，并能够满足基于汉语中介语语料库的相关研究的。

2. 标注代码

标注代码可以采用汉语拼音字母、英文字母、阿拉伯数字、置标语言进行编码。例如"HSK 动态作文语料库"采用汉语拼音并利用其大小写形式编码，在上面的例（10）中"［L］"是漏字标记，表示其前边的一个字在原始语料中是漏掉的字，"L"是"漏"字的汉语拼音声母；"{CQ 有}"表示缺词偏误，"CQ"是"词缺"两字的汉语拼音声母；"{CJ-sy 有}"表示"错句－缺少述语'有'"的偏误；"{CJy}"表示"有"字句的错句偏误；"{CJdw}"表示动词谓语句的错句偏误。"中国学习者英语语料库"（CLEC）则采用了"英文字母＋数字"的编码方式。例如［cc3，1－］是一个错误码，其中［cc3］表示搭配错误中的动名搭配错误，［1］表示该词左边第一个词与该错误相关联，［－］表示该错误关键词出现的具体位置。[①]

---

① 参见杨惠中主编《语料库语言学导论》，上海外语教育出版社2002年版。

利用置标语言进行编码已有相关研究，例如李斌（2007）研究了利用可扩展的置标语言 XML 进行"把"字句偏误标注的方法：

（13）请/v 你/r ＜syn＞把/p 这/r 封/q 信/n 寄/v＜/syn＝"把字句"＞。/w

使用可扩展的置标语言 XML 进行编码的主要优点是：

第一，方便、灵活、实用，可以满足语料标注的基本要求。"错误标注的基本要求为：标明错误的语句；标明错误类型（大类、小类）；标明正确形式；便于标注、检索、统计。"由于"XML 是一种源置标语言，它允许用户根据它所提供的规则，制定各种各样的置标语言"，"应用于语言错误的标注"（李斌，2007）。

其实这种语言不仅适用于偏误标注，也完全可以应用于基础标注。因为"XML 最重要的特性就是可扩展性，即允许用户定义自己的标签以及这些标签携带相关参数的属性和值"，"由于 XML 的自定义性及可扩展性，可以定义无限量的一组标注，足以表达各种种类的数据"[①]。

第二，标注对象的界限清楚。以语序偏误的标注为例。"HSK 动态作文语料库"的标注方法是用 {CJX} 表示语序偏误。这种方法的问题之一是：标注对象的界限范围不清楚。例如：

（14）我认为贵公司的事业可 {CJX} 也向全世界发展。

（15）这种生活方式已经习惯 {CJX} 成了。

（16）我和同学们 1 个月 {CJX} 在北京生活了。

例（14）—例（16）分别是相邻的两个单音词（"可"与"也"）、

---

① 参见施燕斌、刘春红《XML 简介及其应用浅析》，《高校图书馆工作》2002 年第 2 期。

双音词（"习惯"与"成了"）或短语（"1个月"与"在北京生活了"）的位置偏误，但发生偏误的究竟是单音词还是双音词或短语，因其并未标明具体范围，所以仅从形式上是无法判断的。

XML 的语法规则之一是：任何的起始标签都必须有一个结束标签。加上前后标签之后，不论标注对象是单音词还是双音词或是短语，界限都非常清楚，一目了然。例如：

（14'）我认为贵公司的事业＜order＞可＜/order＞也向全世界发展。

（15'）这种生活方式已经＜order＞习惯＜/order＞成了。

（16'）我和同学们＜order＞1个月＜/order＞在北京生活了。

第三，它是一个国际标准，便于实现语料标注的标准化和通用化，方便不同语料库之间的资源共享和彼此融合。XML 是 W3C（World Wide Web Consortium，全球万维网联盟的简称——张宝林注）在 1996 年年底提出的标准，是从 SGML 衍生出来的简化格式，也是一种元语言，可以用来定义任何一种新的标记语言。[①] 而 SGML 指标准化的通用置标语言（Standard Generalized Markup Language）。1986 年，国际标准化组织正式发布了 SGML 国际标准，我国于 1995 年也将其作为国家标准。"SGML 语言的设计目的是要使文件信息与设备无关，与处理系统无关，甚至与所用的语种无关。……就是要在各个孤立的系统之间架起桥梁，使各个孤立的系统彼此联系起来。该语言通过描述文件逻辑结构的方法，使置标具有通用性，并通过一系列的声

---

① 参见徐永川《SGML、HTML 与 XML 的比较》，《情报科学》2004 年第 1 期。

明（Declaration），使各个系统都能理解文件的信息与置标。"[①] 作为 SGML 的子集，XML 同样具有这些特征与功能。

对汉语中介语语料库的标注而言，XML 潜在的主要问题是：

第一，标注的繁复与二次开发。XML 是可扩展的通用置标语言，使用 XML 标记语料的优点是使标注遵循一种通用格式，可以方便语料库的加工和应用，并使语料库能在不同软件环境中得以共享。但是，XML 是面向机器的语言，使用这种语言进行标注，结果十分繁复，对于语料标注者和语料库用户来说，阅读采用 XML 标注的文本很不直观，也很不方便。因此，需要语料库设计者自己设计具体标记的形式和语义，在 XML 之上开发软件，提供面向标注者和用户使用的界面。

第二，偏误的定位问题仍以语序偏误的标注为例。如前所述，"HSK 动态作文语料库"的标注方法是用 {CJX} 表示语序偏误。这种方法的另一问题是：不能显示错序词语的正确位置。例如：

（17）大部分人都 {CJX} 第一次开始吸烟的时候不容易。

（18）因为工作细心，能满足各种类型旅客的要求，所以受到顾客来信 {CJX} 多次表扬。

例（17）、例（18）是不相邻词语的位置错误（"都""多次"），因其并非与相邻词语位置错误，因而其正确位置应在何处并不清楚。

我们曾设想，如能在 XML 的结束标签中加上方向标记和词数，即可解决标注对象的定位问题。例如：

---

① 参见冯志伟《标准通用置标语言 SGML 及其在自然语言处理中的应用》，《当代语言学》（试刊）1998 年第 4 期。

（17'）大部分人＜order＞都＜/order→7＞第一次开始吸烟的时候不容易。

（18'）因为工作细心，能满足各种类型旅客的要求，所以受到顾客来信＜order＞多次＜/order←4＞表扬。

例（17'）表示标注对象"都"应右移7个词，放在"时候"与"不容易"之间；例（18'）表示标注对象"多次"应左移4个词，放在"所以"和"受到"之间。

然而这样的标注方法不符合 XML 的标注格式要求。换个角度，也可以说是 XML 没给我们提供相应的标注手段，在这一点上不能满足我们的使用需求。

综上所述，使用可扩展的置标语言 XML 进行编码具有多方面的优点，当然也有其自身的局限性，需要进一步研究解决。总体而言，是应当并且可以将其用于汉语中介语语料库的语料标注的。

（五）标注流程

1. 分为两版的标注流程

通用型语料库的标注内容丰富而全面，标注过程十分繁复，这就需要制订合理而高效的标注流程。

为了避免语料标注内容的庞杂与混乱，同时为了保证机器自动分词和词性标注的正确性，我们在"首都外国留学生汉语文本语料库"的建设过程中把对各种语言偏误和正确的语言表现的标注分别称为"偏误标注"和"基础标注"，复制为两版语料，先做偏误标注，后做基础标注。其主要特点是：

（1）不同标注内容的两版语料互相隔离，可以分别单独显示，也可以同时对比显示。（2）标注分两次进行。（3）偏误句只做偏误标注，正确句只做基础标注。（4）每次标注使用不同的标注工具。（5）两版语料的标注完成后需进行对齐处理。这种处理方式是以便于对汉语中介语进行表现分析为出发点的，也确实取得了相应的成效，但标注过程非常烦琐，对语料标注者的耐心与精神状态是很大的考验。

2. 合二而一的标注流程

由于可扩展的置标语言 XML 的优势，用其编码，可以将语言偏误现象和正确的语言表现在同一版语料中进行标注，从而将"偏误标注"和"基础标注"合二而一，一次完成语料标注，大大简化语料标注过程。例如李斌（2007）设计的偏误标注：

（19）我 /r < word > 字 /n 习 /vg < /word= 学习 /v > 汉语 /nz 一 /m 年 /q 了 /y。/w

（20）我们 /r 一起 /d 画 /v 蛇 /n, /w 先 /d < syn > 画 /v < /syn= "—结果补语" > 蛇 /n 的 /u 人 /n 可以 /v 喝 /vg 这 /r 壶 /q 酒 /n。/w

把上面两句改为正确句，用同样的方法稍加修改即可进行基础标注：

（19'）< syn >< syn > 我 /r < /syn= "主语1" >< syn > 学习 /v 汉语 /nz < /syn= "主语2" >< syn > 一 /m 年 /q < /syn= "谓语" > 了 /y。/w < /syn= "主谓谓语句" "名词谓语句" >

（20'）< syn >< syn > 我们 /r < /syn= "主语" >< syn > 一起 /d < /syn= "状语" >< syn > 画 /v < /syn= "述语" >< syn > 蛇 /n < /syn= "宾语" , /w < /syn= "动词谓语句" >< syn >< syn > 先 /d 画 /v 完 /v 蛇 /n < /syn= "定语" > 的 /u < syn > 人 /n < /syn= "主语" >< syn > 可以 /v < /syn= "状语" >< syn > 喝 /vg < /

syn="述语">< syn >这 /r 壶 /q < /syn="定语">< syn >酒 / n < /syn="宾语">。/w < /syn="动词谓语句">

显而易见，对偏误句中的正确部分也是可以进行基础标注的，这可以使语料标注更为细致，对语料的观察更为全面，检索更为方便，因而对基于语料库的相关研究也就更为有利。

四 结语

目前，汉语中介语语料库建设中的语料标注存在诸多问题，这些问题导致了语料库功能的不完善，对基于语料库的汉语教学与相关研究具有多方面的影响。因此，深入研究语料标注模式对解决语料标注问题具有重大意义。

本节对"偏误标注＋基础标注"这一标注模式进行了新的解释。在标注内容方面，首次提出了应进行语义标注和语用标注，深化语篇标注和语体标注。在标注方法方面，提出了"有限的一错多标"的理念，论证了把可扩展的置标语言 XML 应用于"偏误标注＋基础标注"标注模式的可行性与优越性以及不足之处。

"偏误标注＋基础标注"模式源于汉语中介语语料库的建库实践，汉语习得研究从偏误分析到表现分析的学术发展是形成这一模式的根本原因。我们希望有更多同道关注这一问题，对标注模式的探讨能够不断深入，以使语料标注更加完善，进而推动汉语中介语语料库的建设，促进基于语料库的汉语教学与相关研究。

第二节　汉语中介语语料库标注内容研究[①]

近年来，国内对外汉语教学界越发注重语料库在汉语中介语研究中的应用。从时贤的研究来看，大多采用基于语料库的研究方法；[②] 而且，汉语中介语语料库的建设者们从一开始就很注重语料库的标注工作。我国第一个"留学生汉语中介语语料库系统"的研制者储诚志和陈小荷（1993）[③] 就提出了对语料进行字处理、断句、词处理和结构处理（句法分析）的设想，并进一步指出断句、字处理和词处理基本上可由计算机独立执行，而结构处理（句法分析）则需要以人机互助的方式来完成。但该语料库未进行偏误标注。[④] 时隔16年，2009年北京语言大学的"HSK动态作文

[①]　本节摘自肖奚强、周文华《汉语中介语语料库标注的全面性及类别问题》，《世界汉语教学》2014年第3期。

[②]　在语料库语言学的研究历程中，曾有基于语料库（Corpus-based）与语料库驱动（Corpus-driven）的方法之争，两者最明显的区别是基于语料库的研究方法主张对语料库进行标注，认为标注会给语料库带来附加的价值；而语料库驱动的研究方法则反对标注，强调"干净文本"（Clean Text）的价值。可参看 Tognini-Bonelli（2001）、李文中（2012）的相关论述。Tognini-Bonelli, E. *Corpus Linguistics at Work.* Amsterdam: John Benjamins, 2001. 李文中《语料库标记与标注：以中国英语语料库为例》，《外语教学与研究》2012年第3期。

[③]　参见储诚志、陈小荷《建立"汉语中介语语料库系统"的基本设想》，《世界汉语教学》1993年第3期。

[④]　此点可从孙德金（2002）的研究中得到证实。参见孙德金《外国留学生汉语"得"字补语句习得情况考察》，《语言教学与研究》2002年第6期。

语料库"正式对外开放,同时也公开了该语料库的标注系统,这个标注系统对汉语中介语中的偏误现象进行了大规模的标注。此后,一些在建的语料库,比如鲁东大学的"韩国留学生汉语中介语语料库"、苏州大学的"小型口语语料库",其标注系统基本都是在"HSK 动态作文语料库"的标注系统的基础上展开的。[1]而任海波(2010)[2]则专文讨论了"HSK 动态作文语料库"中标注不一致、不准确的问题。近几年,张宝林(2010、2013)[3]又在"HSK 动态作文语料库"的标注系统基础上对汉语中介语语料库的标注提出了更进一步的设想和看法,但其中有些设想和看法还值得进一步讨论。此外,曹贤文(2013)[4]也介绍了南京大学"借鉴北京语言大学'HSK 动态作文语料库'的偏误标注形式,同时增加基础标注的内容,……从准确性、流利性、复杂性和多样性四个维度对语料进行了简洁性标注"。不过,从其文章的介绍中无法推知这种"简洁性"的标注集包含哪些有效且可以操作、

---

[1] 参见周文华、肖奚强《首届汉语中介语语料库建设与应用国际学术讨论会综述》,肖奚强、张旺熹主编《首届汉语中介语语料库建设与应用国际学术讨论会论文选集》,世界图书出版公司 2011 年版。

[2] 参见任海波《关于中介语料库建设的几点思考——以"HSK 动态作文语料库"为例》,《语言教学与研究》2010 年第 6 期。

[3] 参见张宝林《汉语中介语语料库建设的现状与对策》,《语言文字应用》2010 年第 3 期。张宝林《关于通用型汉语中介语语料库标注模式的再认识》,《世界汉语教学》2013 年第 1 期。

[4] 参见曹贤文《留学生汉语中介语纵向语料库建设的若干问题》,《语言文字应用》2013 年第 2 期。

提取的标注信息。学界，如文秋芳和胡健（2010）[①]、曹贤文和邓素娟（2012）[②]等，有一些关于中介语准确性、流利性、复杂性和多样性方面的研究成果，但我们无法从这些研究中得知如何从准确性、流利性、复杂性和多样性四个维度进行中介语语料的标注。

从目前国内汉语中介语语料库标注的研究与实践现状来看，国内一些研究人员对国外一语、二语语料库标注的理论探索与实践、国内外语学界中介语语料库标注的探索与经验以及汉语语料库标注的成就与不足的了解还不够深入。因而，很多研究所介绍和讨论的汉语中介语语料库标注方法多为具体的感性认识，缺乏理论探讨及实际操作的可行性认识。而中介语语料库标注系统的不完善往往会给使用者造成不便，甚至误导。[③] 鉴于此，笔者拟结合汉语中介语语料库建设（标注）与应用的经验和不足探讨汉语中介语语料库标注的全面性和类别问题，就教于方家。[④]

[①] 参见文秋芳、胡健《中国大学生英语口语能力发展的规律与特点》，外语教学与研究出版社2010年版。

[②] 参见曹贤文、邓素娟《汉语母语和二语书面表现的对比分析——以小学高年级中国学生和大学高年级越南学生的同题汉语作文为例》，《华文教学与研究》2012年第2期。

[③] 如孙德金（2002）在使用"留学生汉语中介语语料库系统"进行研究时，因该语料库未标注偏误信息，就无法提取该用"得"而未用的例句，使用者只能根据其他标记词检索出部分误代了"得"的例句，但真正遗漏了"得"的（如作者提到的"车夫跑比较快"之类的句子）则无法提取。这是语料标注的不完善所致。

[④] 限于篇幅，本节仅讨论基于语料库的研究方法下的标注问题，至于需要不需要标注，标注与不标注之间的利弊得失问题拟另文探讨。

一 语料标注的全面性问题

无论是从建设的角度还是应用的角度,语料标注的全面性都是汉语中介语语料库标注中的重要问题。我们认为汉语中介语语料标注的全面性应该从标注的广度、深度、角度和准确度四个维度来思考。①

(一)标注的广度

标注的广度即标注内容的覆盖度,从理论上讲可以包括汉字、词汇、语法、语义、语用、标点符号等层面的标注。如果是口语语料库,还应包括语音、韵律等的标注。不过正如丁信善(1998)②所言,"从用户的角度,语料标注得越详尽越好,而标注者则还需要考虑标注的可行性。因此,任何标注模式都是二者之间求得的一种妥协的产物"。从目前语料标注的理论基础和实践操作看,语料库建设者要进行覆盖面如此之广的语料标注几乎是不可能的。

从理论上讲,由于基于语料库的研究方法体现的是语言研究理论与语料库方法的结合,即其研究方法是依附于现有的语言理论的,语言理论的发展制约着语料库标注的发展。因此,强烈主

---

① 张宝林(2013)提出全球汉语学习者语料库要贯彻全面性的原则,进行包括汉字、词汇、语法、语体、语义、语用、标点符号在内的各个层面的标注。该文涉及的标注范围比目前所见汉语语料库的标注范围都要广,但对各个标注层面所涉及的项目和下位分类的论述却显得相对粗略。文章对于全面性的贯彻并不彻底,可操作性也有待完善。而且,仅从覆盖面广这个维度来探讨语料标注的全面性是远远不够的。

② 参见丁信善《语料库语言学的发展及研究现状》,《当代语言学》1998年第1期。

张语料库标注的学者,如 Leech(1997)、Wilson & Thomas(1997)[①]等,都提醒和告诫语料库标注者:支撑语义、语用、文体等标注的理论并不成熟,有待进一步完善。时至今日,这些理论也还没有达到比较成熟的程度。同时,偏误标注所依赖的语用偏误、语义偏误、语体偏误和标点偏误等分析理论也并不成熟。而没有较为成熟的理论支持,就很难制定出这些方面的完善的标注集。

从实践上讲,目前汉语中介语语料库的标注几乎不可能像汉语母语者语料库那样进行计算机自动标注,就连人机互助的标注也仍处于起步阶段,大部分的标注工作还是需要人工进行。储诚志和陈小荷(1993)就指出,"由于目前的汉语研究,尤其是汉语语法研究还不能提供一套严密、完善的规则系统和可以操作的描写手段,对汉语中介语语料进行描写和研究的成果也非常有限,我们研制使机器自动处理语料的软件模块的工作会因此遇到一些一时难以克服的困难"。直至目前,这种状况并未得到多大改善。因此,汉语中介语语料库建设者需要考虑标注的可行性,如果试图进行汉语各个层面的全面标注,标注代码将数以百计,代码的组合也会成倍增长,那将是一个非常庞大的标注赋码集。从目前的标注手段来看,这几乎是不可能实现的。而且,从世界范围的中介语语料库标注来看,"偏误标注主要集中在拼写、词汇和语

---

① 参见 Leech, G. Introducing corpus annotation. In Garside, R., Leech, G. & McEnery, T.(eds.) *Corpus Annotation*: *Linguistic Information from Computer Text Corpora*. London, New York: Longman, 1997. Wilson, A. & Thomas, J. Semantic annotation. In Garside, R., Leech, G. & McEnery, T. (eds.) *Corpus Annotation*:*Linguistic Information from Computer Text Corpora*. London, New York: Longman, 1997.

法上，语音、语用和篇章偏误很少出现在标注集中；即使出现了，它们的偏误类别也是很有限的"[①]。

对于刚起步不久的汉语中介语语料库来说，可以先做好汉字、词汇和语法的基本的正确和偏误信息的标注，待相关的理论和实践研究比较成熟之后，再进行其他层面的标注。贪大求全并不可取，也不现实。

（二）标注的深度

语料标注的深度是远比大而化之的所谓标注广度更为重要的问题。因为不考虑理论与实践能否支持的蜻蜓点水式的"全方位"标注往往只能提供有限的信息检索，其利用价值并不高。比如"HSK动态作文语料库"篇章层面的标注只是在结构或语义不相衔接的复句前后加上一个篇章错误标记，而没有具体的篇章连接方式和内容等深层次的标注。那么，用户只能检索到语料库中有多少处篇章错误，而无法检索到某个具体篇章连接方式或内容。可见，没有标注深度的标注广度并不全面，在保证标注深度的基础上再谈标注广度才是有意义的。

标注的深度体现为标注内容的层次性。比如，句子层面可以分出句型、句类、句式等具体语言项；再拿句式来说，有存现句、连动句、兼语句、双宾句、动补句、重动句、被动句、比较句、特殊标志句等；其中，动补句、被动句、比较句、特殊标志句等又有若干下位分类，拿动补句来说，又可分为程度补语句、结果补语句、可能补语句、趋向补语句、状态补语句、动量补语句等。

---

① 参见 Diaz-Negrillo, Ana & Fernandez-Domnguez, Jesús. Error tagging systems for learner corpora. *Revista Espanola de Linguistica Aplicada* 19, 2006.

只有把这些标注内容的分类列清楚了，然后按层进行标注，才能做到标注有深度。如果缺乏全面、合理、分层的标注集，要想进行全面性的有深度的标注显然是不可能的。①

（三）标注的角度

在中介语的分析中，经常出现同一个偏误从不同角度分析属于不同偏误的现象。对此，我们应该从不同的角度进行标注，还是只从一个角度进行标注？这就是标注角度的问题。张宝林（2013）提倡"有限的一错多标"，即标明了下位句式的偏误类型后，无须再标其上位偏误类型；对可以同时视为词、句、语篇偏误的，则应分别标明。这对于汉语中介语语料库的标注来说具有实际操作意义，也可以最大限度地满足使用者的检索需求。从多年的实践来看，在坚持多角度的标注时，应坚持"宁多标，毋漏标"的原则。因为多标涉及的角度多，虽然其中可能出现重复标甚至错标的现象，但研究人员在后期使用时可以人工剔除这些重复标或错标的内容；而漏标的内容，在检索时无法提取，势必影响数据的完整性且无法补救，将直接导致研究结果的偏差、甚至错误。比如汉语中介语中的一些偏误往往是"横看成岭侧成峰"，肖奚强（2011）②就曾指出诸如"再要去一次"这样的偏误用例，改为"要再去一次"是错序，改为"还要去一次"是误代，两种改法涉及不同的语言项目的使用问题。标注时应该两个偏误分析的角度都

---

① 比如"HSK动态作文语料库"中仅标注了形容词谓语句的偏误信息，但未标注名词谓语句、主谓谓语句的偏误信息，而后两种恰恰是具有汉语特色、不可或缺的句型。因此，很难说"HSK动态作文语料库"对句型的标注是全面的。

② 参见肖奚强《汉语中介语研究论略》，《语言文字应用》2011年第2期。

标，否则就会造成漏标。

对于汉语中介语语料库来说，语法层面的正确信息也会存在互相交叉，但不能互相包容的现象，比如带"是"的疑问句，只标出"是"字句就遗漏了疑问句信息，只标出疑问句可能也无法检索到"是"字句。对于这种情况，应该分别标出"是"字句与疑问句。

只有从多个角度进行信息标注，才能保证语料库检索数据的完整性，才能满足汉语中介语语料库使用者各个角度各个层面的检索需求。

（四）标注的准确度

标注的全面性还需要注意的另一个问题就是标注的准确度。提高准确度对全面性的贯彻具有重要的价值。如果标注的准确度不高，势必影响标注的全面性。标注的准确度涉及两个方面，一是标注集的准确度，二是标注操作时的准确度。标注集的准确度是指标注集的制定全面而无遗漏。张宝林（2013）指出，目前大多数汉语中介语语料库"可以检索提取有标志词的中介语现象，而无法检索并提取那些缺失关键词的现象。例如该用'把''被''比''是''得'而未用的'把'字句、'被'字句、'比'字句、'是'字句和'得'字补语句的偏误句，就无法提取"[①]。这种无法提取完全是标注集的不全面所致，因为"遗漏"

[①] 该文还指出目前大多数汉语中介语语料库只有偏误标注，因而只能进行偏误分析，而无法进行表现分析。此话有些武断，我们建设的汉语中介偏误信息语料库不仅有偏误信息标注，也有句子层面的正确信息标注。这一点从基于这个语料库的系列论著，如从肖奚强等（2008、2009）中的正误频率分析可以得知，无须语料库建设者赘言。参见肖奚强等《汉语中介语语法问题研究》，商务印书馆2008年版。肖奚强等《外国学生汉语句式学习难度及分级排序研究》，高等教育出版社2009年版。

本身就是偏误类型的一种,所有该用而未用的情况都理应在偏误标注中显示出来,与是否有标志词无关。若标注集中不包括"遗漏"这一类偏误,检索时自然无法提取。这也说明一些汉语中介语语料库的建设者对偏误标注的全面性认识不足,标注系统存在一定的缺陷。

若有了较为全面、准确的标注集,仍然出现漏检或无法检索的现象,那就是具体标注操作的准确度问题了。标注操作的准确度涉及漏标和错标两类。毫无疑问,漏标的危害性很大,因为漏标的内容无法检索,其错误难以弥补。错标包括两种情况,一种是把不该标的多标了,即不属此类的标为此类了,这可由使用者人工剔除,而不影响研究数据;另一种则与漏标相并行——即将本属此类的标为彼类,在彼类偏误检索后可以人工剔除,但对此类而言,则属于漏标,也是无法检索的,与单纯的漏标一样严重,也要在标注中严加避免。

总而言之,虽然标注时出现错误在所难免,但我们要尽量避免在标注时出现错误,尤其是无法挽回的漏标错误,否则将直接影响标注的全面性。

二 语料标注的类别问题

语料标注的类别涉及标注的基本类别、标注内容的类别和标注赋码的类别三个方面。其中标注的基本类别是抽象的、概况性的类别,标注内容的类别涉及语言的各个层面,而标注赋码的类别是基本标注和标注内容的类别在赋码上的集中体现。

（一）标注的基本类别

汉语中介语语料库不同于汉语语料库的地方是它包含大量的偏误，"中介语语料库必须进行偏误标注，这是由中介语的特点决定的，也是学者们研究的需要"（周文华和肖奚强，2011）。因此，偏误信息标注是汉语中介语语料库的重要类别。另外，"中介语的研究不仅要关注学生的偏误用例，更要关注学生的正确用例"（肖奚强，2011）。因此，汉语中介语语料库中正确信息的标注是另外一个重要的类别。偏误信息和正确信息是汉语中介语语料库的两大基本标注类别。

张宝林（2008[①]、2013）多次提出"基础标注＋偏误标注"的标注模式，并进一步解释基础标注是对语料中正确的语言现象进行的标注，包括分词和词性标注。《现代汉语词典》（第6版）对"基础"的解释是"建筑物的根脚，事物发展的根本或起点"。按照这样的解释，基础标注就应该是其他标注的基石。Granger（2003）[②]指出分词和词性标注的目的是进行词频统计，而进行词频统计分析是不需要偏误标注信息的。因此，分词和词性标注与偏误标注是分属两个类别的标注，分词和词性标注并不是偏误标注的基础。从我们多年的汉语中介语语料库建设与应用的实践来看，分词和词性标注不是必需的，除非研究者希望进行留学生汉语词汇使用频率考察。偏误标注也不需要在分词和词性标注的

[①] 参见张宝林《"外国留学生汉语学习过程语料库"总体设计》，张普、徐娟、甘瑞瑗主编《数字化汉语教学进展与深化》，清华大学出版社2008年版。

[②] 参见 Granger, S. Error-tagged learner corpora and CALL: A promising synergy. *CALICO Journal* 20(3), 2003.

基础上展开。同样，分词和词性标注也不一定是汉语中介语语料库语法标注的基础，因为句型、句类、句式、句法成分的标注也不一定需要以分词和词性标注作为基础。所以把分词和词性标注作为汉语中介语语料库的基础标注并不一定十分合适。[①]另外，"基础标注+偏误标注"的标注模式也很容易让人认为偏误标注不是汉语中介语语料库中的基础部分，而这恰恰与汉语中介语语料库的特点相悖。所以，我们认为中介语语料库中偏误标注也是重要的基础标注。

按照中介语的研究思路，中介语语料库采取"正确信息+偏误信息"的标注方式才是比较合适的。如果中介语语料库中没有正确信息的标注，使用者就无法全面提取那些没有特殊标记的正确用例，也就无法进行真正意义上的中介语习得研究。实际上，我们从2004年开始建设"外国留学生汉语中介语偏误信息语料库"时就已经在按"正确信息+偏误信息"的标注方式进行标注。之所以使用"偏误信息语料库"这个名称，是因为偏误信息是中介语语料库最重要、最基本的标注信息，此名称可以体现出汉语中介语语料库有别于汉语语料库的重要特征。

（二）标注内容的类别

汉语中介语语料标注可以在语言的不同层面上展开，比如汉字层面、词汇层面和语法层面。从标注和应用的角度来说，这三个语言层面并非互相依存，是可以相互独立的。从理论上讲，汉字、

[①] 虽然有了分词和词性标注，便于在目前的句型句式分析的基础上进一步分析句型和句法成分的构成，但这并不能说明分词和词性标注就是汉语中介语语料库的基础标注。

词汇和语法层面都会有正确信息和偏误信息两种标注。但不同语言层面的标注有不同的作用,建设者一般会根据自身和其他使用者的需要进行不同层面的标注。

一般的汉语语料库都不会关注汉字层面的标注,汉语中介语语料库也无所谓汉字正确信息的标注,因为汉字是独立单位,可以很容易地统计分析;汉字也不像英语单词那样有数、时态等词形变化,需要利用单词标注建立词的原形与变化形式间的联系。在对外汉语教学界,几乎所有对汉字感兴趣的学者关注的都是汉字偏误信息的标注。因此,汉语中介语语料库中的汉字标注几乎都是偏误标注。汉字偏误的主要形式有错字和别字,别字比较容易处理,但在分析和研究汉字的错字别字偏误时不可忽略上下文对偏误的影响,肖奚强(2002)[1]在汉字偏误分析中引入上下文视角,发现了很多仅研究偏误的汉字发现不了的问题和规律。这种研究思路已为台湾师范大学邓守信教授建立汉字偏误信息库所借鉴。[2]因此,在进行汉字错字别字的标注时一定要在语句中进行,汉字偏误信息库不宜仅仅是一个个独立的汉字,而应包含或关联其上下文,否则将丢失许多宝贵的信息。对于错字在语料库中的呈现有多种方式,可以用其他字代替、造字或截图。一般来说,汉字偏误标注与另外两个层面的标注没有必然的联系,也很少出现在同一个语料库中,需要专门建库。不过,可以通过软件在汉字偏误库与汉语中介语语料库之间建立关联,这样既可以检索出

---

[1] 参见肖奚强《外国学生汉字偏误分析》,《世界汉语教学》2002 年第 2 期。

[2] 此系邓守信教授在"第二届国际汉语教学与习得研讨会"(2007年 12 月,中山大学)上告知。

汉字偏误，又可以检索出影响偏误的上下文。

对于词汇层面的标注，主要是分词和词性标注，这在汉语语料库的建设中成果最多，也研究得最好（具体可参看刘开瑛（2000）[①]等的研究）。不过，汉语中介语中的词语存在偏误，对这些偏误的词语如何处理是进行汉语中介语语料库分词和词性标注之前需要考虑清楚的，即在分词和词性标注时是否改正词语偏误，如何改。另外，现代汉语本体研究中词汇与语法的研究存在划界问题，在对外汉语教学界这种划界模糊现象更甚于现代汉语本体研究，比如词汇、语法教学及测试，词汇、语法的偏误分析等都存在相互交叉现象，这是标注集制定时必须正视的现实。词汇层面的偏误存在比较复杂的界定问题，但总体上可分为构词偏误和用词偏误两大类。构词偏误主要是指留学生在词汇使用过程中，受母语、目的语等的影响，误造一些新词，主要有语素错序、语素替代等。用词偏误主要是指留学生在词汇使用过程中，由于语义不清等原因误用了目的语的其他词语，包括单双音节的相互替代以及语义偏误等。界限确定之后，词汇层面的偏误完全可以独立标注。

对语法研究者而言，汉语中介语语法层面的标注是最重要的。就汉语中介语语料库建设现状而言，也是语法层面的标注信息最多，是汉语中介语语料库标注的重点。几乎所有语法标注都存在正确信息和偏误信息的标注，因为中介语的研究不仅要关注学生的偏误，也要关注学生的正确用例。只有对所有的语法项目都标注正确信息和偏误信息，使用者才能从语料库中抽取相应的正误

[①] 参见刘开瑛《中文文本自动分词和标注》，商务印书馆2000年版。

用例进行中介语研究。汉语语法不同层面的内容排列起来就会形成一个大型的语法项目树，处在最顶端的层次最高，越往下层次越低。那么，标注应该自上而下地标，还是自下而上地标呢？按语法分析的层次和过程，应该是大类包括小类，层次高的包括层次低的。若从语料的检索角度出发，显然应该自下而上地标。因为几乎每个层面都会有多个分支的下位类，如果检索出上位类的信息必然包括所有分支的下位类；而如果检索出任何一个分支的下位类，它必然属于其上位类。拿趋向补语句的检索来说，如果我们只标了其上上位类"句式"（其上位类为"动补句"），而没有进行句式下位类的深度标注，则无法直接提取趋向补语句，只能提取包括趋向补语句在内的数以千计的各类句式。但如果我们标了"趋向补语句"，上位的"动补句"和上上位的"句式"就不需要再标了，因为检索出趋向补语即表明这是动补句，同时也是一种句式。所以，从检索的角度看，语料标注应该是"从小"的原则，而不是"从大"的原则，[①] 这样可最大限度地方便语料库使用者直接检索到所需要的语料。当然这有一定难度，需要对不同语法项目进行深入细致的研究和科学的分类。

汉字、词汇、语法是分属不同类别的标注，其中以语法的标注最为复杂，涉及的类别和层次最多。三个类别之间的标注不存在互相依存的关系，都是可以独立标注的。它们可以共存于同一个语料库中，也可以分存于同一个语料库的不同子库中，再利用

---

① 张宝林（2013）提倡采取"从大"的原则进行标注，把可以从多种角度判定的偏误归结到一种角度上来。这样做虽然可以简化标注，但并不便于语料检索。

软件在包含各类标注的语料库之间建立关联,从而实现全面检索。

（三）标注赋码的类别

标注的具体实施首先要进行代码的选择和组合。上文已论述过汉语中介语语料库应包括正确信息和偏误信息两方面的基础标注,标注赋码的设计就需要从这两大类出发,以区别不同类别的赋码形式。建设者首先要做的是保持正确信息和偏误信息标注代码之间的关联性。两者可以沿用同一个基础代码系统,然后突出偏误标注的特殊性即可。总的原则是代码的组合规则要有一定的逻辑性,不可带有过强的主观性,"要尽量做到标注符号表达方式的一致,这无论是对研究者解读语料还是对编程者设计算法都有好处"（任海波,2010）。

分词和词性标注的赋码可以沿用汉语语料库的标注规范（具体可参看俞士汶等（2000）[①]、刘开瑛（2000）等）,而语法层面的正确信息标注赋码需要重新设计,应遵循不同类别和不同层次赋予不同代码的原则。我们的实践经验是:标注代码的选择可以遵循上位类（大类）一个代码、下位类（小类）两个代码的原则。比如句式是上位类（大类）,可以选择代码 P（Pattern）；句式下的动补句是下位类（小类）,可以选择代码 VC（Complement）；再往下分,比如结果补语句可以选择代码 DJ。从标注层次上看,VC 是 DJ 的上位类,按照"从小"的原则,VC 是不需要标注的。但大家都知道目前汉语补语系统的下位分类还存在一定分歧,保

[①] 参见俞士汶、朱学锋、段慧明《大规模现代汉语标注语料库的加工规范》,《中文信息学报》2000 年第 6 期。

留 VC 这个代码，可以用于一些标注人员判断不准的情况。[①] 赋码的组合可以按从大类到小类进行，如结果补语句标为 [PDJ]。这样可以保证所有的正确信息都是三个标注代码，不会出现标注赋码长短不一和随意性的问题，也对标注人员理解、记忆及编程者设计算法有好处。

按学界通行的偏误分类——遗漏、冗余、替代和错序[②]，可以给每一种偏误类型一个赋码，比如遗漏（Y）、冗余（R）、替代（T）、错序（O），这样既简洁又便于理解和记忆。语法偏误标注在相应的正确信息赋码的前面加上偏误类型即可，所有的偏误信息都是四个标注代码，这样既方便又符合逻辑。比如结果补语句的错序偏误即可标注为 [OPDJ]。汉字和词汇层面的偏误信息赋码需单独设计，因为汉字没有正确信息标注，词汇的正确信息标注是分词和词性标注，它们都无法在正确信息标注的基础上加上偏误代码构成偏误信息的赋码。

使用这种标注赋码方式，可以很方便地提取各种正误信息：比如输入 [PDJ]，即可提取所有正确的结果补语句；在正确代码前加上一个通配符，如 [＊PDJ]，即可提取结果补语各种类型的偏误用例；输入 [YPDJ]，则仅提取结果补语句的遗漏偏误用例；如果只输入偏误类型代码加上通配符，如 [O＊]，即可

---

① 这是保证语料标注正确性的有效措施，因为很难保证所有标注人员对所有语言项目都有很清晰的辨别能力。这个代码只在标注人员辨别不明显的情况下使用，并不会影响到标注"从小原则"的实施。

② "HSK 动态作文语料库"似乎没有采用这种简明、通行的偏误指称系统。

提取语料库中所有的错序偏误；而输入［OP＊］，则可提取语料库所有的句式错序用例。

三 结语

综上所述，本节认为标注的全面性要从标注广度、深度、角度和准确度四个维度展开，追求其中任何单一的原则都是不可取的。在汉语中介语标注的类别方面，我们认为正确信息标注和偏误信息标注是基本的标注类别，涉及标注内容上的汉字、词语、语法、篇章等各个层面，而标注赋码则是基本标注类别在不同标注内容上的集中体现。

"工欲善其事，必先利其器"，汉语中介语语料库的标注者首先要对标注及所依赖的理论框架和实际操作难度有所了解，其次要对标注的各个层面的分类和归类有一个合理的取舍，最后要对标注代码和组码的规则有一个逻辑的思考。

从中介语语料库的标注实践来看，即使再有精准的直觉、严谨的技巧，也难以保证标注的全面、统一，所以标注语料存在误差，且不可能满足研究者的所有需求是必然的。因而，我们认为，标注只能是有限的、基础的，进一步的具体项目的研究，最为合适的办法是，研究者对粗加工的语料进行进一步的深加工。

语料库标注是一个系统工程，本节仅就标注的全面性和标注的类别等基本问题提出了自己的看法，一些相关的问题，如标注模式、标注规范和赋码方案等涉及标注语言和标注工具等具体操作，尚需进一步探讨。①

第三节　汉语教学词表多元化与动态更新②

一　现行对外汉语教学词表及存在问题

制定教学词表是语言教学，特别是第二语言教学的一项基础性工作。科学的教学词表是语言教学总体设计、教材编写、课堂教学和水平测试的依据，国际上从事语言教学研究的语言学家和心理学家对此都非常重视，早在计算机出现以前他们就用手工操作进行艰苦的词频统计，制定教学词表。如 1898 年德国学者 Kaeding 编制的世界上第一部频率词典《德语频率词典》，1920

---

①　经过多年的发展，国外语料库语言学在标注模式和标注语言等国际标准方面取得了很大的进展，比如早期的 COCOA 参考系统，目前比较流行的基于标准通用标记语言 SGML（Standard Generalized Markup Language）和可扩展标记语言 XML（Extensible Markup Language）的 TEI（Text Encoding Initiative）、EAGLES（Expert Advisory Group Language Engineering Standards）和 CES（Corpus Encoding Standard）等，还开发出了 CLAWS 自动标注软件。但因汉语及汉语中介语的特殊性，汉语中介语语料库的标注无法直接应用这些国际通行的研究成果，只能在参考国外二语语料库及汉语语料库的标注模式和规范下进行，具体操作方案将另文探讨。

②　本节摘自刘长征、张普《对外汉语教学用词表的多元化与动态更新》，《语言文字应用》2008 年第 2 期。

年，英国学者 Ogden 和 Richards 根据语感提出的含有 850 个单词的"基础英语"（Basic English）词表等。国内的词表如 1959 年文字改革委员会编撰的《普通话三千常用词表》；北京语言大学（原北京语言学院）1964 年的《外国学生用四千词表》、1981年的《外国人实用汉语常用词表》（3040 词）、1983 年的《报刊词语三千六百条》、1985 年的《现代汉语频率词典》（常用词部分 8548 词）、1986 年的《对外汉语教学常用词表》（4000 词）和 1991 年的《北京口语调查》（常用词部分 6966 词）；北京航空航天大学 1989 年的《现代汉语常用词词频词典》；北京师范大学 1990 年的《中小学汉语常用词表》（常用词部分 8107 词）；山东大学的《现代汉语常用词库》（常用词部分 9000 词）等。[①]

当前，最具权威性的对外汉语教学用词表首推国家对外汉语教学领导小组办公室汉语水平考试部开发研制的《汉语水平词汇与汉字等级大纲》（以下简称《大纲》），这是一部规范性汉语水平词汇和汉字大纲，是我国初等、中等汉语水平考试和高等汉语水平考试的主要依据，也是我国对外汉语教学总体设计、教材编写、课堂教学和成绩测试的主要依据。其中词汇大纲收词 8822 个，包括甲级词 1033 个，乙级词 2018 个，丙级词 2202 个，丁级词 3569 个。《大纲》自 1992 年问世以来，一直作为我国汉语水平考试和对外汉语教材编写的纲领性文件，在对外汉语教学领域发挥了巨大的作用。

随着时代的前进和对外汉语教学事业的发展，《大纲》存在的一些问题和不足也逐渐显露出来。很多学者在这方面已经有过

[①] 参见甘瑞瑗《"国别化"对外汉语教学用词表制定的研究》，北京大学出版社 2006 年版。

讨论，如孙德金（1995）、李晓琪（1997）、李英（1997）、杨德峰（1997）、张凯（1997）、李清华（1999）、姜德梧（2004）、赵金铭等（2003）[①]等，涉及的问题之多之广，也从另一个侧面说明《大纲》本身对对外汉语教学事业影响之深之远。纵观学者的相关讨论，我们认为，可以把现行大纲存在的问题从宏观上概括为两类：一类是词表内问题，一类是词表外问题。所谓词表内问题，是指存在于词表内部，并且可以通过词表内部的修正和调整来解决的问题。如词语分级不当、词性标注不准、兼类词与同形同音词的划界问题、轻声词与儿化词的注音问题、等义词的括注问题、词缀的名称及处理、非词成分的处理问题等。词表外问题是指词表选词和分级的原则、标准、方法等存在的问题。外部问题决定哪些词应该入选，根据什么方法和语料获得词语，词语对语料的覆盖率，词表的词汇量应该有多大，词语的陈旧与过时等。这些问题不是通过已有词表的内部调整可以解决的。词表外问题涉及词表编制的基本原则和基本方法，因而决定一个词表科学与否，词表外问题是最根本的。本节主要探讨与词表外问题密

[①] 参见孙德金《〈HSK 词汇等级大纲〉问题浅见》，《第四届国际汉语教学讨论会论文选》，北京语言学院出版社 1995 年版。李晓琪《〈HSK 词汇等级大纲〉中形容词和副词的词类标注问题》，《汉语学习》1997 年第 4 期。李英《关于〈汉语水平词汇与汉字等级大纲〉的几个问题》，《中山大学学报论丛》1997 年第 4 期。杨德峰《试论对外汉语教材的规范化》，《语言教学与研究》1997 年第 3 期。张凯《汉语构词基本字的统计分析》，《语言教学与研究》1997 年第 1 期。李清华《〈汉语水平词汇与汉字等级大纲〉的词汇量问题》，《语言教学与研究》1999 年第 1 期。姜德梧《关于〈汉语水平词汇与汉字等级大纲〉的思考》，《世界汉语教学》2004 年第 1 期。赵金铭、张博、程娟《关于修订〈（汉语水平）词汇等级大纲〉的若干意见》，《世界汉语教学》2003 年第 3 期。

切相关的对外汉语教学用词表的多元化与动态更新问题。

二 对外汉语教学用词表的多元化

对外汉语教学用词表的多元化，是指针对不同的教学对象、不同的教学目的和不同的学习需求研究制定不同的、更具科学性、针对性、实用性的教学用词表。

（一）多元化的必要性

当前，指导对外汉语教学用的国家级权威性词表只有一部《汉语水平词汇与汉字等级大纲》。随着对外汉语教学向全方位的国际汉语推广的转变，特别是汉语学习者学习目的的多元化，单一的词汇大纲已经远远不能满足教学和学习者的需求。正如苏新春（2006）[①]指出的，"由于对外汉语教学的针对性很强，学生的类型多种多样，不同类型的学生有着不同的需求，不同学习类型也有着不同的需求，因此，希冀用一种对外汉语教学用词表来应用于对外汉语教学的一切方面，显然也是不现实的"。

对外汉语教学用词表多元化的必要性，可以从以下几个方面具体说明。

1. 教学对象的多元化

进入21世纪以来，汉语教学对象的生源结构发生了很大改变，汉语学习者已经从20世纪90年代前以日本人为主转变为以日本、韩国为主，欧洲、北美等地区迅猛增长的局面。

---

① 参见苏新春《对外汉语词汇大纲与两种教材词汇状况的对比研究》，《语言文字应用》2006年第2期。

据国家汉办统计，目前全世界学习汉语的外国人已经超过3000万，来华学习汉语的人数更是与日俱增，汉语学习者的来源呈现多元化趋势。由于历史和文化的原因，最早的汉语学习者主要来自日本和东南亚。20世纪90年代初，中韩建交，来华学习汉语的韩国人迅猛增长，韩国国内也掀起了一股持续的汉语学习热潮。随着中国经济发展和综合国力的提高，欧洲、北美、东南亚等地区汉语学习者人数正在逐年增加。

在汉语国际推广的大背景下，海外孔子学院发展迅速，在国际上引起了强烈反响。截至2007年年底，全世界已经启动的孔子学院已达210所，分布在64个国家和地区。不同的国家和地区、不同母语和文化背景的学习者，在学习汉语时的需求和问题会有很多不同。当前的对外汉语教学将日益多元化的学习者笼统地统一为"外"的方式将面临严峻挑战。

2. 学习目的的多元化

学习目的多元化，也可以说是市场需求多元化。随着中国改革开放和经济的发展，特别是加入WTO后，中国迅速步入经济全球化的进程，与世界经济对接融合，国外各行各业对汉语人才的需求持续上升。汉语学习者对提高语言能力的需求也呈现出多元化的特点。

2005年6月15日，时任教育部副部长章新胜在国务院新闻办公室新闻发布会上介绍世界汉语大会的筹备工作时指出："经过20多年的发展，中国与世界的联系越来越广泛和深入，越来越多的外国公司、企业在中国投资办厂，来中国就业的外国人士也越来越多。汉语作为一种重要商业语言的实用价值和潜在价值正在提升。汉语带给学习者更多的商业机会和就业机会，在对汉语学习者学习目的的调查中，职业目的正成为越来越多的选择。"

学习目的的多元化，使对外汉语教学已经开始面临市场细化和需求多元化的挑战。单一的粗放型对外汉语教学模式已经远远不能满足日益多元化的学习者的个性需求，开设"特定目标汉语"（Chinese for Specific Purposes，简称 CSP）课程势在必行。① 而单一的汉语水平词汇大纲显然已不能满足这种日益多元化的市场需求。适用于不同学习需求和学习目的的多元化对外汉语教学用词表的研制，既是市场的需求，也必将受到市场需求的推动。

3.对外汉语教学学科发展的需要

对外汉语教学从学科初创至今，经历了从经验型向科学型的转变，现在要面对的是从鲁棒型、粗放型向精细型、精准型转变。对外汉语教学一个"外"字概括了所有的教学对象，当今汉语国际推广要实现跨越式发展，关键是要创新体制和机制，实现"六大转变"。其中两个非常重要的转变是：发展战略从对外汉语教学向全方位的汉语国际推广转变，工作重心从将外国人"请进来"学汉语向汉语加快"走出去"转变。②

要想"走出去"，就要考虑目标国家和地区的具体情况，编写适合目标国家或地区情况与需求的教材，作为基础性、纲领性、指导性文件的词表的研制工作也要适应这一形势的转变。一部词表打天下，以不变应万变的做法，已经不能适应时代的发展。词表的多元化是汉语国际推广形势发展的需要，也是对外汉语教学

---

① 参见刘长征《ESP、CSP 与面向大企业的对外汉语教学》，张普等主编《数字化汉语教学的研究与应用》，语文出版社 2006 年版。

② 参见翟帆《教育部推动汉语加快走向世界》，《中国教育报》2006 年 7 月 6 日。

学科发展并不断走向成熟的体现和重要标志。

（二）对外汉语教学用词表多元化的途径

1. 国别化

"国别化"（Country-specific）对外汉语教学的概念是甘瑞瑗在 2004 年首先提出的。目前正在使用的词汇大纲并没有考虑到学习者的国籍和母语文化背景，而是笼统地统一为对外汉语教学中的"外"。其实，不同国家、不同母语和不同文化背景的人，在学习汉语时的需求和问题有很多不同。汉语作为学习者的第二语言，是重要的交际工具，不仅仅是表达汉语或中国事物的工具。只教会学生如何理解中国社会和文化是不够的，必须教会他们如何用汉语将他们固有认知中的思维表达出来。举一个简单的例子，"泡菜"对于韩国学生、"生鱼片"对于日本学生，无论从学习还是交流的角度，都有着特殊的意义。

"国别化"就是从人类理解和表达的认知层面和交际的本质以及生存的需要出发提出的对外汉语教学的理念和研究方向，具体而言，就是"针对不同的国家而实行不同／差别的汉语教学"。"国别化"对外汉语教学用词表的研制，是开展"国别化"对外汉语教学的基础和前提，需要汉语和目标国家语言的大规模语料库的支持，因而需要中国与目标国家专家学者的通力合作。甘瑞瑗（2006）构建了"国别化"对外汉语教学用词表的总体模块和研究方法，并以韩国为例，利用国家语言资源监测与研究平面媒体分中心的"动态流通语料库"（Dynamic Circulating Corpus，简称 DCC）和韩国国立国语研究院的"韩国常用词语频度语料库"（Korean Frequency Corpus，简称 KFC），并参照中国国家汉办的《大纲》，结合问卷调查、专家干预、中韩高频词语及流行词语对比、建立韩国特色和个性词语库，最终整合得到词汇总量为 10 052 条的"对韩汉语教学用词表"。这是"国别化"对外汉语教学词表研制工作从理论到实践的一次具有里程碑意义的探索和实验。基于这样一个平台，可以进一步探索研制对日本、泰国、美国、德国、法国等国家或地区的汉语教学用词表，从而进一步扩大国别化对外汉语教学用词表的范围，为国别化对外汉语教学的开展，也为汉语国际推广打下坚实的基础。

张普（2006）[1]指出，20 世纪，对外汉语教学完成了从经验型向科学的量化型教学的转化，我们有了《汉语水平考试大纲》《汉语水平词汇与汉字等级大纲》等，21 世纪我们还需要将粗放型的等级大纲推向精细化、精密化和精准化，即更加科学化、实用化。"国别化"是这个进程的一个重要方面或者重要方向，这个进程完成，就将结束把所有的外国人当作同一类型来教学的状态。陆俭明（2006）[2]对国别化对外汉语教学词表的研制也给予了充分的肯定，认为"理解和表达并重，并强调这两方面要充分发挥。这一教学理念贯穿在词表中，这一理念不仅对于对外汉语教学，而且对于整个外语教学来说都具有普遍指导意义"。

2. 领域化

随着中国经济的发展和综合国力的提高，汉语作为一种重要商业语言的实用价值和潜在价值正在提升，汉语带给学习者更多的商业机会和就业机会。法国教育部汉语总督学白乐桑教授说：

---

[1] 参见张普《"国别化"对外汉语教学用词表制定的研究·序二》，北京大学出版社 2006 年版。

[2] 参见陆俭明《"国别化"对外汉语教学用词表制定的研究·序一》，北京大学出版社 2006 年版。

"汉语超出了一种语言和一种文化的魅力,代表了华文世界的经济实力,成为寻找职业的一张王牌。"①对外汉语教学用词表的领域多元化,就是为了满足学习者学习目的的日益多元化和个性化,特别是汉语学习者的职业目的,开发和研制具有专业领域色彩的对外汉语教学用词表。

职业必定涉及一定的专业领域,现有的对外汉语教学模式已不能满足不同职业目的学习者的个性化需求。汉语教学市场需要开发和推出 CSP 课程,现有的汉语水平考试(HSK)也已经无法满足学习者迅速增长的职业需求。为了解决这个问题,国家汉语水平考试委员会通过了《HSK 改革、发展工作方案》。2004 年、2005 年按计划推出 HSK(少儿)、HSK(旅游)、HSK(商务)和 HSK(文秘)四个专项考试。其中 HSK(旅游)、HSK(商务)和 HSK(文秘)都是具有专业领域色彩的汉语水平考试,也必然要研制和推出与之配套的"旅游汉语词表""商务汉语词表"和"文秘汉语词表"。国家汉办和北京大学商务汉语考试研发办公室联合编制的《商务汉语考试大纲》已经由北京大学出版社正式出版,其中的《商务汉语常用词语表》包括在商务业务以及与商务有关的生活、社交、工作中的常用词语共 2457 个。按照词语的使用范围,又分为两个表。一个表收入与商务有关的生活、社交、工作类词语 1035 个,另一个表收入商务活动中的常用业务类词语 1422 个。这部词表必然会成为商务汉语水平考试和商务汉语教学的重要依据。

---

① 参见程瑛《国家汉语战略浮出水面 汉语将改变世界大脑》,《瞭望东方周刊》2004 年 12 月 18 日。

戴珊（2007）[①]在三年《经济日报》语料的基础上进行了面向国际大企业商务领域词语统计方法的研究，这是利用大规模真实文本语料库研制专业领域汉语教学词表的一次有益探索和尝试。开发 CSP 课程涉及的专业领域范围会更广，比如金融汉语、法律汉语、IT 汉语、体育汉语、医药汉语等。从这个角度看，对外汉语教学用词表的领域多元化研究才刚刚起步，有待进一步深入。

3. 对象多元化

对外汉语教学用词表的对象多元化是指针对学习者身份的特殊性开发具有针对性的教学词表。比如，HSK（少儿）是专门针对儿童的汉语水平考试，现有的 HSK 词汇大纲显然不适用，需要研制专门的少儿 HSK 词汇大纲。

另外，随着中国经济的发展，越来越多的国外企业到中国来投资办厂，驻中国的国外厂家代表、技术人员及家属也越来越多。针对这些在中国生活的主妇的汉语教学也正在形成一种越来越广泛的需求和市场。而要打造面向国际大企业职工的汉语培训模式，自然更需要考虑企业和职工的专业领域背景和特殊性。不同人群由于身份、工作环境及生活环境的特殊性，汉语学习的需求和目标也有其个性化特征。针对特殊人群制定具有针对性的教学词表，正是对象多元化的体现。

对外汉语教学用词表的多元化问题涉及对外汉语教学的方方面面。随着汉语国际推广的不断深入和发展，随着对外汉语教学学科不断走向成熟，对外汉语教学用词表的多元化也必将进入一

---

① 参见戴珊《基于 DCC 三年经济日报语料的面向国际大企业商务领域词语统计方法研究》，北京语言大学硕士学位论文，2007 年。

个蓬勃发展的时期。

三 对外汉语教学用词表的动态更新

（一）什么是词表的动态更新

现行《大纲》从1992年问世到现在已经历了16个年头。在这16年里，中国的社会、政治、经济、科学技术、人们的思想观念等各个方面都发生了巨大而深刻的变化。而《大纲》研制时所使用和依据的语料都是20世纪90年代以前的，虽然经过2001年重印时修订，但只是抽换了个别词条，修改了少量词条的词性标注，改正了明显的印刷错误，所以并非严格意义上的修订本。90年代末以来，《大纲》需要修订的呼声一直不绝于耳。如李清华（1999）指出："对《大纲》应及时进行修订，每隔几年（以三四年为宜，最长不超过五年）就修订一次。修订时应吸收新词语，剔除旧词语。《大纲》的制定固然不易，但也不能认为有了《大纲》就可以万事大吉，更不能一劳永逸。"姜德梧（2004）指出："其中有些词语已经过时，成为历史词语，而反映新事物、新观念、新科技的词语应该及时补充进来。"

本节提出的对外汉语教学用词表的动态更新，与以前学者提出的修订，既有相同的方面，又有本质上的不同。词表的修订，是动态更新的一种具体表现形式。对外汉语教学用词表的动态更新，是在动态语言知识更新理论的指导下，利用动态流通语料库的理论和方法及语言监测的相关结果，在多元化的基础上，实现对外汉语教学用词表定期或即期的调整和更新，以保证词表中收录的词语就教学对象而言在其学习时段内是流通度最高、最常用也是最实用的。

（二）词表动态更新的可行性

张普（2000）[①]提出了动态语言知识更新的总体构想，并从理论体系、基本方法、系统构成等几个角度对总体构想做了全方位的论述。这一理论是语言信息处理领域的一个新的命题，不仅为当今基于语料库的语言研究拓展了新的领域，对语言教学，特别是对外汉语教学也具有重要的启示和理论指导意义。

语言作为人类最重要的交际工具，既保持系统的稳定性，又随着社会的发展和人类认识的发展不断更新。词汇是语言变化中最快、最活跃的成分，新词语的产生，旧词语的消亡，词语意义和用法的发展变化，无时无刻不在进行中。特别是专业领域的词汇，随着该专业领域理论和技术水平的发展和创新，领域专用词语或者说术语的更新比一般语文词语数量更多，速度更快。词语的发展变化实际上是社会的发展变化在语言生活中的投影，词语变化所传递的是当代社会的最新信息，在语言教学中具有不可替代的价值和作用。因此，语言教学既要重视语言系统中"稳态"的部分，也要重视动态更新的部分。对外汉语教学用词表，特别是与专业领域有关的词表，从其诞生之日起就不可避免地面临着修订和更新的问题。实现词表动态更新的前提是及时监测语言成分的变化，而语言监测的前提是大规模动态流通语料库的建设。在信息技术不断发展的今天，这已经不再是一个梦想。

2004年以来，教育部和高校陆续共建成立了"国家语言资源

---

① 参见张普《信息处理用语言知识动态更新的总体思考》，《语言文字应用》2000年第2期。

监测与研究中心"平面媒体、有声媒体、网络媒体、教育教材和海外华人社区五个监测与研究分中心,每个中心都建设一个动态流通语料库和相应的监测管理系统,利用现代化信息处理手段,对现代汉语进行动态定量分析和统计。语言监测研究为教学词表的动态更新打下了坚实的基础,对外汉语教学用词表的动态更新也因此可以从理论探讨层面推进到实际操作层面。

(三)语言监测研究与教学词表的动态更新

语言监测研究在我国可以说刚刚起步,但是已经取得了可喜的成果。2006年9月,商务印书馆出版了《中国语言生活状况报告》(2005),公布了国家语言资源监测与研究中心平面媒体、有声媒体、网络媒体三个分中心针对中国境内报纸、广播电视和网络的用字用词调查结果,这是我国首次针对媒体语言进行的大规模监测统计研究,引起了国际和国内社会各界,特别是语言教学和对外汉语教学界的高度关注。刘长征(2007)[1]将其中的2005年"报纸、广播电视、网络高频词语表"(以下简称"2005高频词语表")和《大纲》进行了比较,发现有相当一部分《大纲》中有而"2005高频词语表"中无的词语具有明显的时代色彩,已经不适应当今中国社会的语言生活。如"按劳分配、特务、拖拉机、无产阶级、资产阶级、资本家、资本主义、百花齐放、百家争鸣、半边天、炊事员、大锅饭、待业、的确良、地主、反革命、翻身、军阀、手榴弹、铁饭碗、个体户、投机倒把"等,因为研制《大纲》依据的词表是根据20世纪90年代以前的语料统计得到的。

---

[1] 参见刘长征《〈词汇大纲〉与2005媒体高频词语比较研究》,《云南师范大学学报》(对外汉语教学与研究版)2007年第3期。

而"2005高频词语表"中有、《大纲》中无的词语,如"手机、网络、社区、网站、电子版、密码"等,是随着无线通信和因特网技术的发展,最近几年才进入人们的生活并逐步普及的,已经成为人们日常生活中的常用词语,学生如果不能及时掌握这些词语,就会影响日常交际。而《大纲》目前还不能做到及时的动态更新,不能及时收录这些新出现的词语,以其为指导的语言教学的效率和实用性就会大打折扣。

2007年,商务印书馆出版了《中国语言生活状况报告》(2006),其中公布了一项汉语作为第二语言教材字、词和词语义项调查的结果。该调查以国内学者主编、在国内出版的12种汉语教材为对象。调查结果显示,大纲词汇与教材词汇存在着较大的差异,这也从一个侧面说明,大纲收录的词语和语言实际使用之间存在一定的距离。如何处理词语的交际功能与认知功能,如何处理口语词与书面语词,在对外汉语教学词表的制定和修订中是需要重视的问题。调查同时指出,词汇大纲只列了"词",没有列"义",而词语中的多义词普遍存在,教学中是教这个词的全部义,还是部分义;多个义项之间高频、低频差异较大时,先教哪个义,后教哪个义;低频义要不要教?当对一个词的意义及使用频率没有准确了解时,这些问题是无从解决的。只有对词语基本词义做出适当的说明,才能使词汇大纲对教材编写、教学实践起到更好的指导作用。词语义项的使用频率,需要大规模的统计调查才能得到,而不同义项的使用频率也会随着时代的发展而发生变化,比如,"充电"的本义是"把直流电源接到蓄电池的两极上,使蓄电池获得放电能力"(《现代汉语词典》第5版),通过对《人民日报》1995—2004年的语料考察,它的新义"比喻通过学习补充知识、提高技能等"（同上）的使用频率已远远高于其本义的使用频率（刘长征，2007）。词表动态更新中的语义问题，也是需要语言监测研究和对外汉语教学研究通力合作才能解决的问题。

该报告还首次公布了2006年汉语新词语选目171条，大规模、高水平的计算机自动提取汉语新词语研究也已经列入国家语言资源监测与研究中心的工作日程，这不但可以对"新词语编年本"的研制提供实质性的帮助，也能够为对外汉语教学词表的动态更新提供技术保证和数据支持，词表更新应该补充哪些新词语、剔除哪些旧词语就有据可依了。

词表是第二语言教学的基础，科学的词表可以更好地指导对外汉语教学的总体设计、教材编写、课堂教学和成绩测试，使教材更实用，教学更有效。从上面《大纲》和"2005高频词语表"的对比中不难看出，社会的语言生活（特别是词语）是和社会生活的其他方面同步的，稳态是相对的，动态更新是绝对的。国家语言资源监测与研究中心从2006年开始每年定期公布上一年的语言监测结果，这是反映我国当前语言国情状况的第一手资料，对外汉语教学界应当关注语言知识的动态更新，关注语言监测的研究和相关成果，并将语言监测的最新成果及时整合应用到对外汉语教学词表的动态更新中，使对外汉语教学用词表的动态更新逐步走上系统、科学、持续发展的轨道。

四 小结

本节探讨了对外汉语教学用词表的多元化与动态更新问题。

所谓多元化，是指针对不同的教学对象、不同的教学目的和不同的学习需求研究制定不同的、更具针对性和科学性的教学用词表。

所谓动态更新,是指在流通度和动态语言知识更新理论的指导下,利用动态流通语料库的理论和方法及语言监测的最新成果,在多元化的基础上,实现对外汉语教学用词表定期的或即期的修订和更新,以保证词表中的词语就其使用对象而言在其学习的时段内是流通度最高的,也是最常用、最实用的。

对外汉语教学用词表的多元化与动态更新,是对外汉语教学向汉语国际推广转变的形势发展的需要,是汉语学习者学习目的日益多元化的需要,也是对外汉语教学学科发展并不断走向成熟的标志。

第四节 汉语中介语语料库平衡性研究[①]

在语料库建设过程中,代表性和平衡性问题是有关语料库的性质和功能的重要问题,是决定语料库质量的两个相互区别而又紧密联系的问题。在通常关于语料库建设方案的理解中,"代表性"似乎意味着语料库的质的方面,"平衡性"似乎意味着语料库的量的方面。但代表性语料的代表能力自然以一定的量为保障,平衡性语料的平衡效度自然以可靠的质为基础。然而,"由于语言

---

① 本节摘自施春宏、张瑞朋《论中介语语料库的平衡性问题》,《语言文字应用》2013年第2期。

自身的高度复杂性,关于语料的代表性和平衡性还没有找到能为大家普遍接受的答案"[1]。我们认为,也许它们不仅是语料库建设中的实践问题,更是理论问题。这些问题尚未得到深入的探讨,一般讨论语料库建设的文献常常只是指出问题的所在,而对其基本内涵、实施原则、操作策略语焉不详。即便如此,实际的语料库建设仍在有效地进行着。这就值得我们进一步思考了。

相对于代表性问题,目前在语料库建设中对平衡性问题的认识相对简单、粗糙。本节主要讨论语料库的平衡性问题。我们认为平衡性问题不仅是量的问题,同样涉及质的方面,因此在讨论平衡性问题时自然涉及语料的代表性。限于篇幅和我们目前的认识水平,本节暂时只将语料的代表性作为讨论平衡性的背景,重点讨论语料库平衡性的内涵、基础、结构及其实现路径等方面的问题。在平衡性方面,母语语料库(自然语言语料库)和学习者语料库(中介语语料库)存在着差异,甚至有质的不同。本节主要以汉语中介语语料库为例对中介语语料库建设中的平衡性问题做出新的思考,同时也希望借此对母语语料库建设中的平衡性问题有所帮助。

一 语料库平衡性的基本内涵及中介语语料库的平衡性问题

大体而言,平衡性问题在宏观上主要涉及三个方面的参数:一是质量参数,即整体的各部分或对应的各方面都要具备;二是

---

[1] 参见苏金智、肖航《语料库与社会语言学研究方法》,《浙江大学学报》(人文社会科学版)2012年第4期。

程度参数,即体现出某些质量参数的水平差异或过程变化情况;三是数量参数,即由质量参数和程度参数规定的各个要素在数量上相等或相抵。而这三个方面正是语料库建设中必须综合考虑的影响因子,即影响语料库效度的关键特征。当然,"所谓平衡,不是指各种类型的语料在语料库中占有相同的比例,而是指语料库中各种类型语料的比例恰当,能代表它们对现实语言生活的影响。理想的情况是,这种比例能和每种类型的语言对实际语言生活的影响因子一致"[①]。另外,程度参数在一般情况下也可以归入质量参数之中,因此下文如无特殊说明,一般所说的质量参数就包括程度参数。

对于语料库建设中的平衡性问题,一般的语料库语言学论著中都没有做出充分的论述,有的甚至没有给出明确的界定。但就其实际分析而言,大体包括两个方面:语料文本应包含哪些特征类型(即影响因子),不同类型之间应实现怎样的比例。前者是质的问题,后者是量的问题。量的问题解决起来相对容易,主要是根据足量的要求扩大相关类型的语料数量就可以了(当然有的语料比较难收集,但这主要受限于客观因素和技术条件);而质的问题则具有很大程度的不确定性。当前解决语料库平衡问题时大部分建设者采用的还是按题材和体裁等来进行的,[②] 由于题材和体裁的分类有角度和层次的不同,因而这方面的平衡问题显然依赖于建库者对观察角度的选择、语料特征的鉴别和分类层次的

[①] 参见何婷婷《语料库研究》,华中师范大学博士学位论文,2003年。

[②] 参见黄昌宁、李涓子《语料库语言学》,商务印书馆2002年版。

分析。如同样是书面语,可以根据文体特征划分出文艺性文体、科技性文体、政论性文体、事务性文体等下位层次。又如属于文艺性文体的文学作品,又可以分为小说、散文、诗歌、戏剧等。根据需要,这些方面还可以继续往下分,这样颗粒度会越来越细,是否继续下分,依研究的目标和深度而定。另外,我们还可以从文本载体、内容等来划分语料的"质"。如同样是书面语,来自大报大刊的和来自街头小报的有差异;面向青年的和面向老年人的、面向女性的和面向儿童的、面向军人的和面向农民的、来自体育领域的和来自教学领域的自然都有差异;来自共同语交际深入普及的地区和来自不同语言和方言接触比较充分的地区肯定有不同。如此说来,理论上必然会导致一个文本代表着一种类型,语料库语言学正是在这种隐异取同中抽象出规则性的东西来。显然,这种质的规定性跟社会语言学的参数设置问题在本质上是相通的。在语料库建设过程中,我们有必要参考社会语言学的研究思路,在质量参数和程度参数上吸收社会语言学的研究成果。由此可见,如果说量的问题大体有个确定性的要求,质的问题则依赖于研究的目标和对相关问题认识的程度。

据此我们可以把语料库的平衡性概括为:构成特定语料库的各部分语料的类型和比例相对适当,以满足语料库建设和使用中的合理性和可靠性等方面要求。平衡既不是简单的文本特征的差异,也不是简单的比例相当,而是两者结合起来所达到的某种动态均衡。

如果说通用(母语)语料库可以参照社会语言学对影响语言交际的参数(影响因子)的选择和设置的话,中介语语料库就更需如此了。

第四节 汉语中介语语料库平衡性研究

跟一般性质的语料库一样，中介语语料库同样要处理好语料的代表性和平衡性问题。正如前文所说，实际上平衡性问题在一定程度上涉及代表性问题。而对中介语语料库而言，平衡性问题甚至基本上可以覆盖代表性问题（只要所收语料满足真实性要求）。因为中介语料的选择余地不像母语语料那么大，它所面对的主要就是非母语习得者在习得目的语过程中所记录下来的文本（如平时作业、考试作文、口头测试记录等）。从理论上说，每个文本都有语料的价值，都值得录入语料库中，很难说哪一种语料更有代表性，最需要做的工作就是根据合适的参数将它归入相应的类型和层次中。因此，平衡性问题才是中介语语料库建设过程中需要着力解决的关键问题。这是中介语语料库的特殊之处。如北京语言大学所建的"HSK动态作文语料库"（1.1版），收集的是参加HSK高等考试的考生作文（初、中等没有写作考试）。限于考生国别和数量的客观因素，该语料库中的国别性语料数量差异很大，除中国内地（收录232篇）和中国香港地区（收录37篇）外共收录99个国家背景的语料。其中，收录篇数超过100篇的国家有11个：韩国（4171篇）、日本（3211篇）、新加坡（843篇）、印度尼西亚（739篇）、马来西亚（422篇）、泰国（374篇）、越南（227篇）、缅甸（202篇）、澳大利亚（123篇）、美国（118篇）、英国（108篇）；收录1—10篇的国家有73个，收录11—20篇的国家有9个，收录篇数在41—90篇的国家共有6个（41—50篇，1国；51—60篇，1国；61—70篇，2国；71—80篇，1国；81—90篇，1国）。就此而言，自然没有实现国别平衡性以及与之相关的地区平衡（这个问题的具体性质和原因下文还要论及）。又由于这个语料库客观上只反映高等水平，初、中等水平无从体现，因而也无法实现程度平衡性。这些都是建库者在建库之初就已经预料到的，在建库和使用过程中都有所说明的。[①] 然而，这方面如果处理不充分，自然影响到中介语语料库的使用广度和深度，因此就需要从平衡性角度做出更大的努力，建设更具规模的平衡语料库，如正在建设的"全球汉语学习者语料库"[②]，便在质量、程度和数量参数上都将有很大改进。即便是专项语料库，也需要处理平衡性问题。如中山大学"汉字偏误标注连续性中介语语料库"就收集并标注了初级、中级、高级不同阶段学生的作文（每个阶段内部还有进一步的水平划分），保持了语料的连续性；而且 75% 的学生都经历了初、中、高级三个阶段的学习过程。这样的平衡性考虑，自然既可用于对不同级别的语言习得发展趋势做整体对比研究，还可以对个体学生做语言追踪研究。[③]

就基于中介语语料的研究而言，平衡性问题所涉及的三个宏观参数具体表现为：

就质量参数而言，国别性语料（基于不同国籍背景的语料）和语别性语料（基于不同母语背景的语料）比较多地受到关注，其他影响二语习得的因素虽有所考虑，但目前的利用价值还不够显著，相关的研究成果很少见。这实际说明语料库的平衡性和语

---

① 参见张宝林、崔希亮、任杰《关于"HSK 动态作文语料库"建设构想》，《第三届全国语言文字应用学术研讨会论文集》，香港科技联合出版社 2004 年版。张宝林《汉语中介语语料库建设的现状与对策》，《语言文字应用》2010 年第 3 期。

② 参见崔希亮、张宝林《全球汉语学习者语料库建设方案》，《语言文字应用》2011 年第 2 期。

③ 参见张瑞朋《留学生汉语中介语语料库建设若干问题探讨》，《语言文字应用》2012 年第 2 期。

料库使用中的平衡性问题并不等同,这是值得思考的一个问题。

就程度参数而言,各个语料库的情况有所不同,除"HSK 动态作文语料库"这样的受限于客观等级的语料库之外,一般的目标都是试图实现初、中、高三级的平衡。至于内部是否还有更细致的程度差异,目前一般尚无准确的体现。但每个等级中的成绩差异所体现出来的语言特征在一定程度上能够折射出水平等级的不同。

就数量参数而言,受语料收集对象和过程的限制,数量不均衡是显而易见的事实,这在国别性语料和语别性语料两个方面都特别显著,而这两方面又恰恰是质量参数所同样面临的问题。也就是说,就中介语语料库而言,质量参数和数量参数往往受到很大的限制。跟母语语料库常常受制于建库者的取舍不同,中介语语料库在这些方面实现得不够充分,基本上都受到客观条件的限制。就此而言,母语语料库和中介语语料库本质的差异导致二者量的平衡性显著不同。

二 中介语语料库平衡性的基本目标

语料库的平衡性问题实际上就是语料库中各类语料在类型和数量上的协调问题。换个角度说,就是各类语料在质的分布和量的分布上的均衡问题。因此,中介语语料的哪些影响因素需要纳入语料库建设的范围,直接关系到语料库建设的质量及由此带来的使用取向或者说价值;而每类语料量上的规模则是对质的特征有效呈现的基本保证。因此,中介语语料库平衡性所要实现的基本目标也就是尽可能地保证语料库所应具有的品质和规模,满足使用者对质与量之间关系的认识和研究。下面我们就从质量参数（包括程度参数）、数量参数和研究路径这三个方面来讨论中介语语料库平衡性所要实现的基本目标。

（一）参数选择合理、充分

这是质量参数（包括程度参数）方面的基本目标。如果不是建设专题（基于单一参数的）语料库，就必然有多个参数的选择和配合问题。选择参数必须考虑建库的基本目标。就目前中介语语料库的基本目标而言，一般都是帮助研究者更好地研究和发现二语习得者在学习目的语过程中所呈现出来的基本特征及其规律。因此，从理论上说，影响学习者习得进程的各种因素都应该成为中介语语料库建设中必然要考虑的参数。这也就大体决定了中介语语料库参数选择的范围和类型，力求使参数的选择做到合理而充分。参数的选择和参数系统的层次是决定平衡性的最根本的因素。

参数选择的合理性指中介语语料库建设中影响中介语形成和发展的一般因素都要有所体现，即合乎习得之理。这主要体现在两方面。一是学习者的背景信息，如个人特征（年龄、性别、性格、学习动机、文化程度等）、社会属性（国别、民族、职业等）、语言背景（母语或第一语言、外语及其熟练程度，是否华裔、华裔父母的方言背景，是否有汉字背景）、个人经历（是否来过中国、时间长短，是否受过目的语训练、时间长短，所学专业、学历教育或进修、年级）、习得环境（母语环境还是目的语环境、学习地点）、习得目的语的状况（现有目的语水平、习得时间、习得程度，甚至包括学习持续的时长及开始学习的时间）等。有时还需要记录家中成员使用何种语言交际等。更为具体的话，还有使用教材、交际范围等。二是学习者所产出的文本信息，如文本标题和类型（体裁、领域、题材、话题等）、文本产出要求（如字数下限）、文本产生方式（书面或口头，水平考试作文、平时考试作文、平时练习、回答问题时的成段表达等）、文本评价（如得分）、文本长度等，有的还包括文本产出时间、地点和提供者，口头文本需要提供转录方式。由于语料库文本来源的差异，还可以有其他需要标注的内容，如对 HSK 作文语料而言，需要包括参加 HSK 的次数、作文考试分数、考试总分、是否获得水平证书、证书等级（张宝林，2010）。还有其他要素。学习者的背景信息相对客观，如果缺失，使用者便无从获得；文本信息中有的则相对主观，研究者可以自己判断（甚至对已标注的文本类型也需重新判断），但语料库的有效标注会提高语料库的使用效度。总体而言，就是力求做到参数选择的多样性，最大限度地保持相关信息的完整性，为后续研究提供坚实的基础。

然而，不同的语料库，其建库主旨和外在条件并不相同。上面对语料库平衡因子的分析，只是就质量参数的总体而言，并非所有的中介语语料库都必须具备这些要素。实际上，一般都是根据所建语料库的基本目标而"量体裁衣"，选择其中某些重要的影响因子作为平衡因子。当然，其中也有强制性因子和可选性因子的区别。就目前建库实践而言，中介语语料库的建设基本上都是研究目标驱动的，因此，特定中介语语料库的参数选择必然要考虑到充分性这一基本目标。所谓参数选择的充分性主要是基于特定研究目标而体现出来的平衡性要求。

其实，就研究目标驱动而言，参数选择从根本上看就是为对比研究和变量分析提供坚实的基础，其基本观念还是基于最小对比对的分析方法。如不同的国别、不同的年龄、不同的学习程度、不同的文体等等都会呈现出不同的中介语特征,中介语研究乃至一般语言习得研究无非就是在相关变量之间建立关联。平衡性要解决的是同异问题,在满足了量的要求的基础上尽可能实现不同质所具有的"同一性"的最大化。参数选择越具体,每个参数内部的语料所具有的同一化程度就越高。参数选择就是从不同的角度分化语料的"质",在质上做出相应的定位。这样,既可以做单一参数的习得研究,也可以做参数相关性的习得研究。

既然考虑到参数选择的充分性问题,就必然意味着,随着研究的深入,平衡参数也在调整。如以前的汉语中介语研究主要关心语法偏误和词汇偏误,因此句式、格式、虚词、语序、搭配等方面的标注就相对详细,而后来进一步关注汉字偏误甚至修辞偏误、语用偏误,影响这些方面的参数特征自然进入到语料库建设者的视野中。又如目前的汉语中介语语料库绝大部分是书面的,而书面形式的语料库和口头(语音)形式的语料库,在参数设置上自然有所不同。即便同样是书面形式,来自平时作业的语料和来自考试作文的语料,在命题方式、写作环境、写作要求、写作时间等方面都有不同。每一个语料库所选择的系列参数形成多重分类的结构。

从根本上说,平衡性问题就是描写中介语语言变异现象产生的条件和特征。平衡性的潜在目标就是可以提供一个个目标有别的、数量充足的子语料库,通过对不同子语料库的研究,挖掘出相关习得特征。这跟借助语料库方法研究社会语言学问题在本质上也是相通的。无论是社会语言学,还是中介语理论/语言习得理论,最重要的目标就是描写和解释语言变异现象。而建立相应的语料库,必然要对制约语言变异的因素做出合理而充分的说明。就研究目标驱动而言,语料库的平衡性问题是"目标指向"的;而学术研究是一个动态的发展过程,因此没有绝对的、"万能"的平衡语料库,只有逐步平衡、有效合用的语料库。

(二)语料规模上可能大量和相对足量相结合

这是数量参数方面的基本目标。一个中介语语料库总量到底要多大规模,各部分的比例如何,目前并没有明确的认识。就目前已经建立的几个汉语中介语语料库来看,似乎也没有一个具体的定数。张宝林(2010)指出:"我们认为,汉语中介语语料库的总规模至少应在千万字次以上。"然而,总规模还只是个模糊的说法,更有效的数据应该是跟质量参数有关。对一个总规模在千万字次的语料库而言,平均于5个语种和平均于10个乃至50个,其规模效应也许并不相同。当然,这个说法实际指的是,要想得到全面准确的认识,没有相当规模的语料,是有风险的。

量的问题既与总的规模有关,也跟特定的研究目标有关。基于此,如果结合上文对质量参数选择所具有的合理性和充分性这两方面来看,也许会对数量参数有一个新的认识角度。

就质量参数的合理性而言,由于质量参数总量丰富,而且还随着研究的深入不断提出新的参数,因此没有大规模的语料就无法保证研究内容的丰富性和研究结论的可靠性。另外,随着语料库量的增长,必然会出现数据稀疏(虽有却罕)的问题,而这种稀疏的数据也许能给我们以某些新的启示,而且还有可能避免规模不足的语料库所带来的数据缺失(该有未有)问题。就此而言,语料库的总规模应该以"大"取胜。

就质量参数的充分性而言,特定的研究目标使我们发现,即便是总量在千万字次以上的语料库,涉及具体的研究项目,也许数量仍很有限。此时,最能满足要求的乃是"足量"的语料。这也就是需要建设专题语料库(近于同质语料库)、有效提取子语料库的重要原因,只有这样才能有的放矢。语料库要为定性分析提供更方便的足够数量文本和内容。当然,多大规模的量才是足量,才能产生足量效应,是需要深入探讨的问题,但"足量"才够用的观念必须贯穿到语料库建设的过程中。只有这样才能实现在定量统计中做出语言学有意义的概括。足量不是针对语料库的总规模而言的,而是针对特定的研究项目、特定的专题语料库而言的。提出语料库规模的足量效应,还跟语料量的增长和某方面特征的呈现之间的关联并非呈直线发展有关。也就是说,"当语料库达到一定的规模后,语料库的功能不会随其规模同步增长"[1]。此时再添加更多的语料,对专项研究已经收益不大了。就目前的中介语研究而言,人们对国别化语料的平衡和语别化语料的平衡比较关注。其实,如果从足量效应来考虑,更重要的是要解决学习汉语者数量较多的某些国别、语别的中介语语料规模问题。

质的考察必须通过量的充分来保障,量的丰富必须体现质的差异。因此,语料库的平衡以各部分(以参数为基础)的足量为基础。而一个没有既定研究目标指向的通用性语料库,如果试图尽可能满足各部分足量的要求,那就必然是一个规模庞大的语料库,即便千万字次也未必敷用。平衡是在一定规模基础上的平衡,规模是在某种平衡背景下的规模。语料库的平衡是相对足量平衡

---

[1] 参见王美馨《现代汉语功能句型及其语料库建设》,上海交通大学硕士学位论文,2012年。

（基本量）和绝对广量平衡的结合，前者侧重于语料收集的深度，后者侧重于语料收集的广度。这就必然使我们在语料库建设过程中将可能大量和相对足量有机结合在一起。这实际上也是为了解决语料库建设过程中的可能性和现实性的关系问题。即便是专题语料库，在足量的限度还不清楚的前提下，也只能通过增加局部大量来满足专题研究的需要。当然，在一时还不能实现总体的足量时，就努力实现某个方面的足量。

（三）语料库结构适用于不同研究理念和研究方法

目前的中介语语料库的建设都是研究驱动的。这样，不同的语料库自然体现出不同的研究理论和研究方法，或者说不同的语料库必须满足不同的研究理念和研究方法。

根据 Tognini-Bonelli（2001）[①]的概括，语料库语言学的基本研究观念和方法主要有两种，一是基于语料库研究法（Corpus-based Approach），一是语料库驱动研究法（Corpus-driven Approach）。基于语料库的研究法是研究目标先行，根据研究的可能需求而对文本进行信息标注（即赋码），研究者可以根据已经标注的信息将相关内容提取出来加以研究。显然，这实际是研究观念驱动的语料库建设，特定的范畴体系、标注内容和描述方式自然会影响甚至制约着研究内容的选择和语料使用的取向。而语料库驱动的研究法是不预先假设，因此不需要对文本进行标注，研究者直接从相关语料中获得语言学的发现。相对而言，为满足语料库驱动法需要而建设的语料库，是由干净文本（Clean Text）构成的，只要

[①] 参见 Tognini-Bonelli, E. *Corpus Linguistics at Work*. Amsterdam: John Benjamins, 2001.

解决好语料提取和对比的方便就可以了。显然,基于不同的研究观念和方法,自然会建立不同特征的语料库。

而目前的中介语语料库的建设理念都是基于语料库的研究法,因此标注什么和如何标注成为极其关键的问题。然而,就如何充分发挥语料库的语言学研究价值而言,需要并行运作基于标注文本和基于干净文本的这两类语料库,两者应该互补性共存。由于语料库标注是一件工作量巨大而复杂的工程,因此在充分标注之前,如果将相关文本都直接提供出来,将会有利于满足"急用先建"的原则。

建设语料库,既是为了实现从语料库中挖掘知识和抽取信息[1]、机器翻译和人工智能这些基本从属于计算语言学的基本目标,也是为了实现了解语言使用单位的基本组成和分布规律、认识语言系统组织的不同模式、描写语言单位或文本的意义的概率特征并解释其社会行为基础、构建语言形式和语言意义之间的关系这些主要属于语料库语言学的基本目标。不同性质的语料库,从中获得的知识和信息、呈现的单位和性质自然有差异。因此,生语料和熟语料、精标语料和粗标语料、不同结构的语料库各有所用;基于语料库的研究和语料库驱动的研究相结合,为两种研究策略服务也是语料库平衡性问题必须考虑的方面。

进一步来看,目前语料库研究都是以频率或概率统计为导向的,因此常被称为基于频率的(Frequency-based)研究,或概率驱动的(Probability-driven)研究;然而,就研究本身而言,这并

---

[1] 参见冯志伟《从语料库中挖掘知识和抽取信息》,《外语与外语教学》2010年第4期。

非必然的唯一方式，一些启发性的用例有时只有通过文本阅读才能获得。如任何语法项目的教学和习得都需要将句子的形式结构、结构的功能作用、功能的典型语境这三个维度结合在一起，[①] 而我们如果试图分析、提取特定语言项目使用的典型语境，一般只需要考察经过录入的生语料库就可以了。一般而言，为了研究结构形式的方便，往往需要对语料做出有针对性的标注；而为了研究篇章层面的功能项目，目前的标记系统几乎难有作为，主要还需借助对干净文本的直接分析。纯粹频率统计分析之上的观念可能会带来方法论上的偏颇。因此，目标驱动型的平衡语料库和通用性的平衡语料库（不预设目标）同样值得重视。为此，我们可以区分出平衡语料库的动态平衡需要实现的三个层次的要求：初级要求是在特定项目的描写需求中满足对比的基本需要；中级要求是满足较为广泛的语言对比的基本需要；更高的要求则是为潜在的研究课题提供发展的空间。

需要说明的是，目前在中介语语料库建设中特别强调国别化语料和语别化语料的收集和整理，这自然是语料库建设的必经之途。然而，如果考虑到文化因素对语言习得的影响，族别化问题就显得特别重要了。族别化问题目前尚未受到应有的重视，而族别化语料也同样有平衡性问题。同时，由于国别化、语别化、族别化很大程度上是交叠存在的；而且我们不能因为过于强调国别化、语别化、族别化的问题而忽视了泛国别化、泛语别化、泛族

---

① 参见冯胜利、施春宏《论汉语教学中的"三一语法"》，《语言科学》2011年第5期。

别化的问题,[①]这就使平衡性问题更加复杂了。

另外,也许还需要进一步区分面向研究的平衡和面向应用的平衡。目前的中介语语料库实际上都是面向研究的,或者说研究驱动的。此外还可以建立面向应用的语料库,使学习者可以自己使用语料库,语料库能够自动记录学习者的学习状态,并将学习的结果记录到相应的语料库中,进而通过语料库的计算分析,为学习者生成学习分析报告和建议。甚至还可以将相关分析结果反馈给教师,教师据此来评估教学效果,安排新的教学计划等,从而形成教与学深入互动的局面。这种带有"个性"的语料库,既可以给学习者以即时的反馈,也可以有效地充实语料库的语料。当然这是更高层面的要求了,但在数字化的学习环境下应该能够实现。

三 实现中介语语料库平衡性的基本原则和策略

语料库平衡问题折射出中介语语料库建设和研究的基本理念、目标和思路。为了贯彻建设者的基本理念,实现建设者的基本目标,体现建设者的基本思路,就得制定相应的原则,寻求相应的策略。这里只就平衡性问题来探讨中介语语料库建设的基本原则和策略。

(一)实现中介语语料库平衡性的基本原则

基于上述中介语语料库平衡性的基本目标,平衡语料库建设

---

① 参见施春宏《面向第二语言教学的语言学教材编写中的若干问题》,《语言教学与研究》2010年第2期。

中的基本原则便是"目标驱动,质稳量足"。要实现怎样的研究目标,就建怎样的语料库;为了挖掘某方面的知识,就在这个方面做出更充分的平衡性考量,以达到质量的稳定可靠和数量的充足够用。

在严格意义上说,(中介语)语料库平衡性问题不只是求得语料数据客观上的"物理"平衡,更主要的是力求实现研究者主观上的"心理"平衡,虽然"心理"的平衡以"物理"的平衡为基础,而且最终体现为"物理"的平衡。如要试图考察繁简文本对汉语习得的影响,必然要在前述参数的基础上增加汉字繁简这一参数。又如同样在中国境内学习汉语,由于汉语方言之间的差异很大,甚至达到不能通话的程度,如果建立来华留学生不同学习环境下的中介语语料库,也是有用的,如可以建立留学生数量较多的北京、上海、广州等不同区域的留学生中介语对比语料库。而且在普通话程度有差异的地区建立相应的语料库,也有特殊的价值。

既然如此,中介语语料库的语料选择、参数配置、标注内容、加工深度都是目标驱动的,这必然导致质和量的配合呈现一个动态的过程。所有的平衡都是动态的平衡、建构式平衡。只有动态性平衡才能不断提高语言描写的深度(精度)和广度,才能为潜在的研究课题提供发展空间,才能在建库者的动态化和使用者的动态化之间形成有效的互动关系。当然,任何动态在一定的阶段都体现为一种静态。因此,语料库平衡问题需要动态和静态相结合。平衡是过程,而不是结果。就"心理"平衡而言,没有永远的平衡,只有不断的权衡。

"目标驱动,质稳量足"必然体现为语料库的通用性和专题性相结合。我们既需要为一般用途而建的语料库，也需要为特殊用途而建的语料库。就一般用途而言，其平衡性要求自然要在各个参数之间做出大体均衡的选择；而就特殊用途的专用（专题）语料库而言，如关于特定语言项目的专题（如特殊句式、框式结构、错字别字），关于特定领域的专题（如商务的、法学的、医学的、军事的），关于特定话题的专题（如招呼语、买东西、上饭馆、旅行），其平衡性主要体现在所定质量参数上有足量的数据可供分析。

由于质量参数（包括程度参数）所涉及的参数项目很多，不同的参数有时并不在同一个层次上，有的参数之间具有一定的关联性，因此语料库建设还需要从系统性出发，考虑到层次性和网络性相结合，构建网络状的平衡语料库。其中最主要的工作就是如何实现语料库中标注内容和标注方式的有效关联，"以使语料库能按照用户的要求灵活地提供各种单项的或综合的信息资料，便于用户从不同的角度对学生汉语学习和习得方面的问题做单项或综合的研究"[①]。

（二）实现中介语语料库平衡性的基本策略

原则启发和决定基本策略。同样是基于中介语语料库平衡性的基本目标，中介语平衡语料库建设中的基本策略应该是"急用先建，循序渐进"。这仍然是来自研究目标驱动的建库理念。

所谓急用先建，就是以需要为出发点，一是时间不必贪大求全。平衡要以效率为前提。具体说来，大体体现为这样一些方面：

---

① 参见储诚志、陈小荷《建立"汉语中介语语料库系统"的基本设想》，《世界汉语教学》1993年第3期。

(1) 就一般研究而言，如果标注语料库一时还不能实现的话，就不妨先建无标记文本，使语料库驱动的研究得以展开；再逐步完善标记文本，以适应基于语料库的研究的需要。(2) 由于语料数量来源的客观限制，不妨将某些已有大量文本的参数先行建库，为统计分析的有效性服务。如北京地区韩日学生占绝对多数，既然有这么大的求学规模，又有层次比较丰富的语料，自然可以先建母语为韩语、日语的中介语语料库。同样，对福建、广东、广西、云南等地的高校而言，东南亚的学生比较多，因此可以先建面向东南亚学生教学和研究的语料库。又如先建主要华语地区的语料库，再扩展到全球华语地区的语料库。(3) 虽然某些参数的文本分布很不均衡（最常体现的就是国别和语别），但由于参照的需要，有时也可以同时将有限的少量文本一并载入库中。等有了一定的规模和条件后，再循序渐进地达到更大规模的平衡。这实际上就是如何处理好总量平衡和分量平衡的关系问题，而且也可为考察普遍语法在二语习得中的可及性（Accessibility）问题提供一种参照。(4) 根据描写引导的原则，如果某一语言中的相关现象得到比较充分的描写，来自该语言的习得者的中介语语料库自然应该早建，而且要有规模地建设。

急用先建还有另一层含义，即所建语料库主要是为整个学术界的学术研究和教学服务还是为建库者的学术研究和教学需要服务。前者往往采取凡有必录的方式，只对特别大量的文本数量做一定的减量，但在标记内容和方式上体现出急用先建的策略。而后者则是典型的建我所需、为我所用，是否需要标记、如何标记，完全靠当下设定的研究目标。

急用先建还指语料标注要使一般性操作简单可靠，参数关联便捷有效。如对齐语料库对研究词语使用（正用和偏误）特别有效，如果要研究这方面内容，自然要首先解决这方面的技术问题。其实，语料库代表性和平衡性的问题从根本上说并非建库技术问题，而是语料库语言学的理论问题。但也跟技术相关，有时技术上解决不了的，相关的平衡只能暂付阙如。

在急用先建的基础上，循序渐进地丰富语料库建设的内容，逐步满足多层面使用的需要。

由此可见，"急用先建，循序渐进"的策略实际上是在综合考虑平衡语料的必要性和发展性、现实性和可能性之间的关系。研究的需要和认知的深度决定了平衡的要求和过程。

总之，"目标驱动，质稳量足"的基本原则和"急用先建，循序渐进"的基本策略共同体现了语料库建设中理念和技术的有机结合。没有理念，无从入手；没有技术，无从实现。

四 余论

目前关于语料库语言学是否为独立的学科，引发了热议。其实，如果考虑到语料库的服务对象并不限于语言学，我们认为完全可以建立一门语料库学（Corpustics），语料库学的中心话题未必是语言学的，语料库语言学只是语料库学和语言学的交叉学科。本节即以此为大背景来讨论中介语语料库建设中的平衡性问题。

目前母语语料库建设将平衡性问题大体定位在数量上的相当，将质方面的内容主要理解为文体的差异，在语料库标注参数上总体而言相对简单，而且无标语料库／粗标语料库的规模往往很大，扩充语料也比较方便。中介语语料库文本因受限于学习者的语言程度和语料来源（如书面作业和考试作文），其文体差异并不显著，一般粗略地分为记叙文／叙事文、描写文、议论文、一般事务性文章（如请假条、介绍信、说明书）等，而规模（无论是总量规模还是国别或语别、族别等方面的语料规模）上也往往受限，扩充语料有一定难度，尤其是某些国别、语别、族别的语料。目前建设的汉语中介语语料库大多是有标记的。在标记项目的选择上，中介语语料库跟母语语料库虽有相同之处，但更呈相异之态；不同中介语语料库标记的个性特征也很鲜明。基于这些客观因素，为了实现中介语语料库的平衡性，必须时刻考虑的问题是：平衡的目标到底是什么？如何在服务教学、服务研究乃至服务其他目的上下足功夫？总体上说，建设中介语语料库的目的是试图积极有效地服务于研究，服务于教学，服务于学科建设，最终服务于学习者语言能力的提升。语料库项目和结构的平衡性是实现这些目标的重要手段。

汉语中介语语料库建设正进入一个相对较快发展的时期，一些基本理论问题的探讨具有很强的现实意义。目前的中介语语料库及中介语语料库语言学的论题基本上都是基于研究目标驱动的，因此其服务对象都是教学研究人员。实际上还应该存在这样的一种语料库和语料库语言学，即基于中介语语料库的学习者测试、评价和帮助系统语料库及相关研究。如可以建设这样的中介语语料库，当一个学习者输入一个书面的或口语句子时，通过匹配，如果出现了差错，马上就能显示出错误的类型、性质、相关改进措施和正确的表达，同时提供若干类似的错误表达和正确表达。这是语料库建设深层服务的一个重要体现。语料库建设不仅要服务研究，还要服务习得者的学习，而更高层次的追求还能服务一般社会交际。

第五节 汉语教学资源多属性标注的意义和方法[①]

一 建设汉语口语教学多媒体素材库的目的

以往的语料库或数据库（如现代汉语语料库、汉语中介语语料库等）直接面向对外汉语教学应用的并不多。而我们设想的素材库是直接面向对外汉语教学、为汉语口语教学服务的。

（一）切实为口语教学服务

对外汉语教学界在注重全面训练语言交际技能的基础上，更注重听和说的培养，因而以往的教材大多采用听说法。该教学法对语言的认识是结构主义语言学的观点，其心理学基础是行为主义。20世纪80年代以后，功能主义语言学在我国广为流传，交际教学法也盛行一时。但无论怎样，学语言总离不开开口讲话，所以说话教学或称口语教学，任何时候都占有相当重要的地位。[②]

近年来，国内外出版了一批专供外国人学习汉语口语用的教材，从不同的角度，对如何编写口语教材，如何上好汉语口语课，

---

① 本节摘自郑艳群《多属性标注的汉语口语教学多媒体素材库建设及应用》，《语言教学与研究》2012年第5期。

② 参见赵金铭、郑艳群《汉语口语教学与多媒体口语数据库的建立》，《南京大学学报》2003年特刊。

进行了一些非常有意义的探索。但是，什么是真正的汉语口语，如何编写旨在提高汉语口语表达能力的口语教材，以及如何突出口语课的课型特点，使之与其他汉语技能课有明显的区分，应该说至今尚未很好地解决。在现代教育技术日渐深入人心的今天，无论是课堂教学，还是网络教学，如何将现代科技应用于汉语教学，以及如何改进现有口语教学方法、提高教学效率，是我们面临的新课题。在这里首先要明确的是，口语教学素材库中的口语并非日常生活中的自然语言，是可称之为口语的书面形式。这种口语在语法上是规范的，在用词上有口语化的倾向，是可以进行教学的内容。

（二）解决口语教学多媒体素材的来源问题

大家都知道，汉语口语课堂教学中，教师常常要针对一个交际项目（如打电话邀请某人做某事）反复地进行练习。准备教学素材是教师备课的主要内容。凭空想一个例句还好办，要想出一个完整的交际场景则要费些功夫。还有的时候，教师要针对一个语言点（如趋向补语）反复进行练习，准备教学素材时也会遇到同样的问题。要想既充分展示交际项目，又限定语言点的范围，不是一件容易的事。

以往准备教学素材的时候，我们也尝试过使用汉语语料库，但并不能解决教学中的实际问题。主要有以下五个方面的问题：（1）语料库检索系统不能按照交际项目检索，如"了解或说明时间范围"这样的交际项目在目前的语料库中还无法进行查找。因为目前的语料库加工主要是面向汉语本体研究或汉语信息处理的，语料加工项目重在分词和词性标记，这也与汉语信息处理的水平有关。（2）语料库不能按语言点描述进行检索，如"'从……

到……'用于表地点"这样的检索要求在目前的语料库检索系统中无法实施。因为现有的语料库加工，要么没有标注详尽的句法信息，要么重结构和搭配信息，暂时无法满足按语言点检索的要求。（3）语料库中的内容很多都是书面语的，不适用于口语教学。这是因为目前书面语语料库建设和开发得比较多，口语语料库的获得和转写都更加花费人力和财力。（4）语料库中的内容陈旧，与留学生的现实生活相去甚远。目前的语料库大多是为研究服务的，文本内容虽多，但体现日常生活内容的比较少。（5）既限定交际项目，又限定语言点的语料段落，在语料库中更是难以实现组合式检索。

我们研究了众多探讨汉语口语教学的文献，翻阅了汉语口语教材，希望从中找出一个新的亮点，试图为汉语口语教学开辟一条创新之路。这就是为外国人学习汉语口语建立一个多媒体教学素材库。实践证明，这是一条行之有效的途径。

二 多媒体汉语口语教学素材库的设计思想

我们在考察了目前已有数据库、素材库建设的基础上，确定了本素材库的建设方案，即从交际项目出发，以话题的形式撰写素材脚本，并为素材脚本逐一标注语言点，还为话题的使用提供场景说明等，也就是标记了多种便于教学使用的属性。不仅如此，我们还按照场景说明配置了场景图，按照素材脚本配有两种语音形式（标准发音和自然发音），最终建设完成了"交际项目—话题内容—语言形式—场景配置"四位一体的汉语口语教学多媒体素材库。概括地说，本素材库的特点就是多属性标注和多媒体化。

这里的标准发音，指正常的语调、语速，就像一般口语教材的录音。而自然发音，则是处在特定的语境中，带有感情色彩；在韵律特征上有标记，比如重音突出，某些词的音长加长，语调高昂或低回等，有些还外加了环境的干扰，如嘈杂的声音、众人对话、设为特定的场合等。

（一）口语素材库建设的基本框架

如何编写（编制）口语教材，口语教材的载体应是怎样的，这些是在我们对口语教学有了新的认识之后，应该着手解决的问题。我们在建设中采取了以下工作方案。

1. 在讨论、研究的基础上，确定了初级汉语交际任务项目表。共有项目范围46项，项目描述99项。例如，第一个交际项目范围"个人情况"下有如下6个项目描述：

了解或说明某人的姓名

了解或说明某人的国籍或籍贯

了解或说明某人的年龄

了解或说明某人的住址

了解或说明某人职业

向别人做自我介绍

这份交际任务项目表的特点是充分体现基本交际项目的需要，描述具体、清晰。

2. 确定脚本编写原则和体例。规定素材库以脚本为单位，且脚本编写应表现相对完整的交际内容，并对用词、篇幅有所控制。至于脚本形式，既可以是对话式，也可以是段落式。

3. 按项目范围分工。编写人员每人承担一部分脚本编写工作（一般为7至8个项目范围）。每份脚本经三道审校后定稿，共确定了 127 个脚本。脚本编排按项目范围、项目描述排列（一个项目描述下可以有多个脚本），最后为每个脚本规定一个唯一的序列号（ID 号）。

4. 对所有脚本分别进行语言点标注（参照《汉语水平等级标准与语法等级大纲》，以下简称《语法大纲》），做到尽量详尽，并对标注进行校对。

除了标记《语法大纲》中的语法点及其等级外，我们还补充标记了一些语言点，一般人们习惯把这样的语言点称为"超纲"。标记"超纲"语言点的目的是由于《语法大纲》的制定也有一些局限。"超纲"并不意味着更难或不常用，因此我们标记出来，供教师在使用的时候再行判断。而超纲的量是被控制的。

语言点标注经三道审校后定稿。共标注了 1089 个语言点。涉及《语法大纲》甲级语法点 88 个项目，覆盖率为 68.75%；乙级语法点 36 个项目，覆盖率为 29.26%；丙级语法点 16 个项目，覆盖率为 4%；丁级语法点 4 个项目，覆盖率为 0.01%。这表明本素材库在围绕初级交际项目的编写过程中，对语言点的控制使用是合理的、成功的。

标注的另一个目的是为了丰富教学资源的内容，提高其利用率。[①]

5. 对所标注的语言点，加注有意义的编号和标记。本系统中，分别用 A、B、C、D 标记《语法大纲》中的甲、乙、丙、丁四个等级，其后附三位阿拉伯数字，共同构成语法项目的代码。如"A001"为甲级语法大纲中的第一个语法项目。

---

① 参见郑艳群《关于建立对外汉语教学多媒体素材库的若干问题》，《语言文字应用》2000 年第 3 期。

标记尽可能详尽、具体，便于教师查找到《语法大纲》中的项目。例如，甲级语法大纲中的第 90 号语法点为"是"字句（肯定式），它的下面还有 5 个小的分项，如下：

表示等同／表示质料和特征／表示说明或归类／表示存在／表示领有

那么，第一个小项我们标记为"A090#1"。

6. 为场景配图，为话题配音（标准音和自然音两种），构造出多媒体口语教学素材。

按照脚本内容和脚本场景提示，编写配图说明，审校后再请美工人员配图，这是确保多媒体素材质量的关键环节。配音同样也需要有教学人员监听、监控和检验录音质量。

7. 建立素材库管理模型，设计检索方案。

要想实现资源的充分利用，检索方案是个关键。我们目前采取的方法是提供多种检索表供教师查询，如：

《交际项目一览表》。包括：交际项目编号、脚本数、分布（各ID 序列号）、项目范围、项目描述等。

《脚本一览表》。包括：交际项目及项目范围标号、脚本 ID 号、脚本内语言点编号、语言点编号、语言点描述等。

《语言点分布一览表》。包括：语言点编号、脚本 ID 号。

《脚本语言点一览表》。给所有涉及的《语法大纲》中的语言点编号，如 J002、J003、J005、J006、J007、J009、J010……

《超纲语言点一览表》。包括：补充语言点编号、交际项目号、脚本 ID 号、脚本内语言点编号、语言点描述等。

采用检索表这一设计方案的特点是不受技术条件的限制，虽然较为原始或基础（二维表形式），但查找和浏览都很方便。

（二）口语素材库的主要特点

本研究的特点如下：（1）以初级交际项目为纲，全面构建了汉语口语教学素材库框架，也为今后相关素材库建设提供了参考。（2）全部采用话题的形式编写脚本，内容丰富，形式生动、活泼，有利于开展汉语口语教学。（3）通过对素材脚本标注语法属性，便于从结构的角度有效利用素材。同时，通过对素材库语言点分布的统计分析，可以及时调整语言点出现的等级和频率。改变了以往经验式的做法，使教学素材的选择建立在科学统计的基础上。（4）利用多媒体口语素材库，教师在备课的时候，可以根据教学需要方便地进行检索和利用。（5）可以实现交际项目和语言点组合查询，使教学安排更有针对性。

让我们通过实例来了解一下。

例如，讲解"方位和处所：了解或说明地图上不同地区的大致方向"时，可以在交际项目表中查找到它的标号为"11"，在《交际项目一览表》中查找到脚本数为"3"，表示共有3个符合要求的脚本；"分布"中标记的脚本号码为"20／21／22"，进而可以在素材库中查找到3个脚本，分别是ID为20、21、22的脚本；并且这些脚本都是标注了语言点的，使用时可以再根据语言点的限制进行选用（比如限制在甲级范围内），那么就可以找到需要的教学素材。

又如，教师在备课的时候为了给学生练习语言点"形容词重叠"，首先在《语法大纲》中查询其编号为甲级13号（即A013），然后在《语言点分布一览表》中可以查询到相应的素材库中有若干ID号，分别为16、57、83、97、114、122等6个，再进行筛选，随后就可以按ID号使用这些脚本及其多媒体形式的素材。不仅如此，文档中还详细标明了每个语言点在句子中的具体位置，更便于教师查找。

需要说明的是，素材库的属性是可以扩充的。教师可以根据需要，标注其他属性。比如文化点，或是根据不同的大纲标记语言点或其他名称。

口语教学是语言教学的重要组成部分，而语言文化是一个整体，密不可分，因此教口语离不开文化。但文化应是作为背景出现的，汉语教学不应直白地宣扬文化，而应通过潜移默化、耳濡目染的方式向学生传递文化知识。因此，在未来的扩展设计中，我们会增加文化提示项。

三 多媒体汉语口语教学素材库的教学应用价值

直接面向汉语教学的素材库建设是汉语数字化教学资源发展和教材现代化建设的一个重要课题，它所提供的教学资源，以及依据这些教学资源开展的教学活动、生成或重组的教学资源，将有助于提高汉语教学的质量。

本素材库具有多属性标注和多媒体化的特色，不仅可以实现汉语口语教学中"交际项目—话题内容—语言形式—场景配置"的有机结合，还可以实现素材库的充分和有效利用，对于开展汉语口语教学具有积极的作用。其应用价值体现在如下六个方面。

（一）体现汉语口语特点和完整科学的口语教学体系

交际项目标记了语法属性，对于教学素材的选择提供了科学的量化依据；多媒体化素材使视觉和听觉同时起作用，有利于理解，也便于开展有效的练习活动。配有标准音和自然音，使标准的口语教学有了技术支持和质量保障；自然音用于教学训练，体现了口语教学素材库的真实性和实用性。

我们相信，随着多媒体口语素材库的建立和不断丰富完善，对外汉语口语教学的探索将逐步走向成熟，形成有特色的、真正体现汉语口语特点的、完整科学的口语教学体系，实现从课堂口语教学到现实口语教学的良性过渡。当然，这种可多元选择的具体运用，教师应视学生的具体情况和教学课时的安排而定，既可以通过课堂引导的方式，也可以通过课下继续学习的方式使用自然音素材。

（二）体现教学资源的多种功能

数字化时代，素材库的建设是汉语教学的基础资源，它可以在教学、学习和测试等多方面得到应用。一个内容丰富、形式多样、学科针对性强的教学素材库，可以为教师的备课提供数字化平台。凭借这个数据库，不仅可以编写出体现汉语口语特点的多媒体口语教材，还可以根据教学目标和学生的需要，方便地选择最适用的教学资源，配合课堂教学实施体现口语教学特点的教学设计，实现优化的教学效果。

同时，素材库还可以作为网上学习资源。数字化环境的建设、数字化资源的不断丰富，可以使得数字化学习成为一种主要的自主学习方式。学习者可以在数字化的学习环境中，利用数字化学习资源，充分发挥自主性，培养自己的实践能力。此外，素材库还可以为学习者的汉语口语水平测试提供命题材料。

（三）实现"交际项目—话题内容—语言形式—场景配置—文化提示"的有机结合

交际法旨在发展学生的交际能力，其特点是将语言的结构与功能结合起来进行教学。由于特定的交际项目是与特定的话题内容相联系并表现为具体的语言形式,因此给予真实的场景配置和语音再现,能够在充分调动视、听觉能力的基础上实现语言交际能力的学习、训练和提高。

心理学的实验研究表明,人们通过声、图、文、像等多种媒体获取信息,不但效果好,而且更容易将所学的内容形成长时记忆。场景图可以成为学生借以获得视觉表象的基础,也是重要的记忆编码和存储形式。

(四) 体现素材库基本元件的功能

可以从多角度实施对素材的充分利用,满足多方面的教学需要。还可以重新组合,组织成不同层次、不同功用的积件,如搭建成自己所需要的教材或者课件,甚至再添加到素材库中,实现再生,从而提高课堂教学、网络教学课件的生成效率。

(五) 减轻教师备课负担并保证教学效果

利用素材库,教师不必再搜肠刮肚地准备教学素材,或担心语言点超纲、无法控制、缺少控制标准等其他问题,可以有效地保证教学的科学性和语言输入的质量。可见,教学素材库可以为教师的教学活动提供优化的教学环境。

(六) 使数字化教学资源更易于维护和调整

"素材库的建设往往是一项较大的工程,需要耗费大量的人力、物力和财力。"(郑艳群,2010)如何更有效地利用是人们经常思考的问题。比如脚本中的内容过时而引起脚本失效,多媒体技术的提高使得原有的素材格式失效。然而,储存在数据库中的教学素材与纸版本教材相比,修改和再利用的优势是非常明显的。

从汉语教学资源建设和发展来看,探求教学内容、教学模式、教学方法和教学基础设施的优化和改革,十分必要且十分迫切。

面对繁重的教学工作,面对广泛而多样的教学需求,本素材库可以说是为汉语教师准备教学资料提供了方便的工具。

四 结语

在教学中,对教学内容或教学素材的限定,往往是多方面的,不仅有交际项目和语言点,而且还有词汇和文化等其他方面。因此,为了使素材库在教学中发挥更大的作用,还应丰富素材的属性,进行词汇和文化点标注,使素材库更加有针对性,满足更多的需求。作为教学用素材库,今后还应扩大规模,范围还应更加广泛(无论是交际项目,还是语言要素和语言技能教学的类型),而且需要不断进行维护和更新。考虑到可扩充性,可以在现有标注的基础上,进行横向扩展和纵向的深加工,以满足不同学习者的学习需要和同一学习者在不同时期的学习需要,比如设计加注拼音的脚本、设计加注母语解释的脚本和语言点注释等。

如何为教师和学生提供内容丰富、形式多样、使用方便的数字化教学和学习环境,不断提高教育教学质量和学习效果,是数字化时代汉语教学研究者面临的重要课题。无论从教学设计角度,还是从教学实施角度,都要以教师作为教学组织者、以学生作为教学主体。这其中,首先要明确建设方向和服务对象,解决优质教学资源匮乏、教学资源利用率低、资源使用不方便等迫切问题;其次,素材库的建设应当与科技发展水平相协调,与快速发展的教育教学需求相适应;最后,为学生营造数字化学习环境,全面支持学生的自主性学习、研究性学习等多种学习模式。我们相信,数字化教学资源库的开发有利于传统的教学模式向信息化教学模式的转变。数字化教学资源的建设，不仅在提高教学质量方面发挥着重要作用，而且还可以最大限度地发挥学习者的主动性和积极性。

第六节 汉语视听教材评述[①]

本节所谓视听教材，主要是指配有真实摄像作品或根据现成的电影电视作品编写，可据以实施汉语视听说教学的教材。我们称之为"视听教材"，而不是常见的"视听说教材"，是因为我们认为视听教材可以不以训练说为最终目的，而且为了讨论方便，将文中涉及的因为内容太深而用外语解说的中国文化视频教学资料也纳入其中。因此，除了引用，本节由此以下都使用"视听教材"。

1990年，中国境内第一部对外汉语视听教材《你好 北京》正式出版。自此以来，随着对外汉语教学的蓬勃发展，对外汉语教材的编写与出版也呈现出极度繁荣的景象，到2008年，出版的新教材数以千计。然而，根据我们的统计[②]，中国境内视听教材只有21种（见附录），同教材出版的繁荣局面很不相称。

---

① 本节摘自王飙《中国大陆对外汉语视听教材评述与展望》，《世界汉语教学》2009年第2期。

② 本节只讨论中国境内已经公开出版的对外汉语视听教材，一是因为境外教材难以得到，二是因为境内出版的汉语教材最多，具有相当的代表性。至于限定已经公开出版的教材，则非常遗憾，因为我们知道很多学校很多老师都有自编自用的对外汉语视听教材，因为无法解决版权问题而不能公开，其中一定会有许多远比本节高明的编教见解，我们无法从中受益，非常可惜。

这些教材具有什么特点？留给我们什么样的经验和教训？在现有条件下如何尽快增加视听教材的数量，同时提高其编写质量？本节试图回答这些问题。

一 已出版视听教材的类型分析

根据视频内容的来源，现有视听教材基本上可以分为下面三大类：

A类：为外国人学汉语拍摄汉语教学片，之后或同步出版教材，如中央电视台播出的《你好 北京》《旅游汉语》《商务汉语》等，以及没有在电视台播放的《中国全景》《汉语世界》《快乐北京》。

B类：纸本教材先出版，获得巨大成功后根据课文追加拍摄教学片，辅助教学，如《新实用汉语课本》《汉语会话301句》《汉语口语速成》的教学DVD，都是教材先出版，备受欢迎，而且教材的课文都是对话体，具备拍摄成教学片的可能性。

C类：直接选用现成的影视作品编成教材。这类教材又分两种，一种是选用文艺片，如《秦淮人家》《中国百姓身边的故事》《走进中国百姓生活》《跟大头儿子和小头爸爸学汉语》《看电影 学汉语》《看电影 说汉语》；另一种是选用纪录片，如《中国城市名片》和《中国人的故事》。

总体上看，这些教材的视频部分都具有一定的情节内容。

本节首先对上述三大类型视听教材进行总体评述。评述之前，先限定应该从哪些方面考察。视听教材作为一种外语教材，首先要考察其语言教学的有效性。一部好的语言教材，其语言教学要素（词汇、语法、功能、文化、练习等）的设置与铺排应该是合理而优化的,便于教学的。其次要考察视听教材作为一种特殊教材对于其特殊属性的展示程度。从理论上说,视听教学"强调在一定的情景中听觉(录音)感知与视觉(图片影视)感知相结合"[①],视听教材以其内容直观形象、效果事半功倍受到教师和学生的欢迎,但是,教学实践远没有这么理想化。表演拙劣、场景生硬、制作粗糙的视听产品,会极大挫伤学生使用视听教材学习的积极性,教学效果适得其反。可以说,一部好的视听教材是合理的语言教学内容与高质量的视听展现形式的统一体,二者缺一不可。因此,根据我们的总结,我们将从语言系统性、循序渐进性、情节内容、演员表演、表演场景、文化展现和练习设计这七项指标考察上述三类教材。语言系统性、循序渐进性和练习设计是从语言教学角度归纳出来的,演员表演、表演场景、文化展现是从视听展现形式角度归纳出来的,情节内容其实就是教材的课文部分,兼具两方面的属性。

语言系统性包括语言点设置的合理性与视频语言的规范性。从语言系统性和循序渐进性来看,B类最佳,A类次之,C类排在最后。B类教材都是经过教学检验的优秀教材,词汇、语法项目、功能项目等教学内容都经过精心挑选和安排,在这两个方面表现最佳,这一点是不言而喻的。A类教材一般是专业影视工作者根据教学目的编写剧本,由对外汉语教师从教学角度对剧本台词进行修改、把关,台词即为课文。因为是为教学而编,加之可以修改,语言系统性和循序渐进性会多有考虑;但是,由于剧情

---

① 参见刘珣《对外汉语教育学引论》,北京语言大学出版社2000年版。

演绎和演员表演的需要，不可能像 B 类教材那么严谨。至于 C 类教材，从语言教学角度看，如果不对原始视频语言加以改写，可以说语言点设置毫无章法，不规范语言经常出现，语言难度缺乏层次，起伏不定。不过，因为原始剧本创作的初旨本不是为了教学，这种情况也是无可厚非的。白乐桑和白钢（2000）[1]认为，"一部好的录像教材，无论是文化课的录像教材，还是语言教学片，必须以'适用'为标准。这就必须从学生的需求及语言水平出发，严格控制词汇量，注意词汇、句型及语法点的循序出现和重复出现，避免学生因词汇量太大、句型与语法出现过快或缺少重复而失去信心"。这个标准很高，恐怕只有 B 类教材能够达到，A 类教材只能尽量要求，C 类教材如果不经过改写，是不可能达到的。

情节内容实际上就是教材的课文。若以激发兴趣来看，C 类最佳；若以表现特定教学内容来看，A 类最佳。至于 B 类，作为既成品的课文本不是为拍片而编，但是教学片却必须忠实于课文，限制了视觉再创作的空间，情节内容一般都很平淡松散。

情节内容是构成视听教材吸引力的重要因素。影视剧故事情节引人入胜，自不待言。A 类教材由于需要考虑学生的接受水平，情节发展会受到很大限制。但是，专业影视工作者可以充分发挥场景和身体语言的优势，巧妙制造戏剧冲突，大大增加情节的吸引力。我们以教材来说明。《你好 北京》是一部零起点教材，课文可以使用的词语和句子非常有限，如何设计情节？参与本片策

---

[1] 参见白乐桑、白钢《影视语言、主体感应与汉语教学——〈中文之道〉基础汉语教学片创编心得》，《第六届国际汉语教学讨论会论文选》，北京大学出版社 2000 年版。

划与演出的表演艺术家文兴宇、朱旭等专业演员是这样设计数字教学情节的：丈夫热衷于收集唐三彩，当他又买回来一个唐三彩时，妻子很不满，把家里的唐三彩一个一个给丈夫数了一遍，一共十个，意思是已经太多了；丈夫不服，把床下妻子的鞋子一双一双给妻子数了一遍，一共二十双，意思是你的鞋子更多！在这种有趣的夫妻冲突中，巧妙而自然地把枯燥的数字教了出来，复杂的会话含义大都通过非言语交际表现出来，所用的词语非常简单有限。又如方位教学，是以主人公家中被盗、警察前来在家里不同地方勘查现场为情节，自然地把"上去、下来、过来、过去、进来、进去"等趋向动词教了出来，剧情吸引力也很强。张德鑫（1995）[①]对这套教材给予了很高的评价。虽然是中国境内汉语电视教学片的起步之作，但是，由于教学专家和表演艺术家们的通力合作，《你好 北京》在故事情节如何表现教学内容方面做得十分成功，成为至今难以超越的典范。《汉语世界》是另一部从基础阶段起步的教材，第一课"姓甚名谁"的一个教学重点是"询问和确定某人的身份"。课文设计的情节是去机场接马丽的陈欢去洗手间时，错拿了孙海接赵玲的牌子，两人接错人、找到自己要接的人，功能句"请问您是……"和"我是……"很自然地反复出现，给学生印象深刻而一点儿也不生硬，也很成功。

在演员表演方面，无疑 C 类最吸引学习者。A 类由于教学的需要，一般语速较慢，表情需要适度夸张，即使由高水平的专业演员表演，也难免失真之嫌。B 类的演员一般演技平庸，在表演

[①] 参见张德鑫《电视汉语教学片的原理和设计——兼说〈你好，北京〉》，《语言教学与研究》1995 年第 3 期。

上没有太大的吸引力。

表演场景的真实和美观程度也是构成视频吸引力的一个重要因素。在这方面，由投入成本所决定，C类最佳，A类次之，B类排在最后。

在文化展现方面，A类和B类可以就教学涉及的某个具体文化点刻意地加以突出表现，针对性、目的性更强，但是由于拍摄成本的限制，文化展现的深度和广度比C类要逊色一些。C类教材，无论是取材于艺术片还是纪录片，虽然在某个文化点上缺乏教学的针对性，但是更丰富更深刻，氤氲全片的浓郁的文化氛围，更有潜移默化的影响效果，对于在本国学习汉语的外国人来说，尤其如此。正如德国汉语教师蓝安东所言，"再也没有比电影或电视节目更好的工具，好让学生深切地体会所学语言的国家的文化了"[1]。

理想的视听说教学应该做到以视带听，以听带说。赵立江（1997）[2]对留学生的调查发现，"视"作为辅助手段，可以通过提高"听"来帮助"说"，也可以通过理解无声有形的信息直接帮助"说"；"说"是目的，而"听"既是手段，也是目的。为了将教学导入理想的轨道，结合视频的听和说的练习设计格外重要。这方面，C类教材最佳，曲折丰满的情节、自然生动的台词、细腻的表演和丰富的画面，给听说练习提供了很大的设计空间。A类教材作为电视教学片，情节比较简单，表演比较透明，词语

---

[1] 参见蓝安东《论汉语会话班里的录像教学》，《第一届国际汉语教学讨论会论文选》，北京语言学院出版社1986年版。

[2] 参见赵立江《中高级汉语视听说课有关问题的调查分析与构想》，《世界汉语教学》1997年第3期。

非常有限，结合视频设计听说练习的空间很小。至于B类，因为先有教材后有视频，教材出版在先，不可能结合视频设计听说练习。

这些就是我们考察了三种类型的视听教材得出的看法。需要指出的是，上面的评述是基于三种教材类型的评述，是以具体教材的局部优点作为理想状态下的共性做出的评述。实际上，即使拥有类型优势，大部分教材也没有充分利用这种优势，做到整体上令人满意。我们不专门对具体教材一一评述，下文只是在讨论具体问题时就相关教材的相关方面进行较为具体的讨论。

二 影视作品原始语言的特点和影视视听教材的编写

如果把根据上文七项指标所做的考察加以量化，最佳为3分，次之为2分，排在最后为1分，那么，就可以综合评定A、B、C三种类型的视频素材用作视听教材的适宜性（见表3-1）。

表3-1 三类教材用作视听教材的适宜性

	语言系统	循序渐进	情节内容	演员表演	表演场景	文化展现	练习设计	分值
A类	2	2	2	2	2	2	2	14
B类	3	3	1	1	1	2	1	12
C类	1	1	3	3	3	3	3	17

可以看出，综合考察的结果是，C类视频即现成的影视作品最适合作为视听教材的视频素材。这与国外对汉语视听教材的需求是完全吻合的。蓝安东（1986）认为，只有那些"在中国为中国的观众而制作的电影或电视节目"，才"属于'真实性'的材料"，

"反映着一定的社会现象",适合作为汉语视听教学素材。因此,本节这一部分主要讨论C类视听教材,即影视视听教材。

(一)影视作品原始语言特点及其对教材编法的影响

上文已经讨论过,影视作品的原始语言缺乏系统性和循序渐进性。这里再从教学角度具体审视一下其特点。

1. 缺乏梯度。各课语言难易杂陈,难以根据语言难度排序,因此会造成教材总体上只能在同一难度上水平延伸。以教材为例。全书20课的《中国百姓身边的故事》,第5课出现了"为伊消得人憔悴"和"蓦然回首,那人却在灯火阑珊处"这样的诗句,虽然有详细的注释,但是对于定位于初中级的教材来说,未免太难了。语言缺乏梯度是利用影视作品进行外语视听说教学普遍存在的问题。黄迎(2004)[1]指出,使用英文影视作品对中国学生进行视听说教学,其语言"往往不具备适当的阶梯性和层次感。在相对集中的时间里,学生会接触到难易变化非常明显的语言表达形式"。因此,"有些学生觉得,单纯观看影视作品,与依靠传统课本和录音学习相比,效果要差得多。所以,观看英语影视教学片,学生有时感到收效甚微,最初一般都有极大的热情,但很快就消失了"。这种现象在对外汉语教学中恐怕也同样存在。

2. 真实地道。同其他经过语言加工的教材相比,影视作品的原始语言基本上是真实言语状态,口语化的俚俗表达很多,语速较快,还可能会有很多背景音干扰。尤其是体现中国人真实交际的俚俗口语,学习者一般都会很感兴趣,而一般教材很难编入,

---

[1] 参见黄迎《英语影视教学中影视作品的选择与加工》,《山东教育学院学报》2004年第4期。

即使编入也很难讲解。而借助视频进行语境化教学，可收事半功倍之效，解决留学生"只听得懂老师的话，听不懂课堂以外老百姓的话"这个难题。①

3. 不尽规范。大部分影视作品的原始语言是规范的，但是也有相当数量的影视作品，尤其是纪录片，方言很重，口误、语病较多，啰唆重复，表达不够规范。如果用于视听说教学，需要学生具有一定的克服障碍、重新解码编码的能力。

这些特点对使用影视作品编写视听教材的影响主要体现在两个方面。从语言难度来看，影视作品主要适合于中高级阶段的视听说教学；从课型特点来看，教学重点应该首先在听力，其次才在口语。赵立江（1997）的调查显示，90%的留学生把提高听的能力作为上影视视听说课的第一目的，比把提高说的能力作为第一目标的学生多28%。因为视听说课的选材都是真实的语料，来源于实际生活，内容广泛，真实、自然的语音、语速和语调，值得听，有助于信息的输入，有助于提高听的能力。因此，听力教材编法更适合用来编写影视视听教材。

（二）影视视听教材的两种编法讨论

传统的影视视听说教学，正如蓝安东（1986）指出的那样，应该避免看电影以前，就把电影剧本发给学生。是否允许学生课前阅读文本，反映了两种教学思路。因此，以视频文本的出现位置为形式标准，可以把现有影视视听教材的编法分为两种。一种是听力教材编法，如《秦淮人家》《中国城市名片》《看电影 学

---

① 参见唐荔《汉语"视听说"课程教学初探》，《北京广播电视大学学报》1997年第3期。

汉语》《看电影 说汉语》，把视频文本放在每课最后，或者全书最后，或者不出现文本，让学生不能课前阅读，而是在课上通过视听直接接触视频语言，以便检查视听理解的真实效果。听力教学不要求学生听懂每个句子、每个词语的意思，只要求学生了解大意和关键词句，允许并要求学生跨越障碍，抓取主要信息。因此，采取听力教材编法的视听教材，不把主要注意力放在讲解上，对于影响听力理解的文化点、口语习惯用语等俚俗表达，只是做扫清障碍的简单注释；大量的教学时间放在视听理解和练习上，需要反复观看视频，进行诸如预测内容、回答问题、复述内容、描述画面、角色配音、集体讨论等听说练习。对于剧中大量出现的口语习惯用语，只是根据学生的实际水平和接受能力，有选择地进行重点教学，反复操练。这种编法是符合影视作品原始语言特点的。

还有一种编法是精读教材编法，如《中国百姓身边的故事》《走进中国百姓生活》《跟大头儿子和小头爸爸学汉语》《中国人的故事》。这种编法把视频文本处理为课文，成为教材最重要的一部分，由于允许课前阅读，视听理解因此相对容易，需要分配的教学时间少很多，大量时间可以用于讲解语言知识和课文理解，因此需要根据教学语法系统从课文中抽绎出语言点，详加注释。这是一种近几年才出现的新编法，值得关注，我们就上述四套教材重点考察一下。

《中国百姓身边的故事》和《走进中国百姓生活》是姊妹篇，前者取材于 5 分钟短剧，定位于初中级；后者取材于 30 分钟电视短剧，定位于中高级。从语言讲解来看，《走进中国百姓生活》的讲解分两个板块，一是注释，主要讲解俚俗词语；二是语法，主要讲解语法点。但是，大部分讲解都集中在俚俗口语的注释部分，很多课语法板块都付之阙如。《中国百姓身边的故事》语言稍易，但是在我们看来至低也还是适合中级阶段教学。作者虽然舍弃了语法板块，但是注释板块有意识地增加了较多的语法解释，为了使教材适合初级起点，语法点的择取也从初级开始。不过，"一……就"这样的基础语法点与"别价，一码归一码"这样的俚俗口语出现在同一课（第2课）的注释中，难度极不相称。由于课文太难，把适用起点定位于初级，也很难准确把握。例如，对外汉语教学界一般公认，"好"与"着（zháo）"做结果补语，是基础阶段应该掌握的语法点（参见《高等学校外国留学生汉语言专业教学大纲·附件二》，北京语言文化大学出版社2002年版），而在教学顺序上，最好是"好"先于"着"。但是，《中国百姓身边的故事》第1课注释了"好"，第2课、第4课出现的"见着""找着"却未做相应讲解。凡此种种，不一而足，与其说是由于作者的疏忽，不如说是因为采取的编法不当。事实上，如果不受书名初中级的定位误导，不管其编法而只是把它们当作一般视听教材，这两套教材还是很好的材料。

真正可以归入初级教材的，只有《跟大头儿子和小头爸爸学汉语》，其起点词汇是《高等学校外国留学生汉语言专业教学大纲》（2002）规定的一年级一级词汇，只有993个词语；语言讲解分为语法点和注释，虽受视频原始语言的局限，每课语法点不够均匀（最多的11个，最少的6个），但做到了循序渐进，由易到难。之所以能够如此，是因为《大头儿子和小头爸爸》是儿童美术片，其原始语言比较简单，易于进行教学控制。美术片反映生活肯定不如真人实景拍摄的影视作品真实全面，只能算是简单影视作品。

但唯有美术片可以以精读教材编法编成初级视听教材,这足以说明影视作品原始语言对视听教材选材和编写的决定性影响。

既然影视作品的原始语言决定了它们一般都至低适合于中高级阶段教学,那么,是不是对外汉语教学界除了被动地搜寻语言简单的合适作品之外就无所作为了呢?事实并非如此,《中国人的故事》就是作者主动降低视频语言难度、成功编写教材的一个成功案例。《中国人的故事》取材于中央电视台播出的同名纪录片,真实反映10个行业的普通中国人的生活与工作,素材对于想要了解当代中国人生活的外国人有极大的吸引力。但是它的解说词和片中人物的语言具有上面讨论过的原始视频语言的所有缺点。为了降低难度,作者对原始视频语言分三个层次进行了处理:(1)解说词作为课文主体,全部重写,以2000词为起点,保持难度适合中级阶段较低水平,重新配音。(2)可以听清楚的,语速、难度适中的,情节发展不可缺少的人物语言,视频上保留原音,给出字幕,教材上修改错误后以叙述体编入课文。由于视频与课文的文字不尽相同,而字幕的隐现是可选的,为听力练习提供了空间。(3)听不清楚的,语速太快或词语太难而又不影响全文理解的人物语言,不出字幕,也不编入课文。

总之,通过改写解说词和舍弃部分人物语言的办法,作者以精读教材的编写方式,成功地把语言难度控制在编写之前设计要求的中级阶段起点水平,把中级阶段应该教学的语言点系统地安插进了课文。全书16课,经过剪辑,每课视频控制在10分钟左右,长度适中而又保持原作内容的完整性与丰满度;课文则从第一课的1700多字有控制地渐进到最后一课的1900多字。每课生词控制在80个以内,而且大多数是中级阶段应该掌握的乙级词;

语言点控制在每课 12—15 个，尽量覆盖中级语言点；生词和语言点大都能在出现后得到多次复现。该书不要求像一般视听教材那样，把大部分教学时间用于视听，而是在保留视听说练习的同时，就视频所展现的丰富而深刻的国情文化内容进行展开式的教学。由课文涉及的文化点切入，简要而系统地介绍中国国情文化，并在练习中设置了有针对性的文化阅读，加深学习者对中国的了解。

可以说，《中国人的故事》是一套里程碑式的对外汉语教材。它第一次通过全面改写的方式来克服影视作品原始视频语言难度太大的缺陷，大大降低了具有丰富深刻内容的复杂影视作品的教学起点，并且开创了一种新的教材编写思路和教学模式。

不过，《中国人的故事》的成功，很大程度上得益于纪录片为剪辑改写提供的空间，尤其是一般来说纪录片都有解说词，既与视频画面紧密相关，在制作上又与视频画面相分离，可以根据设计要求自由改写。但是影视作品视听教材对纪录片利用得太少，除了《中国人的故事》以外，只有《中国城市名片》是根据纪录片编写的。《中国城市名片》纪录片中主持人和被采访者说的话都是口语，相对而言还不算太难，画外音则是辞藻华丽的书面语，难度陡升，但是作者没有任何改写，忠实地记录下来作为课文。如果想要降低教学难度，扩大教材适用面，这样的使用方式是不足取的。

三 展望：多角度立体化编写视听教材

A、B、C 三类外语视听教材中，电视教学片最能体现目的语国国力与语言教学水平。例如，美国英语电视教学片《走遍美国》

是投入巨资、集众多相关领域的一流人才共同创作的优秀成果，克服了这类电视教学片的一些缺点，代表着国际最高制作水平。高成本、高质量、高回报，这是一种把语言教学作为产业的观念。随着中国国力的强盛和汉语国际推广的蓬勃发展，制作若干套这样的高水平的汉语电视教学片的时机已经到来，我们期待着类似作品早日问世。为成功教材追加拍摄制作的视听作品，使得原已成为品牌的教材得到更大范围的采用，对汉语国际推广也有着积极的意义。但这两类视听教材的制作都需要投入大量资金。

目前，同对外汉语教学的迅速发展和对外汉语教材出版的总体繁荣局面相比，视听教材的出版数量极不相称。这既对我们提出了迫切需求，也为我们编写出版新教材提供了很大的空间。在目前的形势下，投入大量资金拍摄制作 A、B 两类视频作品，远非作为教材作者的对外汉语教师能力所及。因此，利用现成影视作品编写视听教材仍是尽快增加视听教材数量的最现实的途径。当然，在增加数量的同时，同等重要的，是丰富类型，提高质量。要想做到这一点，开创和拓宽编写思路是至关重要的。在此，我们就编写视听教材提出一些构想。

第一，丰富类型，编写侧重不同技能的视听教材。对于视频素材提供的丰富内容，教学上可以从不同角度不同层次加以发掘利用，传统的视听说教学大都是以训练听、说技能为主，并以说为最终目的，这种教学模式并没有充分利用视频提供的教学资源。《中国人的故事》向我们展示了一种通过视频将精读教材立体化，以视听手段深化学生对课文所负载的国情文化信息的理解，并系统介绍中国国情文化的教学模式。这给我们以启示，视听教材也可以只偏重于视和听，甚至可以只偏重于视。比如，根据当代人主要通过电视了解新闻的特点，精选电视新闻节目编写"电视新闻听力"教材，对视频的利用只侧重于视和听；像"中国文化"这样偏重于展示、介绍的课程，就可以通过精心挑选视频素材，结合视频编写课文（解说词）的模式编写，对于视频的利用只侧重于视。

第二，构造一个精视教材、泛视教材、教学资料三级视听体系。像《中国人的故事》这样全面改写、精心架构的教材完全可以作为精读教材使用，可称为精视教材。但是改写、处理过的视频已经部分丧失了真实交际言语的丰富性和生动性。保留视频原始语言的视听教材毕竟受到素材内容的局限，一般课时较少，而丰富的俚俗口语表达也远非一两本视听教材就可以解决的。根据这种情况，可以多编写一些反映当代中国人生活的视听教材，注解得充分一些，既便于教师选择，更便于想要学习俚俗语言的学生自己学习。这样的教材可以称为泛视教材。此外，在教学中遇到文化点时，如果可以放映简短视频加以展示，教学效果极佳。《中国文化百题》将汉语教学中经常遇到的文化点汇总起来，为教学提供了极大的便利。《中国文化百题》这样的视频产品，可以称为教学资料。

第三，确立教材主题，从不同的影视作品中剪辑出具有代表性、语言适合教学的片段，编成教材。比如，像打招呼、迎客、送客这样的交际文化，婚礼、过节这样的民俗文化，都可以找到语言合适的理想的影视片段，编成教材。这样的教材，把需要学习的内容集中在一起，教学针对性极强，较之教师在一部短则几十分钟长则 100 分钟的影视剧中自己提炼，分散教学，效果无疑好得多。这一做法徐凌志韫（1991）[①]就已经提出，"有些社会情况并不成为电影的主题，但从它们在不同的电影中的反映能间接地观察到些真实面貌"，"如把从不同电影中就这些论点瞥见的情况凑合起来，经常可以得到一个完整的比较正确的概念"。但是尚未出版过这样的教材。

第四，形成规模，分出等级。因为视听教材太少，作者希望自己的教材适用面更广一些，往往把教学适用水平定低一些；教师也因为可选教材太少，无法严格按水平选择，所用教材往往高于学生的接受水平。白乐桑和白钢（2000）在讨论视听教学时指出，"如果我们提供的生动活泼的对话让学生们感到信息量过大，摸不着头脑，即使在老师的帮助下听懂了，也只能靠死记硬背才能复用，就伤害了学生的自尊心，妨碍他们在学习中发挥自己的想象力与创造力，使他们对教学片失去兴趣"。如果不能通过剪辑、改写降低语言难度，就应该实事求是地根据视频语言的实际难度准确设定教材的教学起点。反过来，这又要求我们多方搜寻合适的影视作品，编出不同起点难度的视听教材，以满足不同层次的学习者的需求。

第五，选材注意避免教学"审美疲劳"。从影视作品取材编写教材，一个前提条件是解决版权问题。理想的选材应该是将不同体裁、题材的作品集中在一套教材中，上述前四点构想都是以此为基础的，是为有条件这样做的作者或出版社设计的框架。但是，大部分作者没有条件编写出版这样综合取材的视听教材，其

[①] 参见徐凌志韫《近年来美国汉语教学界以电影录像带当教材的发展》，《第三届国际汉语教学讨论会论文选》，北京语言学院出版社1991年版。

作品只能像冯惟钢（1995）[①]尝试编写的《对外汉语视听说课本》那样停留在内部试用和学术讨论的层面。我们注意到，凡是取材于电视片的视听教材，无论是电视短剧还是纪录片，都是一部教材封闭性地只从同一系列剧选材，显然是为了便于解决版权问题。但是，一本教材至少要使用一个学期，只观看、学习同一系列剧，肯定会造成教学上的审美疲劳，影响教学效果。因此，选材时至少要注意，应该选择剧中人物不重复的电视剧，以降低厌学情绪发生的可能性。《中国百姓身边的故事》《走进中国百姓生活》和《中国人的故事》在这一点上处理得比较好。

附录

中国境内正式出版的汉语视听教材（依初版时间排序）

1.《你好 北京》，黄政澄主编，中国广播电视出版社 1990 年版，北京语言大学出版社 2008 年修订再版。

2.《汉语情景会话》，陈如、王天慧编著，北京大学出版社 1991 年版。

3.《旅游汉语》，黄政澄编，中国文联出版公司 1994 年版。

4.《商务汉语》，黄为之主编，对外经济贸易大学出版社 1995 年版，北京语言大学出版社 2007 年修订再版。

5.《北京行》，林国立编著，中央音像教材出版社 1998 年版。

6.《中国全景——初级汉语》，吕必松主编，中央广播电视大学出版社 1999 年版。

[①] 参见冯惟钢《视听说教学及其教材的编写》，《世界汉语教学》1995 年第 4 期。

7.《秦淮人家——中高级汉语视听说教程》，李菊先、王树锋编著，北京语言大学出版社 2003 年版。

8.《看电影 说汉语》，史世庆、陆健真编著，暨南大学出版社 2004 年版。

9.《汉语世界》，外研社对外汉语编辑室编，外语教学与研究出版社 2005 年版。

10.《看电影 学汉语》，王晓凌编著，陕西师范大学出版社 2005 年版。

11.《快乐中国——学汉语》，《快乐中国——学汉语》节目组编，北京语言大学出版社 2005 年版。

12.《新实用汉语课本》教学 DVD，北京语言大学电子音像出版社、中央广播电视大学音像出版社 2005 年版。

13.《中国城市名片——中高级汉语视听说教程》，邹胜瑛、宋业瑾、常庆丰编著，北京大学出版社 2005 年版。

14.《汉语会话 301 句》教学 DVD，北京语言大学出版社 2006 年版。

15.《走进中国百姓生活——中高级汉语视听说教程》，刘月华、刘宪民、李金玉编著，世界图书出版公司 2006 年版。

16.《汉语口语速成·入门篇》教学 DVD，北京语言大学出版社 2007 年版。

17.《快乐北京——实用日常汉语会话》，陈红玉编著，北京语言大学出版社 2007 年版。

18.《中国文化百题》，《中国文化百题》编写组编，北京语言大学出版社 2007 年版。

19.《跟大头儿子和小头爸爸学汉语》，郑天刚主编，北京语言大学出版社 2008 年版。

20.《中国百姓身边的故事——初中级汉语视听说教程》，刘月华、李金玉、刘宪民、葛良彦编著，世界图书出版公司 2008 年版。

21.《中国人的故事——中级汉语精视精读》，华雨汉风工作室编著，北京语言大学出版社 2009 年版。

第七节　汉语视听说教材语料难度分析[①]

一　回顾

汉语视听说课程是把传统的独立的听力课、口语课及影视欣赏课等课程综合为一体，通过视、听、说相结合的全方位语言教学，来提高学生听力理解能力和口语交际能力，特别是成段表达能力的多技能语言训练课程。该课型虽然在20世纪80年代就已出现，[②] 中国境内第一部汉语视听说教材《汉语视听说》[③] 也于1989年出版，但是视听说教材相比其他类型的对外汉语教材仍然寥寥。据王飙（2009）[④] 统计，从1990年到2008年，共出版了21种汉语视听说教材。而据笔者补充统计，截至2011年也仅增

[①]　本节摘自张璐、彭艳丽《基于影视作品改编的中高级汉语视听说教材语料难度分析》，《世界汉语教学》2013年第2期。

[②]　据《世界汉语教学》1987年第1期简讯，北京师范大学对外汉语教学中心于1986年11月22日举办了一次成功的视听说电化教学公开课，共有80多位各地教师来讨论视听说课的教材、形式和教学效果等问题。这说明，至少在1986年之前，"汉语视听说"课程就已经产生了。

[③]　参见施宝义等编《汉语视听说》（上、下册），外语教学与研究出版社1989年版。虽然《语言教学与研究》1985年第1期刊登一则书讯，报道北京语言学院电教室在1984年编制了两套新汉语视听教材《视听说》和《北京揽胜》，但可惜的是，关于这两套教材没有进一步的出版信息。因此，本节将《汉语视听说》作为目前能查到的公开出版的第一部中国境内汉语视听说教材。

[④]　参见王飙《中国大陆对外汉语视听说教材评述与展望》，《世界汉语教学》2009年第2期。

加了 4 种[①]，加上 1989 年最早一部视听说教材，也不外 26 种。虽然教材出版数量不多，但近些年来对于视听说教材的研究却有不少，诸如针对编写原则和体例、题材和话题选择等屡见成果，但是针对视听说教材难度的研究还不多见。张宁志（2000）[②]曾指出，"我们在选择材料、编写教材和安排教学内容的顺序时，还缺乏客观、统一的标准，往往还需要依赖教师主观、直觉的经验"，"目前的汉语教材，特别是中高级阶段的教材，在选择和编排时作者对内容的重视远远超过对难度的安排与控制，还远远说不上是科学和合理的"。这个问题迄今仍然存在。

西方学界把语料难度研究称为"易读性研究"，他们早在几十年前就开始了对"易读性"的研究。我国汉语学界对于语料难度的研究比较薄弱。对外汉语界较早从事语料难度研究的有张宁志（2000），他发现"平均句长"和"每百字中包含的非常用词数（甲、乙级词汇之外的词）"两项因素所得到的数值相加基本可以作为区分对外汉语阅读材料难度的标准。其后，王蕾（2005）[③]

---

① 在统计中，北京语言大学出版社的《中国电影欣赏》分《洗澡》《霸王别姬》《女人的天空》三册，分别在不同年份出版，但这里按一种汉语视听说教材统计。类似的还有北京大学出版社的《中国城市名片——中高级汉语视听说教程》分《民俗篇》《旅游篇》《商务篇》，也统计为一种汉语视听说教材。

② 参见张宁志《汉语教材语料难度的定量分析》，《世界汉语教学》2000 年第 3 期。

③ 参见王蕾《初中级日韩留学生文本可读性公式初探》，北京语言大学硕士学位论文，2005 年。

和郭望皓（2009）[①]都做了对外汉语文本易读性公式研究，王蕾（2005）主要以总词数、简单词数、虚词数、分句数为变量计算，而郭望皓（2009）则以平均句长、汉字难度、词汇难度为变量计算，二者都是针对文本阅读难度的研究。由于他们的易读性公式计算比较复杂，且本节针对视听说教材语料难度进行研究，不纯粹是文本阅读，因此不采纳他们的计算公式和衡量标准。杨金余（2008）[②]针对三部高级汉语精读教材做了语言难度测定研究，提出以"平均每百字丙级、丁级、超纲字数""平均每百字丙级、丁级、超纲词数""平均每百字固定词组数""平均句长"和"平均每百字丙级以上语法项目数"为变量的综合难度系数。本节借鉴了其部分研究成果。再后，李燕和张英伟（2010）[③]利用韦恩·丹尼尔森与萨姆·邓恩·布赖恩的易读性公式从每个单位空间中的平均词数和句子的平均词数两个方面来分析《博雅汉语》教材语料的难度，他们的难度标准其实与张宁志（2000）殊途同归。简单来说，可以把张宁志（2000）、李燕和张英伟（2010）等研究的方法称为"二要素难度定量分析法"，杨金余（2008）的方法称为"五要素难度定量分析法"，但他们都是针对非视听说教材

[①] 参见郭望皓《对外汉语文本易读性公式研究》，上海交通大学硕士学位论文，2009年。

[②] 参见杨金余《高级汉语精读教材语言难度测定研究》，北京大学硕士学位论文，2008年。

[③] 参见李燕、张英伟《〈博雅汉语〉教材语料难度的定量分析——兼谈影响教材语言难度的因素和题材的选择》，《云南师范大学学报》（对外汉语教学与研究版）2010年第1期。

的语料难度研究。郭泠（2011）①首次对对外汉语初中级视听说教材语料难度进行了分析，结合视听说教材的特点，在"平均句长"和"平均每百字非常用词数"的基础上提出了"语速"这项因素，并命名为"三要素难度定量分析法"。

二 研究方法和研究对象

（一）视听说教材的五要素难度定量分析法

本节的研究与郭泠（2011）相似，都是针对汉语视听说教材语料难度的研究，只是本节集中在中高级阶段。与前贤研究有所不同，本节提出了视听说教材的"五要素难度定量分析法"，即在"平均句长""平均非常用词数"和"平均语速"三要素的基础上，增加"平均每百字生词量"和"平均每百字语言点数"两项要素。这样做出于以下几点考虑：

1. "平均句长"和"平均非常用词数"都是国内外公认的语料难度分析的两个必要且重要的要素，而"平均语速"在听力教学和以视听优先的视听说教学中的重要程度也早已获得共识。

2. 杨金余（2008）的难度系数中包含了平均每百字丙级、丁级、

---

① 参见郭泠《对外汉语初中级视听说教材选材分析——以三部教材为例》，北京大学硕士学位论文，2011年。郭泠（2011）中选取的三部教材是：刘月华、李金玉、刘宪民、葛良彦编著《中国百姓身边的故事——初中级汉语视听说教程》，世界图书出版公司2008年版；郑天刚主编《跟大头儿子和小头爸爸学汉语》，北京语言大学出版社2008年版；张莉、陈天序主编《中国电影欣赏——洗澡》，北京语言大学出版社2008年版。

超纲字数,即把汉字难度纳入了综合难度系数考虑中。但郭望皓(2009)做过调查,在中级汉语和高级汉语学习阶段,汉字都是影响权重最低的难度因素。就以训练听说能力为主的视听说课程而言,汉字并非学习的重点,且在教学过程中,往往文本的视听优先于文本的阅读,并且本节的研究集中在中高级汉语视听说教材,故不将非常用汉字纳入难度要素中。

3. 增加"生词量"是因为视听说教材多直接取材影视作品,词汇量不像别的教材那样容易控制,并且视听说课一般不作为主干课程,多作为辅助类语言技能课,不与其他课型教材形成统一系列,因此生词的选择和生词量的控制全由编者自行确定。如果一个段落生词比较集中,其他课程教材学生或许可以通过翻回去看生词表去理解意思,但是对于视听说课程来说,课堂教学就是希望尽量脱离文本,通过视听环节去理解课文内容,那么,生词量集中也势必增加视听说课的学习难度。另外,赵金铭(1998)[①]提出的《对外汉语教材评估一览表》也指出生词量、句长、篇长是评估教材语言方面的三个重要变量。

4. 增加"语言点",是基于郭望皓(2009)的调查,他指出在初级、中级阶段,影响对外汉语文本易读性的难度因素中,语法分别在第二位和第四位,而到了高级汉语阶段,语法才退到倒数第二位。本节考察的是以中级为起点的视听说教材,所以仍将语法纳入难度分析作为一个测量角度,考察其在每百字语段中语言点的分布情况。由于本节考察的三套中高级视听说教材语言点

[①] 参见赵金铭《论对外汉语教材评估》,《语言教学与研究》1998年第3期。

的设计有所不同，有的将词语注释和语法项目合二为一，有的则区分出语法项目和词语注释两类，所以本节考察的语言点包括语法项目和注释项目。

5. 与前人不同的还有，在"非常用词"统计时，本节专门针对"方言词"进行了单独分析。这是因为，目前多数汉语视听说教材为了追求真实的语言学习情境，往往是直接选用现成的影视作品编成教材，即便编者都尽可能地避免方言成分的加入，但也很难完全厘清。而留学生对于有些方言词，即使能听清楚发音，配合人物表演和字幕认出汉字，也未必明白是何含义。很多一线视听说课教师对此也深有体会。

（二）研究对象

本节选取了三套中高级汉语视听说教材为研究对象：《秦淮人家——中高级汉语视听说教程》（上、下）（以下简称《秦淮人家》），李菊先、王树锋编著，北京语言大学出版社2003年版；《走进中国百姓生活——中高级汉语视听说教程》（上、下）（以下简称《百姓生活》），刘月华、刘宪民、李金玉编著，世界图书出版公司2006年版；《家有儿女——汉语视听说教程》（2、3册）（以下简称《家有儿女》），刘立新、邓方编著，Kiran Patel译，世界图书出版公司2009年、2010年版。选取这三套教材的原因是：（1）都是取材于电视连续剧或电视系列短剧，且题材相同。《秦淮人家》取材于江苏电视台摄制的百集系列短剧《秦淮人家》，《百姓生活》取材于北京电视台拍摄的百集电视短剧《咱老百姓》，《家有儿女》取材于同名400集系列情景喜剧《家有儿女》，题材内容都涉及百姓生活的方方面面，素材来源比较近似。有些中高级汉语视听说教材，如《中国城市名片——中高级汉语视听说教程》

（北京大学出版社，2005）、《快乐中国人——中高级汉语视听说教程》（北京大学出版社，2010）等取材于电视新闻片或动画片，因题材不同，未在此次考察范围内。（2）都是先有影视音像材料，再有视听文本，而不像有的视听说教材是先有文本，再录制为录像材料。并且这三套教材取材的电视剧都不是针对外国人拍摄的电视教学片，语言场景真实，语言面貌也基本相似。也是基于这种考虑，《中国全景》（语文出版社，2002）等视听说教材也未在考察之列。（3）课文篇幅大致相仿。《秦淮人家》共16课，选取了16集电视剧，每集20—25分钟；《百姓生活》共10课，选取了10集电视短剧，每集30分钟；《家有儿女》共12单元，选取了12集电视剧，每集25分钟左右。综上三点，本节认为这三套教材有较大的可比性。

（三）研究步骤和研究目的

首先在文本材料方面，分别从三套教材中各选取16段百字材料进行"平均句长""平均非常用词数""平均每百字生词量"和"平均每百字语言点数"四要素统计；其次在音像材料方面，分别就所选每段百字材料进行"平均语速"要素分析；最后将统计出的五个要素数据相加得出难度系数值，从而对三套教材进行语料难度对比分析。

其中，百字段落的选取原则是：（1）段落数目应大致相当，且各段落尽可能分布均匀。《秦淮人家》共16课，课文数最多，以它为基准，确定段落数为16段。《秦淮人家》每课选1段；《家有儿女》是8个单元，每个单元选2段；《百姓生活》共10课，其中第四课、第七课和第十课只有三部分，其余分为四部分，加之第一课篇幅偏短，因此第一、四、七、十课每课选1段，其余各课每课选 2 段。三套教材均选出 16 段百字段落。（2）段落应尽量包含书中各主要角色的语言，以便尽量减小因性别、年龄、性格、说话风格等方面的差异造成的语速偏差。

本节希望五要素难度定量分析法能成为视听说教材语料难度分析的一个测定方法，并基于这种定量分析结果，衡量教材的适用程度，最终能给汉语教师和汉语学习者推荐出难度相对合适的一套视听说教材。同时，也期盼本节的研究能为以后汉语视听说教材的编写提供一定的参考。

三 平均句长统计分析

所谓平均句长统计，是指统计每百字中句子[①]数量和每句中含字（音节）量[②]的平均值。三套教材平均句长统计的结果如表 3-2：

表 3-2 三套教材平均每百字句数和平均句长统计

教材名称	平均每百字句数	平均句长
《秦淮人家》	7.372	13.564
《百姓生活》	7.328	13.554
《家有儿女》	8.326	12.010

郭泠（2011）对三套初中级汉语视听说教材每百字平均句长统计时，得到下列数据（见表 3-3）：

---

① 句子指句尾有句号、问号、叹号或句末省略号等标点符号的句子。
② 在平均句长统计中，还有一种标准是统计每句含词数量。根据汉语自身特点和视听说课以听为先的特点，本节选择以每句含字（即音节）量为统计标准。

表 3-3　三套初中级教材平均每百字句数和平均句长统计[1]

教材名称	平均每百字句数	平均句长
《故事》（上）	6.47	15.46
《故事》（下）	5.12	19.52
《洗澡》	8.60	11.63
《学汉语》	9.46	10.57

张宁志（2000）指出，平均每百字句数在10个以上的属于"入门教材"，在6—10个的属于"初级教材"，在6个以下的为"中高级教材"；若按平均句长，则不足10字属于"入门教材"，在10—16.7字之间属于"初级教材"，超过16.7字属于"中高级教材"。杨金余（2008）也提出了高级汉语精读教材语言难度适度区域范围，认为平均句长在20—40字之间属于高级汉语水平。那么从表3-2和表3-3所示的结果来看，三套中高级教材的平均每百字句数都在6—10之间，平均句长也在10—16.7字之间，都应属于初级教材之列，《秦淮人家》和《百姓生活》属于初级中间水平，《家有儿女》则属于初级偏低水平。而三套初中级教材中《洗澡》属于刚入初级水平，《学汉语》为初级偏低水平，《故事》（上）则是初级偏高水平，《故事》（下）是中高级教材。

与郭泠（2011）考察教材相比，《秦淮人家》《百姓生活》和《家有儿女》虽命名为中高级视听说教材，难度也高于《洗澡》和《学汉语》，但比《故事》（上、下）都低。这样的定位是否准确呢？本节认为还应从以下三方面考虑：

---

[1] 《故事》《洗澡》《学汉语》分别是《中国百姓身边的故事——初中级汉语视听说教程》《中国电影欣赏——洗澡》《跟大头儿子和小头爸爸学汉语》的简称。

1.张宁志(2000)的划分标准是在对29部综合教材、口语教材、听力教材、文化教材、阅读教材等纸质教材分析的基础上得出来的,对于以训练听说为主的视听说教材来说,是否完全参照他的标准,还有待进一步研究。

2.三套中高级教材都是根据电视剧改编的,课文内容主要是口语对话。众所周知,口语比书面语句子短,而且这三套教材所取材的电视剧,都是围绕百姓日常生活展开的,话题都是家长里短,话轮转换频繁,除非某个人大段说教或解释,句子都不太长。而《故事》虽也取材于电视短剧《身边的故事》,但每集只有5分钟,篇幅短小,情节紧凑,因此即便也是对话体,用如此短的篇幅完成一个情节完整的故事,句子也会加长。

3.在日常口语中,人们的对话还常用叹词来代替表达自己个人观点或情绪,而这些词往往自成一句,这个也会影响句子长度的统计结果。如下面的对话:

梅:啊!小雪你干嘛呢你!

雪:哎呀,哎!

梅:你怎么这么想不开呀你?

夏:是啊,你这干嘛?让我们多着急呀!

雪:哎呀!你们想哪儿去了?我只是用绳子和图片来模拟生态链!

梅:生态链?嗯?

雪:您应该知道什么叫生物链吧?

梅:我知道。

雨:我不知道。

梅：生物链呢，就是大鱼吃小鱼，小鱼吃虾米。

夏：那你拿刀干嘛呀？

这是从《家有儿女》（第2册）第六单元第一课中选出来的一段，这个百字语段（从"啊"到"那你拿"为100个字）的平均句数是15.5句，平均句长为6.452字。从选文中我们可以看出，其中"啊！""哎呀，哎！""哎呀！""嗯？"等只包含1—3个字，这样的句子势必影响对整套教材平均句长的统计。类似段落在《家有儿女》里面比较多见，《秦淮人家》和《百姓生活》中也有，只是相对来说少一些。而这类现象在《故事》中则较少见。

对于教材难度的分析，还应该考虑到教材内部设计是否遵循了由易到难、循序渐进的规律。"不陵节而施"也是我国古代教育思想的重要内容。为此，本节进一步分析了三套教材在平均句长方面的内部分布情况。具体见表3-4：

表3-4 三套教材平均每百字句长内部分布统计

段落编号	《秦淮人家》	《百姓生活》	《家有儿女》
1	25.00	10.53	10.56
2	8.33	5.88	14.29
3	10.00	12.50	6.45
4	12.50	12.82	9.71
5	13.33	15.63	7.69
6	9.52	20.00	7.69
7	25.00	15.39	9.52
8	14.29	20.00	10.00
9	11.77	10.00	22.22
10	14.93	16.67	8.00
11	5.26	8.33	23.81

(续表)

段落编号	教材名称		
	《秦淮人家》	《百姓生活》	《家有儿女》
12	9.09	14.29	20.00
13	16.67	6.67	10.42
14	8.00	14.29	9.62
15	22.22	13.89	11.11
16	11.11	20.00	11.11

从表3-4来看，三套教材平均句长都有起伏，总体趋升态势不够明朗。相对来说，《百姓生活》总体走势相对平稳，起伏较小，末尾段句长高于起始段句长，而且平均句长基本控制在初等偏高到中高级的水平，接近其自身定位；《家有儿女》在第九段到第十三段之间起伏变化大，平均句长则整体偏低，其最高数值平均句长也只有三段，总体而言水平更接近初级；《秦淮人家》则是整体上起伏都比较大，有三处相邻语段起伏差距过大，末尾段句长明显低于起始段句长，并且平均句长最高值和最低值也出现在该教材中。这种忽难忽易的现象势必对学生学习产生消极影响。

四 平均非常用词次数和平均方言词统计分析

本节界定的"非常用词"根据《汉语水平词汇与汉字等级大纲》（北京语言学院出版社，1992）和《汉语国际教育用音节汉字词汇等级划分》（北京语言大学出版社，2010）划定，区分出"丙级词、丁级词"和"超纲词"两类，"丙级词、丁级词"参照《汉语水平词汇与汉字等级大纲》（1992），而未在这两本等级大纲中的词语，就是超纲词（排除人名）。在统计平均每百字非常用词数时，本节是统计词次，即某个非常用词在所选百字语段中出现一次计为1，出现两次记为2，以此类推。统计结果见表3-5：

表3-5 三套教材平均每百字非常用词次统计

教材名称	平均丙级、丁级词次数	平均超纲词次数	合计
《秦淮人家》	4.50	2.56	7.06
《百姓生活》	3.63	2.94	6.57
《家有儿女》	4.06	3.12	7.18

由于本节统计的是非常用词次数，与张宁志（2000）、杨金余（2008）、李燕和张英伟（2010）、郭泠（2011）统计非常用词数略有不同。但两种数据进行比较，偏差不会太大。张宁志（2000）调查的中级汉语教材平均每百字非常用词数最低为5.6，最高为11.3；高级汉语教材平均非常用词数最低10.4，最高13.1。李燕和张英伟（2010）调查的《博雅汉语——中级冲刺篇1》（北京大学出版社，2005）平均非常用词数为8.40。杨金余（2008）考察的三套高级汉语精读教材平均非常用词数为12.92。郭泠（2011）考察了三套初中级视听说教材平均非常用词数，其中《学汉语》最低，为5.5，《洗澡》和《故事》（上、下）分别是8.3和8.8。衡量他们统计出的数值，如果我们可以将中级汉语教材平均每百字非常用词数界定在5.6—10之间，而高于10则为高级汉语水平，那么，本节考察的三套中高级视听说教材都属于中级水平。三套教材的非常用词中，"丙级、丁级词"和"超纲词"的比例见表3-6：

表 3-6　三套教材平均每百字非常用词类型统计（单位%）

教材名称	丙级、丁级词比例	超纲词比例
《秦淮人家》	63.70	36.30
《百姓生活》	55.20	44.80
《家有儿女》	56.50	43.50

《秦淮人家》超纲词比例最小，《百姓生活》比例最大。具体分析会发现，三套教材超纲词的类型还有所区别：《家有儿女》围绕的是北京一个重组家庭，所以文本出现了不少北京方言土语，比如"忒、来劲、怂人、大老远"等。《秦淮人家》是根据江苏南京一部同名电视剧改编的，写的是本地一个大杂院里的生活，当然也少不了些许南京方言或吴方言，比如"小来兮、坍台"等。《百姓生活》虽然根据北京电视台出品的电视剧改编，但方言词相对较少，由于课文话题类型丰富，新闻报道、经济生活、学术生活等也都涉猎，更多的是一些书面词语，如"表象、触发剂、伪劣、举报"等。

具体到各教材中的方言词，本节除了根据教材词表中的注释，也参考了《现代汉语词典》（第5版）、《新编北京方言词典》（董树人，商务印书馆2010年版）和《南京方言词典》（刘丹青编纂，江苏教育出版社1995年版），统计出各教材所选语段的方言词数，见表3-7：

表 3-7　三套教材平均每百字方言词数统计

教材名称	方言词总数	平均每百字方言词数
《秦淮人家》	4	0.250
《百姓生活》	10	0.625
《家有儿女》	24	1.500

《家有儿女》中的方言词数明显高于前两套教材。而方言词在超纲词中所占的比重几乎占了总数的一半，这说明《家有儿女》语料中方言成分比例有些过多，见表3-8：

表3-8 三套教材方言词在超纲词中的比例统计（单位：%）

教材名称	方言词比例	其他超纲词比例
《秦淮人家》	9.75	90.25
《百姓生活》	21.27	78.73
《家有儿女》	48.00	52.00

本节还进一步统计了非常用词在各百字选段中的分布情况，详见表3-9：

表3-9 三套教材平均每百字非常用词内部分布统计

段落编号	《秦淮人家》	《百姓生活》	《家有儿女》	段落编号	《秦淮人家》	《百姓生活》	《家有儿女》
1	7	4	6	9	7	4	9
2	8	9	6	10	9	11	9
3	9	6	6	11	8	6	6
4	6	8	8	12	8	8	6
5	9	12	9	13	3	4	5
6	8	3	6	14	6	10	9
7	6	0	11	15	7	9	4
8	2	4	8	16	10	7	7

可以看出，《百姓生活》非常用词内部分布不够均衡，起伏较大，第五到第十语段形成一个较大起伏，出现在第四到六课之间；十、十一和十三、十四两个相邻语段起伏也较大，出现在第七、八课之间，最高落差达7个词。《秦淮人家》也有两个相邻

语段出现较大起伏，分别是七到九段和十二到十四段，最高落差为 5 个词。《家有儿女》总体最为均衡，虽在六到八语段和十三到十五语段之间也略有起伏，但落差在 4 词以内。综合考虑平均非常用词次数和平均方言词数，《秦淮人家》在词汇难度上更适中一些。

五 平均生词量和平均语法项目数统计分析

生词量多少和语法项目多少也是衡量语料难度的重要因素。赵金铭（1998）认为，生词量、句长、篇长是评估教材语言方面的三个重要变量。虽然他本人并没有提出具体的标准，但该文引用了周雪林（1996）[①] 的话："如果一篇 1500 字左右的课文生词量超过 70 个，语言难点和内容难点超过 15 个的话，那么学生学习时就会感到负担过重，其学习兴趣会减弱。据专家测算，一篇 1500 字左右的文章，其理想的生词量应为 40 个，理想的语言难点和内容难点不应超过 10 个。"那么，我们按每百字计算的话，对外汉语课文的合适生词量应为 2.67 个，最高不要超过 4.67 个；理想的语法项目数为 0.67 个，最高为 1 个。

本节统计的三套中高级视听说教材，平均每百字生词量依次为：《秦淮人家》3.88 个，《家有儿女》4.38 个，《百姓生活》5.75 个。三套教材平均每百字生词量均超过理想标准，《百姓生活》超出了最高标准。具体到各百字选段生词量分布，见表 3-10：

---

① 参见周雪林《浅谈外语教材评估标准》，《外语界》1996 年第 2 期。

表 3-10　三套教材平均每百字生词量内部分布统计

段落编号	教材名称			段落编号	教材名称		
	《秦淮人家》	《百姓生活》	《家有儿女》		《秦淮人家》	《百姓生活》	《家有儿女》
1	6	7	4	9	8	2	5
2	3	8	4	10	3	14	2
3	5	3	4	11	3	6	6
4	4	6	3	12	2	8	7
5	6	9	6	13	2	10	3
6	4	4	5	14	4	1	1
7	6	1	7	15	3	2	2
8	0	2	7	16	3	9	4

赵新和李英（2004）[①]对几部中级教材生词的数量和等级进行了考察和分析，认为"一册中每课生词的数量相差不能过大，应当保持在5—8个之间"。而从表3-10来看，《百姓生活》相邻语段生词量差距起伏比较大，有6次生词量差超过5个生词的情况；《秦淮人家》有3次生词量差超过5个的情况，只是这3次是互为连接的四个语段；《家有儿女》生词分布基本平稳，只有1个相邻语段生词量差为4，其余均在1—3之间。

三套教材平均每百字语言点数依次为：《家有儿女》0.94个，《秦淮人家》1.06个，《百姓生活》1.56个。三套教材平均每百字语法点数均超过理想标准，《秦淮人家》刚刚超出最高标准，《百姓生活》则超出最高标准一半。具体到各百字选段语言点分布情况，详见表3-11：

---

① 参见赵新、李英《汉语中级精读教材的分析与思考》，《暨南大学华文学院学报》2004年第4期。

表 3-11 三套教材平均每百字语言点内部分布统计

段落编号	《秦淮人家》	《百姓生活》	《家有儿女》	段落编号	《秦淮人家》	《百姓生活》	《家有儿女》
1	3	3	2	9	2	1	0
2	0	5	1	10	0	2	0
3	3	3	0	11	0	1	0
4	0	1	1	12	0	0	0
5	0	2	0	13	1	2	2
6	3	0	3	14	1	1	1
7	1	1	1	15	1	1	2
8	1	1	2	16	1	1	0

总体来说，三套教材平均每百字语言点内部分布都较为均衡，其中《家有儿女》最为均衡，只有第六语段出现了3个语言点；《秦淮人家》有3个百字语段出现了3个语言点，分别在第一、三和六语段；《百姓生活》的前3个百字语段语言点分布集中，其中第二语段还出现了5个语言点。综合来看，《家有儿女》在生词和语言点的控制上处理得较好。

六 平均语速统计分析

对于视听说课来说，语速也是影响语料难度的一个非常重要的因素。我们都有过这样的经历，相同的一句话，即便是很简单的内容，如果有人说得太快，别人就很可能听不清楚或听不懂。因此，视听说教材难度分析不能忽略语料播放的语速。

本节在对语料语速进行分析时，由于条件和技术有限，只能统计相对语速。另外，这三套教材都是根据电视剧改编的，课文内容就是剧中角色的对话。和普通的听力材料相比,影视作品中的人物对白都会根据情节内容、角色的心理活动、行为动作以及身份、年龄等因素拿捏语气和语速,这些表演成分都可能使基于影视作品改编的视听说材料语速低于普通的、无实况背景的听力材料语速。因此,为保证语速统计的准确性,笔者在统计时减去了对白中语气停顿所占去的时间。[①] 具体测量语速的方法是:测量每套教材每个百字语段的所用时间,计算得出每个语段的语速,然后相加 16 段语速,再算出每套教材的平均语速。分别以字 / 分和字 / 秒为计算单位,具体测量结果如表 3-12:

表 3-12　三套教材平均语速统计

教材名称	语速	
	字 / 分	字 / 秒
《秦淮人家》	192.10	3.20
《百姓生活》	194.54	3.24
《家有儿女》	218.65	3.64

根据《汉语水平等级标准与语法等级大纲》(1996),就听力来说,初等一级的学生要达到的水平为能听懂语速在 160 字 / 分的语料,初等二级的学生要达到的水平为 180 字 / 分,中等三级的水平为 180—220 字 / 分,高等四级的水平为 180—240 字 / 分,高等五级的水平为 180—260 字 / 分。那么,《家有儿女》的语速

---

① 本节在初稿时并没有切去对白停歇的时间。审稿专家指出《汉语水平等级标准与语法等级大纲》(国家对外汉语教学领导小组办公室汉语水平考试部,高等教育出版社 1996 年版)及其他中高级教材所说的语速标准,是指没有话语空白的情况下所统计出的数据标准。这样,有话语空白的电视对话的语速是难以和现有的标准形成比较的。因此,在修改稿中,本节重新做了语速统计。

在中等三级水平接近高级水平的程度,而《秦淮人家》和《百姓生活》语速比较接近,属于中等三级水平。郭泠(2011)也考察了语速,其统计结果见表3-13:

表3-13 三套初中级教材平均语速统计

教材名称	语速	
	字/分	字/秒
《故事》(上)	153.64	2.56
《故事》(下)	174.56	2.91
《洗澡》	172.40	2.87
《学汉语》	138.20	2.30

可以看出,三套中高级视听说教材的平均语速普遍高于三套初中级视听说教材。

七 难度系数评估

我们根据五要素难度定量分析法,将五个要素的统计结果相加,便可得到各套教材的难度系数。结果见表3-14:

表3-14 三套教材难度系数统计

教材名称	A平均句长	B平均非常用词数	C平均每百字生词量	D平均每百字语言点数	E平均语速(字/秒)	难度系数(A+B+C+D+E)
《秦淮人家》	13.56	7.06	3.88	1.06	3.20	28.76
《百姓生活》	13.55	6.57	5.75	1.56	3.24	30.67
《家有儿女》	12.01	7.18	4.38	0.94	3.64	28.15

从表3-14可以看出,《百姓生活》的难度系数最大,《秦淮人家》次之,《家有儿女》最低。但若加上每百字平均方言词数,

《家有儿女》的难度则会超过《秦淮人家》，达到29.65。

张宁志（2000）的语料难度系数只是平均句长和平均非常用词相加，并且他考察的教材多是精读教材和个别口语、阅读教材。其中，中级水平教材的统计结果是：《桥梁》上、下册平均难度系数为28.04，《汉语中级教程》一、二册平均难度系数为26.135，《中级汉语教程》上、下册平均难度系数为34.285，[①]《说汉语谈文化》为25.83，《中国家常》为39.22。李燕和张英伟（2010）统计的《博雅汉语——中级冲刺篇1》（北京大学出版社，2005）的难度系数是46.46。《秦淮人家》等三套教材的难度系数虽基于五要素定量分析，但并不比这些中级汉语教材高出太多，甚至还低于某些教材。究其原因，主要是平均句长都远远低于他们的统计，他们所考察的中级教材平均句长最低已是17.73，最高则达到38.09。

郭泠（2011）的难度系数统计是基于三要素定量分析，结果见表3-15：

表3-15 三套初中级教材难度系数统计

教材名称	A平均句长	B平均非常用词数	E语速（字/秒）	难度系数（A+B+E）
《故事》（上）	15.46	8.3	2.56	26.32
《故事》（下）	19.52	8.8	2.91	31.23
《洗澡》	11.63	8.4	2.87	22.90
《学汉语》	10.57	5.5	2.30	18.37

---

① 张宁志（2000）分别统计上、下册和一、二册，因本节并未分别计算上、下册的难度系数，故将张宁志（2000）所统计的分册数值相加后计算平均数值，以便对比。

本节如果只统计 A、B、E 三项，三套教材难度系数分别是：《秦淮人家》23.82，《百姓生活》23.36，《家有儿女》22.83，高于《学汉语》，与《洗澡》相当，低于《故事》（上、下）。

张宁志（2000）把难度系数在 20 和 30 之间的定为中级教材，30 以上的定为高级教材。虽然他本人说过，这样的界定有一定主观随意性，但仍可作为一个衡量标准。杨金余（2008）针对高级精读教材提出了一个难度系数公式：$Y=0.95X_1+0.975（X_2+X_3）+X_4+X_5$[①]，把高级汉语精读教材难度系数的适度区域粗略地划为 30—60。虽然本节的五要素难度定量分析与二者略有不同，但不妨仍以 30 为中级汉语和高级汉语的分界线。那么，《秦淮人家》和《家有儿女》属于中级阶段，《百姓生活》属于高级入门阶段。综合衡量五方面要素，《家有儿女》应更适合中级阶段的视听说汉语教学。

八 对汉语视听说教材编写的思考

首先，在编写视听说教材及其他课型教材时，应把语料难度作为一个必要参考因素。特别是以当代影视材料为基础改编的视听说教材，由于素材本身并不是为了教学而专门拍摄的，所以难度上最难控制。那么，教材编写者在挑选素材时，应先期分析所选材料的平均句长、非常用词数、方言词数和语速，合理布局生

---

① X_1 指平均每百字非常用字数，X_2 指平均每百字非常用词数，X_3 指平均每百字固定词组数，X_4 指平均句长，X_5 指平均每百字丙级以上语法项目。

词和语言点，使教学内容符合应有的学习阶段，符合学生学习的认知规律，并且难度应逐级、逐课呈一定梯度上升，尽量避免难度起伏过大。虽然这种要求是一种理想化的期望，但视听说课文的取材毕竟是从若干集电视剧或若干部电影片段中筛选的，合理控制难度依然有实现的可能。

其次，虽然视听说课追求的是真实话语语境下的教学，尽可能使学生达到身临其境与母语者自由沟通的境界，但是方言词量的问题仍需考虑。为了教授标准汉语，编者们已经在尽量回避挑选带有浓郁地方色彩的影视素材，但是不少看似语言规范的影视作品仍有普通话和北京话混杂的现象，而且有的教材中并没有对方言词进行明显标注或解释，无意中误导了学生。钱学烈（1997）[①]曾就此现象指出教材的不规范所带来的不良后果，"一是降低了教材的权威性和规范性"，"二是模糊了普通话与北京方言的界限，歪曲了普通话的形象"。本节认为视听说教材中的方言词很难完全杜绝，可行的办法是要求编者就每个方言词做出准确标注，不要仅简单标为方言，而是最好标明出自哪个方言区。

最后，长期以来视听说教材的分级一直不像其他课型分为初、中、高三级，而是含混地分为初中级和中高级，语料难度分析能对视听说教材的进一步科学分级提供客观的参考标准。

本节的不足在于：（1）五要素难度定量分析法虽然提出了五个难度影响要素，但是这五个要素还缺乏影响权重的分析，因此本节在计算难度系数时，只是简单地相加，并未提出一个更科

---

① 参见钱学烈《关于中级汉语教材中的语言规范问题》，《第五届国际汉语教学讨论会论文选》，北京大学出版社 1997 年版。

学的计算公式。这有待进一步的研究。(2) 还有其他因素影响语料难度,诸如语体风格、话题类型、文化背景知识等等,由于不少因素难以定量分析,所以不能兼顾。(3) 本研究也缺少和中高级口语、听力教材的比较,希望在以后的研究中弥补。正如张宁志(2000)所说,"这个问题的最终解决,不仅需要全面分析影响汉语语料的各种因素,从中筛选出最重要的因素,制定出一套简明、有效的计算公式,还要将对某一篇语料统计、计算的结果与教师和学生所感觉到的难度进行比较,从而对计算公式进行调整、修订。这些工作都不是个人的力量所能胜任的,我们期待着同行们的共同努力"。因此,本节提出的五要素难度定量分析法对视听说教材语料难度分析提出了一些客观的、简明的衡量标准,而其有效性还有待更多深入的研究。

第八节 汉语语法偏误计算机自动识别技术[①]

汉语中介语语料库建设的重要任务是对其中存在的各种偏误现象进行标注。很多偏误现象在归类时存在歧义,即同一偏误实例既可归入 A 类,又可归入 B 类(甚至还可以归入其他类),这就给人工标注带来很大难度,即使事先制定详细的标注规范,标注结果的一致性也难以保证。

---

① 本节摘自王洁《计算机识别汉语语法偏误的可行性分析》,《语言文字应用》2011 年第 1 期。

偏误大多有规律可循，而且有些规律是可以形式化地表示出来的，这就为计算机识别偏误提供了可能性。如果计算机能在一定程度上自动识别一些类型的偏误，那么就可以对人工标注起到很好的辅助作用，在减轻标注者负担的同时可以较好地保证偏误归类的一致性。

一 偏误的定性

偏误的定性问题分为两方面：一方面是有多少类偏误，即分类问题；另一方面是某一具体偏误实例应归入哪一类，即归类问题。

偏误的定性存在主观性。

首先，分类的主观性。不同的研究者收集到的资料不同、考虑的角度不同，归纳出来的类别在数量及层次上就很难达成一致，甚至大相径庭。举例来说，鲁健骥（1994）[1]将语法偏误按性质分为遗漏、误加、误代、错序四大类；"HSK 动态作文语料库"划分了字、词、句、篇、标点等大类，然后各大类又有小类，其中字、词、标点等主要从形式上的多余、缺失、误用的角度来划分小类；《外国人学汉语语法偏误分析》（李大忠，北京语言文化大学出版社 1996 年版）只关注语法偏误，直接给出了 30 个具体的语法项目，涉及虚词、动词重叠、特殊句型和补语四个方面；《汉语病句辨析九百例》（程美珍主编，华语教学出版社 1997 年版）分为词法、句法、标点符号三方面，其中词法方面是按词类来划

---

[1] 参见鲁健骥《外国人学汉语的语法偏误分析》，《语言教学与研究》1994 年第 1 期。

分小类的，如名词的误用、代词的误用、动词的误用等，句法方面包括词组的误用、句子成分的误用、单句的误用、复句的误用、特殊句型的误用等，标点符号分为点号的误用和标号的误用。

其次，归类的主观性。某一具体的偏误实例往往存在多种归类的可能，如"你把你的学习方法能不能给我们介绍一下儿？"在《汉语病句辨析九百例》（1997）中属于能愿动词误用，如果将其算作语序不当或"把"字句使用不当也是合理的。

理论上如何对待偏误的定性问题，实践上如何确立一个较好的偏误类别体系并进行偏误归类，都是值得深入研究的问题。本节首先从语法偏误入手，参照《外国人学汉语语法偏误分析》（1996）一书中的类别体系，对计算机识别各类语法偏误的可行性进行理论上的分析；然后，选择"比"字句、"把"字句、"被"字句三种特殊句型作为切入点进行实验验证。目标是结合面的分析和点的实验来论证计算机识别语法偏误的可行性。

二 计算机识别语法偏误的理论分析

《外国人学汉语语法偏误分析》（1996）全书 30 章对应了 30 类偏误项目，前 19 章是与虚词有关的偏误项目，第 20 章是与动词重叠有关的偏误项目，第 21 到 25 章是与一些特殊句型有关的偏误项目，第 26 到 30 章是与各种补语有关的偏误项目。

由于篇幅所限，仅以虚词中的"才"（书中第一章内容）为例来说明我们的分析。

对于与副词"才"相关的偏误，《外国人学汉语语法偏误分析》（1996）总结了五小类：

第 1 类

①别着急,你在家考虑考虑才决定吧。[①]

②这是我从中国寄出的最后一封信。下一封信等我到巴基斯坦才写吧。

③那个人说:"公主病了,因此今天不能开招待会了。等公主治好病才安排吧。"

④有很多话要对你说,真是一言难尽,等我回到家时才当面对你说。

以上各例"才"都应为"再"。从形式上看,例①—例③的句末标点前都出现"吧",这可以作为一个形式标记来发现此类偏误,因为副词"才"很少跟语气词"吧"共现。我们对《人民日报》的语料(1993、1994、1996—2000)进行了检索,发现只有6句"才"跟"吧"共现,见例(1)—例(6)。这6句也可以找到形式上的共同特点,即都是设问句,前文会出现"恐怕""也许""大概"等表示假设的词,或者句末出现"?"。由此计算机可以发现例①—例③有问题并进行修改,即将"才"改为"再"。例④缺乏形式标记,计算机无法发现偏误。

(1)遗憾的是产量不多,也许正因为稀少,才更显珍贵吧?

(2)恐怕正是因为时下的"有偿评奖"泛滥成灾,他们担心人们误以为申请孙冶方经济科学奖也要收费而置之不理,才"多此一举"吧。

(3)那样才不枉一世吧?

---

① 本节标圈形数码的例子均出自《外国人学汉语语法偏误分析》(1996)。

（4）大概就是因为这才叫"丝"酱豆吧。

（5）也许,人有了一定阅历,且具有了敢于自我解剖的修养,才不屑于去掩饰自己的过错吧。

（6）才发出如此感叹的吧?

第2类

⑤昨天晚上我感冒了,九点才睡觉。

⑥这篇课文不太长,我一个小时才看完了。

以上两例"才"都应为"就"。副词"才"的用法之一是表示事情持续时间长或发生得晚;与之相对,副词"就"的用法之一是表示事情持续时间短或发生得早。计算机要识别此类偏误,需要具备常识,即句子中某个或某些词语反映的现实需要持续的时间段或应当发生的时间点,以此同句中的时间段、时间点进行比较,决定是长是短或是早是晚。而这种常识是很难形式化的,计算机不易获得。首先,时间是一个相对的概念。比如"他明天～能到"中"～"的位置填"才"或"就"都可以,这取决于说话者认为"明天"是早还是晚;再比如"一百年"这个时间段对人的一生而言是一个很长的时间,而对于人类历史而言又是一个很短的时间。其次,常识无法穷尽。例⑤隐含的常识是:感冒应该早睡觉;如果其中的"感冒"换成别的词语,如"复习功课",其隐含的常识是:复习功课比较费时间,应该晚睡觉;再如"喝咖啡",其隐含的常识是:咖啡有提神的功效,喝了咖啡应该晚睡觉。例⑥也有同样的问题,其隐含的常识是:课文不太长,应该花较短的时间看完;如果"不太长"换成"不太容易",隐含的常识是:课文不太容易,应该花较长的时间看完。由此可知,计算机很难发现此类偏误。例⑥出现了"'才'+动词+'了'+句末标点"的结构,该结构比起"'就'+动词+'了'+句末标点"的结构要少见得多，但汉语中确实存在，见例（7）—例（10）（出自《人民日报》）。

（7）李老师不停地换水、换药，到5时，罗凯的高烧才退了。
（8）这下我们才信服了。
（9）我又长长地按了一下门铃，房门才打开了。
（10）慢慢地思想才转变了。

第3类
⑦昨天去了好几家书店，才我买到了这本词典。
⑧他很用功，每天夜里十二点才他睡觉。
⑨除非解决这些经济方面的问题，才儿童能上学。

以上三例中的"才"都应放到主语之后。副词"才"后不能跟名词或代词。因此，当"才"后跟名词或代词时，很可能就是出现了此类偏误，计算机可以据此进行判断。

第4类
⑩去年他得了癌症，当时他才三十九岁了。
⑪他说："1945年8月15日，我才四岁了，所以没有战争的记忆。"
⑫这个姑娘今年才十七岁了。
⑬我来中国以前学汉语才学了两年半了，所以水平不高。
⑭他抽烟才三年了，没想到牙全黄了。

以上各例都应去掉"了"。从形式上看，例⑩—例⑫都是"'才'+年龄+'了'"的结构，例⑬和例⑭分别是"'才'+动词+'了'+时量短语+'了'"和"'才'+时量短语+'了'"的结构。推而广之，"'才'+[动词+'了'+]数量短语+'了'"是不对的（方括号表示里面的内容可能有可能无）。

因此，该类偏误有很好的形式标记，易于计算机的识别。

第 5 类

⑮在泰国时，我学过几年英语。可现在差不多都忘了。现在一到用英语的时候，我就很着急。可越着急越想不起来。我才知道我的英语太差了。

⑯有一天，我才有机会跟她聊天。

《外国人学汉语语法偏误分析》（1996）指出：当用"才"表示动作行为发生或出现得晚时，"才"的前边一定要有一些表示相关意义的词语与其配合。例⑮在"我才知道我的英语太差了"前边加上"这时/每当这时/遇到这种情况"等类似词语，就可以起到承上启下的作用，"才"的使用才不会使人感到突然。例⑯要保留"才"，前边应当改用确定的时间，如说成"终于在一个星期天，我才有机会跟她聊天"。如果不用"才"，就可以保留"有一天"："有一天，我找了个机会跟她聊天。"

这类偏误缺乏形式上的标记，因此计算机难以识别。

我们将计算机识别偏误的程度分为"高""中""低"三个等级，上述分析可总结如表 3-16：

表 3-16 副词"才"的分析结果

小类	例句	可形式化程度
"才"应为"再"	别着急，你在家考虑考虑才决定吧。	高
"才"应为"就"	昨天晚上我感冒了，九点才睡觉。	低
"才"在主语前	他很用功，每天夜里十二点才他睡觉。	高
"才"+[动词+"了"+]数量短语+"了"	这个姑娘今年才十七岁了。	高
当用"才"表示动作行为发生或出现得晚时，"才"的前边一定要有一些表示相关意义的词语与其配合	有一天，我才有机会跟她聊天。	低

我们对书中其他虚词的相关偏误也进行了类似的分析，虚词偏误总体上"高""中""低"的比例为61.6%、17.4%、20.9%，由此可见，虚词偏误总体的可识别程度为"高"。同样，我们对动词重叠偏误、特殊句型偏误、补语偏误都进行了分析及可识别程度的判断，结果发现这三类偏误各自的总体可识别程度同样是"高"。

三 三种特殊句型偏误的计算机识别实验

（一）实验语料

让计算机进行偏误识别的实验，需要借助一定规模的偏误实例，而一般的偏误分析专著和文章中提供的跟某一偏误类型有关的实例极为有限，不利于计算机实验的展开。基于以上原因，我们选择"HSK动态作文语料库"作为实验的语料来源。

"HSK动态作文语料库"由北京语言大学汉语水平考试中心开发，并对HSK（高等）作文中的字、词、句、篇等各类偏误进行了标注。本节所用版本（1.0版）收入作文10 740篇，约400万字。

（二）实验步骤

基于出错率高和句型本身有易识别的形式标记这两个标准，本节选择"比"字句、"把"字句、"被"字句三种特殊句型进行了计算机识别偏误的实验。以"比"字句为例，具体做法是：首先，观察"HSK动态作文语料库"中标注出的"比"字句病句，并借鉴语法学界和偏误分析领域已有的研究成果，划分偏误子类，并尽可能给出相应的偏误模式。其次，编写计算机程序，主要利用正则表达式实现模式匹配，当某一例句匹配上某一给定的偏误模式时，计算机就判断该例句属该类偏误。再次，对"HSK 动态作文语料库"进行处理，主要包括：还原（去掉人工标记，还原语料本来面目）、自动分词及词性标注（利用北京语言大学语言信息处理研究所开发研制的 GPWS 软件）、断句（断句标志为标点"，""；""。""？""！"".")。最后，提取出"HSK 动态作文语料库"中所有"比"字句（包括正确的句子和病句），让计算机进行自动判错。

在偏误模式中我们用到的信息主要有词、词性、词语小类。其中词、词性方面的信息可以通过自动分词及词性标注获得，但通用的分词及词性标注软件采用的词性标记集也是通用的，[①] 而解决本节的具体问题时还需要一些特殊的词语小类。比如词性标记集中只有表示"动词"的标记"v"，但没有表示"趋向动词"的标记，而我们的工作需要让计算机知道输入文本中哪些词是趋向动词，因此我们就建立起一个列表，收集所有的趋向动词，以备计算机查询。

在正则表达式中用"*"表示 0 个、1 个或多个；用"+"表示 1 个或多个；用"（a|b|c）"表示 a、b、c 中任选其一。

下面为"比"字句的一个偏误子类的识别模式及与之匹配的例句：

（MYMword*）比（MYMword+）（很|非常|十分|相当|特别|太|格外|多|极）（MYMadj| 有 MYMnoun_youobj）MYMww_end

"MYMword"代表具体的词，"MYMadj"代表形容词，

[①] 文本所用软件采用了北京大学的词性标记集。参见俞士汶、段慧明、朱学锋、孙斌《北京大学现代汉语语料库基本加工规范》（续），《中文信息学报》2002 年第 6 期。

"MYMnoun_youobj"代表可用在"有"后表示评价的抽象名词，"MYMww_end"代表句末标点。整个模式的含义是："比"之前没有或有一到多个词，"比"后相隔一个或多个词之后出现"很""非常"等词中的一个，然后出现一个形容词或"'有'+MYMnoun_youobj"结构，最后是句末标点。

不过/c 现代/t 的/u 代沟/n 问题/n 比/v 以前/f 很/d 严重/a。/w
比/p 我们/r 多/a 有/v 经验/n，/w

（三）实验结果

表 3-17　三种句型的实验结果数据一

句型	测试句数	计算机报错数（其中真错数）	人工报错数（其中真错数）	人机都识别出的真错数
"比"字句	2474	190（176）	109（94）	66
"把"字句	3579	498（368）	317（251）	152
"被"字句	2281	253（220）	132（113）	67

以"比"字句为例，第 2 列指"HSK 动态作文语料库"中共提取出的"比"字句的数量。第 3 列指计算机共报告 190 句病句，经过我们检查，其中有 176 句是真实错误。第 4 列指人工标注共 109 句[①]病句，经过本节的进一步核对，其中有 94 句确实是病句。第 5 列指计算机和人工识别的真错句中有 66 句是重叠的。

---

① "HSK 动态作文语料库"（1.0 版）共标注出"比"字句病句 124 句，其中有"比"句（出现"比"的句子）109 句，无"比"句（没有出现"比"的句子）15 句，后者指该用"比"字句表达而没有用的情况，如例句"后者的含量还前者多"。"把"字句、"被"字句情况类似。目前还没有找到计算机识别无"比"句、无"把"句、无"被"句的规律，因此表 3-17 第 4 列的数据是人工标注的有"比"句、有"把"句、有"被"句的情况。

利用表 3-17 的数据，可以进一步计算计算机和人各自的准确率、计算机和人相对于彼此的召回率。公式如下：

准确率 = 真错数量 / 报错数量

计算机的召回率（相对于人）= 人机都识别出的真错数 / 人工标注真错数

人的召回率（相对于计算机）= 人机都识别出的真错数 / 计算机识别真错数

计算结果见表 3-18：

表 3-18　三种句型的实验结果数据二（单位：%）

句型	计算机的准确率	人的准确率	计算机的召回率	人的召回率
"比"字句	92.6	86.2	70.2	37.5
"把"字句	73.9	79.2	60.6	41.3
"被"字句	87.0	85.6	59.3	30.5

（四）结果分析

从准确率看，计算机和人基本持平，有的句型计算机的准确率高一些，有的句型人的准确率高一些。人工标注也会存在误报现象，在此不讨论原因，只给出例句。例（11）和例（12）、例（13）和例（14）、例（15）和例（16）分别是"HSK 动态作文语料库"中人工标注出的"比"字句病句、"把"字句病句、"被"字句病句，而本节认为它们或者没错，或者有问题但跟所用句型无关。计算机误报的原因主要有三：有的偏误现象较为复杂导致识别模式失效，见例（17）；分词、词性标注有误，见例（18）；原句其他错误影响，见例（19）。

（11）我发现它比以前胖得多。

第八节　汉语语法偏误计算机自动识别技术　293

（12）所以我比以前更想学习很多东西。

（13）我们应该把好的将来，美好的江山留给下一代。

（14）把烟头随便扔下去的行为是就害环境和我们的心情。

（15）给别人添麻烦而且损害别人的健康的爱好不被承认是个爱好。

（16）华业以后被保管当军领导。

（17）这个方法比团体旅游尺有所短，寸有所长的。

（18）把 /p 水 /n 偷偷 /d 地带 /n 回去 /v 然后 /c 和尚 /n 不 /d 叫 /v 他们 /r 俩 /m 商量 /v 一下 /m ？ /w

（19）噪声 /n 已 /d 被 /p 例 /n 入 /v 污染 /v 的 /u 名册 /n 中 /f, /w

从召回率看，计算机和人相对于彼此的召回率都不高，但计算机要明显优于人。计算机漏报的原因跟其误报的原因类似，在此不再分析。人漏报的主要原因是众多标注者对偏误的归类难以统一，例（20）、例（21）、例（22）都是计算机识别出的"把"字句病句，而人工标注的结果却各异，例（20）是"把"字句病句，例（21）缺少述语"变得"，例（22）错词"把"（应为"让"）。

（20）原句：他们商量怎么样能把这些工作更轻松一些。

人工标注结果：他们商量怎么样能把这些工作更轻松一些 {CJba}。

（21）原句：能把自己的想法和态度广阔一些，宽容一些。

人工标注结果：能把自己的想法和态度 {CJ-sy 变得} 广阔一些，宽容一些。

（22）原句：喜欢流行歌曲可以把我们的生活更完美一些，

人工标注结果：喜欢流行歌曲可以让{CC 把}我们的生活更完美一些。

从单个句子看，上面 3 个句子人工标注的结果无可厚非，但从整体看，标注结果是缺乏一致性的。

四 计算机识别偏误的能力分析及功能定位

在偏误识别方面，计算机有误报和漏报的情况。导致误报和漏报的因素归纳起来有三个：原句存在其他错误；自动分词及词性标注有误；规则本身欠缺。在此就"规则本身欠缺"谈一些看法。规则的形式为：条件→动作。"条件"是对某一类现象的归纳（本节具体体现为某种偏误模式），而这种归纳能涵盖的范围取决于该类现象本身的复杂程度。就自然语言来讲，针对甲类语言现象给出的规则，甲往往只能涵盖该类现象中的典型部分，非典型部分由于不能满足"条件"，自然就无法执行相应的"动作"（本该执行）；同时，自然语言存在大量的歧义，不同类的语言现象可能在形式上相同或相似，乙类语言现象由于在形式上满足规则甲的"条件"就会执行相应的"动作"（本不该执行）。因此，我们只能努力追求规则的优化，而不应奢望规则的完美。

通过对已有的汉语中介语语料库的观察和使用，我们发现人工标注也存在误报和漏报现象，漏报尤为严重，这势必影响语料库的质量，进而影响到基于该语料库的相关研究数据的可靠性，比如研究者要检索"把"字句病句，根据人工标注的结果，上文例（20）—例（22）中就只能检索出例（20）。

如果不考虑偏误的归类,单纯从发现偏误的角度讲,人的能力要远远超过计算机。自然语言作为一种符号系统包含形式和意义两部分,人可以通过形式理解意义,但计算机只能理解形式,后者之所以在一些情况下可以表现出一定的智能性即"理解"意义,或者是因为有的情况确实比较简单,形式和意义之间是一对一的关系,或者是因为人事先将形式和意义之间多对多的关系通过一定的方式(如增加形式上的约束条件)在一定范围内变为一对一,这样计算机理解了形式就相当于"理解"了意义。

但是,偏误的标注不只是发现偏误的问题,还需进一步归类。同一偏误实例或形式上接近的同一批偏误实例往往在归类上具有多种选择,这就无法避免不同标注者(甚至同一标注者在不同时候)将具有类似偏误形式的实例归入不同偏误类型的后果。而计算机发现某类偏误的前提就是找到该类偏误实例形式上的某些共同特点,这种输入的一致性以及从输入到输出中间处理过程的确定性恰好可以保证输出的一致性。

经过上述分析,针对偏误标注工作,我们可以得出如下结论:一方面,计算机不能代替人,这是由计算机处理人的自然语言的能力决定的;另一方面,计算机可以很好地辅助人,因为计算机之长正好可以补人之短。

第四章

汉语教学资源运用与计算研究

第一节 汉语词语知识提取技术及应用[1]

随着语料库资源建设的逐渐深入及语言习得理论的发展,研究者更加重视语言事实对语言习得的影响。比如以联结主义为代表的语言习得观,主张语言习得的过程实际上是学习者通过真实的语言材料获取语言知识并储存于心理词典中。[2] 语料库资源正在语言教学及研究中发挥越来越重要的作用,目前国外的很多外向型词典的编纂就以语料库为依据。我们认为,在第二语言词汇习得过程中,学习者习得第二语言词汇的关键是以目标词在目标

---

[1] 本节摘自邢红兵《基于语料库的词语知识提取与外向型词典编纂》,《辞书研究》2013年第3期。

[2] 参见 Rumelhart, D. & McClelland, J. On learning the past tenses of English verbs. In James, L., McClelland, L. & David, E.(eds.) *Parallel Distributed Processing: Explorations in the Microstructures of Cognition, Vol.2: Psychological and Biological Models.* Cambridge: MIT Press, 1986. Bates, E., Elman, J., Johnson, M. et al. Innateness and emergentism. In Bechtel, W. & Graham, G.(eds.) *A Companion to Cognitive Science.* Oxford: Blackwell, 1998. MacWhinney, B. *The Emergence of Language.* Mahwah: Lawrence Erlbaum Associates, 1999.

语言中的使用情况为核心的动态词汇知识体系,[①] 获取目标语料库词语知识是二语词汇习得研究的核心。在语料库中提取词汇知识,形成目的语词汇知识体系,对外向型词典的编纂有着非常重要的参考价值。现有的汉语作为第二语言的外向型词典,并没有能够真正完全利用语料库进行编纂,也没有形成严密的知识体系。我们认为,外向型词典中的词条应是目的语词汇使用特点的高度概括,如何将基于语料库的语言知识概括、全面地反映到词典编纂过程中,还需要进行大量的研究。本节从基于语料库的词汇知识提取角度,提出利用语料库编纂外向型词典的基本原则及操作方式,希望为词典编纂者提供些许帮助。

一 基于语料库的词汇知识提取

(一)关于词汇知识

第二语言词汇习得的研究,由早期主要关注词汇量问题逐步转向词汇知识的相关研究,比如研究者都在思考这样的问题:"学会一个词意味着什么?"Richards(1976)[②] 提出了一个词汇知识框架,认为词汇知识主要包括词语的频率、搭配、存储、位置、词形、

[①] 参见邢红兵《基于联结主义理论的第二语言词汇习得研究框架》,《语言教学与研究》2009 年第 5 期。邢红兵《第二语言词汇习得的语料库研究方法》,《汉语学习》2012 年第 2 期。刘慧芳《基于语料库的形容词词汇知识习得研究》,北京语言大学硕士学位论文,2011 年。

[②] 参见 Richards, J. C. The role of vocabulary teaching. *TESOL Quarterly* 10(1), 1976.

关联、语义内涵、多义关系等几个层面的信息。Nation（1990）[①]在此框架的基础上，将词汇知识归纳为形态、位置、功能、语义四个大类，并提出了贯穿各个层面的产出性词汇和理解性词汇的概念。Schmitt & Meara（1997）[②]进一步强调了词语知识还应包括不同类词语之间的联结和关联。邢红兵（2009）基于联结主义理论归纳出第二语言词汇知识应该分为读音、词形、意义三个部分及其相互联结，每个部分都有自己的特征，各类知识按照一定的规则组织在各自的词典当中，其中语义知识是词汇知识的核心，语义知识主要包括静态知识、动态知识和词语关系知识。在第二语言词汇知识系统中，除了形、音、义等基本信息以外，词汇知识的关键还在于词语在使用过程中形成的词汇知识，比如词语的搭配信息和词语关系知识。

（二）基于目标语的词汇知识提取

第二语言词语学习的主要目标和难点就在于词语在目标语中的运用，主要表现在对目标语词语的熟练程度、对目标词各种功能的掌握、对目标词各种搭配的掌握以及搭配的丰富程度等方面。将目标语的运用概括成词汇知识，并反映到词典中，这是基于语料库的词典编纂的总原则。因此，基于语料库的知识提取是词典编纂的第一步。

[①] 参见 Nation, P. *Teaching and Learning Vocabulary*. New York: Newbury House, 1990.

[②] 参见 Schmitt, N. & Meara, P. Researching vocabulary through a word knowledge framework: Word associations and verbal suffixes. *Studies in Second Language Acquisition* 19(1), 1997.

第一节 汉语词语知识提取技术及应用

下面我们举例分析。张博和邢红兵（2006）[①]曾建立一个"现代汉语义项标注语料库"（以下简称"义项语料库"），该语料库选取了 1 385 598 字的书面语语料，包括报刊文章、汉语教材、科技文章、文学作品等；同时还选取了 707 478 字的电视访谈节目转写的文本，话题涉及社会生活各个方面。全部语料共有 2 093 076 字，1 491 266 词。以《现代汉语词典》（第 3 版，以下简称《现汉》）的义项分列为依据，采用计算机辅助、人工逐一校对的方法，对语料的全部义项进行标注，在此基础上形成了基于语料库的现代汉语义项次数数据库，该数据库目前共有 52 665 个词形，75 073 个义项。我们选择了一定数量的常用动词和形容词，从该语料库中提取了这些常用谓词的全部例句，并采用人工分析的方法对这些词的句法功能及搭配词语进行提取，最后得到常用谓词句法功能及搭配词语数据库。以"简单"为例，我们分析了"简单"做谓语时的全部句法功能，并提取出全部的搭配中心词语及其搭配频率等，和"简单"搭配的词语按照功能分类形成了"简单"的知识体系（见图 4-1）：

---

① 参见张博、邢红兵《对外汉语学习词典多义词义项收录排列的基本原则及其实现条件》，郑定欧、李禄兴、蔡永强主编《对外汉语学习词典学国际研讨会论文集》（二），中国社会科学出版社 2006 年版。

300　第四章　汉语教学资源运用与计算研究

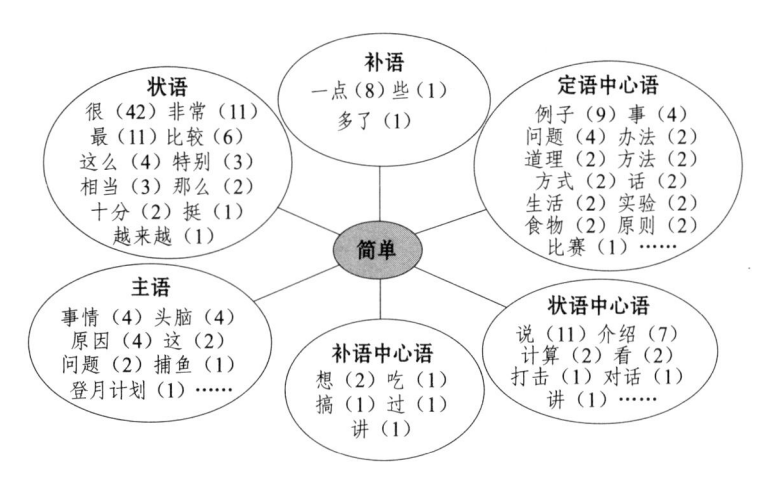

```
            补语
         一点(8) 些(1)
          多了(1)
 状语                         定语中心语
很(42) 非常(11)              例子(9) 事(4)
最(11) 比较(6)               问题(4) 办法(2)
这么(4) 特别(3)              道理(2) 方法(2)
相当(3) 那么(2)              方式(2) 话(2)
十分(2) 挺(1)       简单     生活(2) 实验(2)
越来越(1)                    食物(2) 原则(2)
                             比赛(1)……
   主语
 事情(4) 头脑(4)              状语中心语
 原因(4) 这(2)               说(11) 介绍(7)
 问题(2) 捕鱼(1)   补语中心语  计算(2) 看(2)
 登月计划(1)……     想(2) 吃(1) 打击(1) 对话(1)
                   搞(1) 过(1) 讲(1)……
                   讲(1)
```

图 4-1 "简单"的搭配知识体系示意图（邢红兵，2012）

我们觉得基于语料库的目的语词汇知识应该能够涵盖词语在目的语中几乎全部的使用情况。从目前的研究来看，主要包括以下几个方面：词语的使用频度、功能分布、搭配知识、使用框架、关系分析等。下面我们将具体进行分析。

二　词典编纂与知识提取

（一）从语料库中获取词语使用频度

词语在目标语中的使用频度是外向型词典词语选取及等级分布的依据，词语频度统计数据在汉语教学活动中已经发挥了很重要的作用。但是，从语料库中可以获取的频率信息远超过词语频度，比如词语的义项的使用频率、词语的搭配频率等等。比如词语的义项频率分布，每个义项在现代汉语语料库中使用的次数并不相同，这里以动词"打"为例，来分析其义项的分布。动词"打"有 25 个义项，各个义项在"义项语料库"中的出现次数按照降序排列的情况见表 4-1，括号中的数字是"打"在《现汉》中的义项号。

表 4-1 动词"打"的义项使用次数降序排列表

义项	次数	义项	次数
打（3）：殴打；攻打	757	打（8）：捆	10
打（13）：放射；发出	336	打（20）：定出；计算	9
打（22）：做某种游戏	114	打（17）：买	8
打（21）：做；从事	93	打（5）：建造；修筑	6
打（1）：用手或器具撞击物体	86	打（9）：编织	5
打（23）：表示身体上的某些动作	65	打（2）：器皿、蛋类等因撞击而破碎	3
打（24）：采取某种方式	59	打（14）：付给或领取（证件）	3
打（4）：发生与人交涉的行为	34	打（11）：揭；凿开	2
打（18）：捉（禽兽等）	25	打（19）：用割、砍等动作来收集	2
打（12）：举；提	23	打（7）：搅拌	1
打（6）：制造（器物、食品）	19	打（15）：除去	1
打（10）：涂抹；画；印	17	打（25）：定（某种罪名）	0
打（16）：舀取	11	—	—

从表 4-1 的数据可以看出，"打"的 25 个义项在现代汉语中的使用情况有明显的差异，如果按照教学的等级划分来看，这 25 个义项应该排列在各个不同的阶段进行教学。我们在编纂外向型学习词典的时候就需要按照各个义项的使用频度进行排列，常用词词典也需要选择常用的义项进行释义。

（二）从语料库中获取词语的功能及分布

词语的功能分布是词语知识的重要组成部分，也是二语教学中的重点，其中以谓词在语料库中的句法功能的表现最为突出，比如说动词所具备的功能就包括做谓语、做定语、做补语、做状语，甚至做主宾语。作为谓词的形容词的句法功能也很丰富，常用的功能主要包括做定语、做谓语、做状语和做补语等。我们从"义项语料库"中随机抽取了 8 个形容词，对这些词在全部语料中的句法功能进行了统计分析，结果见表 4-2：

表 4-2　形容词句法功能分布情况表

词语	出现总数	定语 次数	定语 频率(%)	谓语 次数	谓语 频率(%)	状语 次数	状语 频率(%)	补语 次数	补语 频率(%)
重要	677	606	89.51	69	10.19	1	0.15	1	0.15
主要	390	314	80.51	3	0.77	73	18.72	0	0.00
正确	160	86	53.75	18	11.25	55	34.37	1	0.63
友好	151	66	43.70	7	4.64	78	51.66	0	0.00
突然	136	0	0.00	4	2.94	130	95.59	2	1.47
完全	87	13	14.94	0	0.00	74	85.06	0	0.00
幸福	82	43	52.44	35	42.68	2	2.44	2	2.44
整齐	15	7	46.67	3	20.00	3	20.00	2	13.33

从表 4-2 的数据可以看出，"重要"和"主要"是以做定语功能为主的形容词，"重要"的次要功能是做谓语，"主要"的次要功能是做状语，"正确"和"友好"的主要功能是做定语和状语，"突然"和"完全"的主要功能是做状语，"突然"偶尔做谓语和补语，"完全"一般不做谓语和补语，有时可以做定语。"幸福"和"整齐"具备四种句法功能，特别是"整齐"的句法功能相对自由。我们认为，这些功能在使用上表现出来的主次差异也应该体现在外向型词典词条的功能释义和用例中。

(三）从语料库中获取词语的搭配词及其频率

我们认为，一个词语在实际语言使用过程中表现出来的句法功能分布、词语的搭配及其使用频度、搭配词语的语义特征、各类词语的使用次数等因素构成了目标语词汇知识体系的主体。外向型词典要体现目标语的使用情况，其中最重要的一个方面就是要最大限度地体现词语在目标语中的搭配情况。下面我们以"高兴"为例，对"义项语料库"中形容词"高兴"所搭配的各类词语进行了统计分析。统计的主要搭配类型、搭配词语及其频度如下：

做宾语时的述语：感到（8）、觉得（5）、表示（2）等；

做谓语时的状语：很（44）、不（42）、特别（21）、非常（17）、挺（13）等；

做定语时的中心语：事（5）、时候（4）、样子（3）、事情（2）等；

做状语时的中心语：说（7）、笑（5）等；

做补语时的中心语：玩（2）、喝（1）、吃（1）等。

从这个结果可以看出，"高兴"能够充当不同的句子成分并能够和不同的词语形成不同的搭配关系，这些搭配关系及其搭配频率构成了词语的搭配知识，这些知识也是词汇知识的主体，应该是外向型词典编纂时所要强调和突出表现的。

（四）从语料库获取词语的句法框架及其频率

由于谓词是句子的核心，因此，对于一个谓词，它在实际语料库中的句型频率也是体现谓词用法的重要特点。以动词"摆"为例，我们统计了"义项语料库"中"摆①"的全部例句，共有108句，并对这些句子的句法结构进行了归类，并进行统计，"摆①"句法结构及其频率见表4-3：

表 4-3 "摆①"的句法结构频率表

序号	格式	例句	次数	比例（%）
1	（处所）+摆+NP受	茶几上【摆】着鲜花	38	35.18
2	（NP受）+摆+P+处所	一个从没想到的问题突然【摆】在了他们的面前	20	18.51
3	把+NP受+摆+P+处所	把15块钱【摆】在这个桌子上	11	10.19
4	连动句	每天做好饭【摆】上桌	8	7.41
5	摆+补+NP受	女孩子那边刚【摆】好过家家的锅碗瓢盆	7	6.48
6	NP受+摆+补	架子【摆】得跟皇帝似的	4	3.70
7	把+NP受+摆+V趋+处所	切实把人才工作【摆】上重要议事日程	3	2.78
8	摆+的	你【摆】的是个什么东西呢？	3	2.78
9	P+处所+摆+NP受	在大街上【摆】小吃摊	3	2.78
10	（处所）+NP受+摆+数量	妇产科检查床【摆】一溜	3	2.78
11	NP受+摆+补+处所	酒席【摆】满了屋子和院子	2	1.85
12	把+NP受+摆+V趋	把问题说好了，【摆】出来	2	1.85
13	NP受+P+处所+摆+着	事实真相在那里【摆】着	2	1.85
14	把+NP受+P+处所+摆	把自行车往我前面一【摆】	1	0.93
15	NP受+P+处所+摆+补	让厨子做了两桌酒席，在新院子【摆】开	1	0.93

从表 4-3 的统计结果可以看出，"摆①"在实际语料中使用时出现的句型可以归纳为 15 种，其中"（处所）+摆+NP受"

和"（NP受）+摆+P+处所"是"摆①"最常用的句型，占全部句型的近60%。因此我们在编纂外向型词典时，就要体现各个句型的常用度。同时也可以看到，动词的受事成分"NP受"在"摆①"所构成的句法表达中占有非常重要的地位，几乎是句法表达中不可缺少的成分。

（五）从语料库中获取词语知识，建立词语关系

词语在运用的过程中会形成多种关系，可以概括为组合关系和聚合关系，前面我们分析的搭配关系，实际上就是组合关系。除了组合关系以外，词语在实际使用中也会形成一定的聚合关系。二语学习者在学习具有聚合关系的词语过程中，目标就是能够既建立词语之间的关联，也能够从使用的角度进行很好的区分。比如表示"美丽"的同义关系词语常用的有"美丽""漂亮""好看"等，学习者除了建立它们的关联以外，更重要的是正确区分使用。要区分这组词，就必须从句法功能分布、搭配词语的范围、使用框架等方面着手。我们这里只分析这三个词语的句法功能分布。

表4-4 "美丽""漂亮""好看"的功能分布对比

	美丽		漂亮		好看	
	次数	比例（%）	次数	比例（%）	次数	比例（%）
定语	862	81.16	372	65.04	29	19.47
谓语	84	7.91	106	18.53	98	65.77
补语	52	4.90	80	13.99	13	8.72
宾语	46	4.33	7	1.22	8	5.37
状语	4	0.38	6	1.05	1	0.67
主语	14	1.32	1	0.17	0	0.00
合计	1062	100.00	572	100.00	149	100.00

从表 4-4 的比较我们可以看出，按照使用次数，"美丽"最常用，"好看"使用次数最少；在句法功能上，"美丽"和"漂亮"更接近，做定语是它们的主要功能，并且占绝对优势；而"好看"的主要功能则是做谓语，三个词语在功能分布上并不一致。当然，除了句法功能以外，三个词语各自搭配的词语及其频度等信息也在词语的关联和区分中起到了重要的作用。按照这样的功能分布，词典编纂中就应该将三者的功能主次作为主要的编写点体现在词条中。

三 结语

我们认为，编纂外向型学习词典的指导思想可以概括为以下几个方面：（1）编纂过程着重词语用法的概括和举例，淡化抽象的释义形式。（2）重视基于语料库的频度因素对词典用例选择的作用。（3）将词典中展示的词汇知识扩展到搭配、句法和功能等方面。通过举例分析，我们觉得，基于语料库的语言知识的提取对外向型学习词典的编纂具有非常重要的意义，就目前的情况来看，我们还需要对如何将语料库知识更好地反映在词典编纂过程中进行深入的研究。本研究只是一个初步设想，基于语料库的词典编纂只是我们编纂外向型词典过程中必须关注的一个角度，外向型词典的编纂还应该考虑学习者的母语背景和学习者自身的认知特点，因此，不同母语背景学习者的母语特点也是我们编纂外向型词典需要考虑的一个因素，这些方面还需要做很多工作。

第二节　汉语分级阅读资源开发技术[①]

一　建设汉语分级阅读网络资源的理论意义和实用价值

（一）理论意义

足量、可懂、真实的语言输入是二语习得的必要条件，而作为视觉输入的汉语阅读文本的难易程度是影响阅读理解效果的重要因素。建设汉语分级阅读网络资源，涉及语言输入的难度及其量化标准，对于探讨二语阅读的语言输入、吸入、内化和阅读能力发展，具有普遍的理论意义，对于确立汉语教材难度等级的定量标准，促进教材建设的科学化和标准化也具有特殊的理论意义。

同时，建构主义学习、自主语言学习、二语学习"资源策略""语料驱动学习"等理论，都强调学习者利用必要的资源进行自主学习，倡导通过检索语料库理解并自然地内化语言形式和规律。建设汉语分级阅读网络资源，可为学习者提供通过意义建构获取知识的必要条件，为基于资源策略的自主学习和语料驱动学习提供技术支撑，因此，对于运用和检验这些理论也具有一定的理论意义。

（二）实用价值

迄今已出版很多汉语阅读教材和辅助读物，但严格按照科学

[①] 本节摘自卢伟《基于网络语料库的汉语分级阅读资源建设》，《第十届国际汉语教学研讨会论文选》，北方联合出版传媒（集团）股份有限公司、万卷出版公司 2012 年版。

的分级标准控制语言难度的仍为凤毛麟角。从教材的媒介来看，基于真实语料的汉语阅读网络资源非常匮乏；从教材的学习模式来看，可支持学习者自主学习、语料驱动学习、探索学习等模式的阅读材料也几近空白。因此，建设汉语分级阅读网络资源，可为国内外汉语学习者提供丰富、真实、适合自己汉语水平的阅读语料，为其自主学习提供技术支撑。学习者可据其汉语水平及对阅读话题的兴趣需求，通过在线检索系统提取和生成分级的在线阅读课件。

此外，虽然互联网上有海量的中文语料，但基本上属于母语为汉语者的阅读资源，其语言难度远远超越大多数汉语学习者的语言水平，教师需要花费大量时间和精力进行选取和改编才能适合实际教学需要。因此，建设汉语分级阅读网络资源，还可为国内外汉语教师便捷地提供阅读教学、教材和试卷编写的辅助资料，具有比较大的实用价值。

二 汉语分级阅读网络资源的文本难度控制变量与分级标准

（一）语言输入材料难度的相关研究

从文本易读性的角度看，Carrell（1987）[1]认为易读性包括句法得体性、篇章层面的话语特征、词汇的得体性等。Nuttall（2002）[2]则认为易读性指结构和词汇两方面的综合难度。

---

[1] 参见 Carrell, P. L. Readability in ESL. *Reading in a Foreign Language* 4(1), 1987.

[2] 参见 Nuttall, C. *Teaching Reading Skills in a Foreign Language*, 上海外语教育出版社，2002。

从影响任务难易程度的因素看，Nunan（1989）[1]将语法复杂度、低频词数量、语篇长度等列为影响语言输入难度的变量。Ellis（2003）[2]指出语言输入的符号难度（Code Complexity）指所输入的语言在词汇和句法方面的复杂程度，如低频词语、复杂的句法结构等。

从语料文本的统计特征看，杨惠中主编（2002）[3]认为主要包括形符数（Tokens）、类符数（Types）、类符/形符比（Type / Token Ratio）、平均词长、句子数、平均句长、段落数、平均段落长等。

在教材编写方面，Nation & Wang（1999）[4]侧重从词汇上控制分级读物的难度。张宁志（2000）[5]强调平均句长和词汇是语料难度定量分析的两个重要因素。卢伟（2006）[6]认为教学材料的难易程度主要应该控制词汇、语法结构、汉字、语篇等变量。

---

[1] 参见 Nunan, D. *Designing Tasks for the Communicative Classroom*. Cambridge: Cambridge University Press, 1989.

[2] 参见 Ellis, R. *Task-based Language Learning and Teaching*. Oxford: Oxford University Press, 2003.

[3] 参见杨惠中主编《语料库语言学导论》，上海外语教育出版社2002年版。

[4] 参见 Nation, P. & Wang, M. K. Graded readers and vocabulary. *Reading in a Foreign Language* 12(2), 1999.

[5] 参见张宁志《汉语教材语料难度的定量分析》，《世界汉语教学》2000年第3期。

[6] 参见卢伟《基于 WEB 的对外汉语教材编著系统：理论依据与设计开发》，《外语电化教学》2006年第6期。

梁少丽和宋继华（2009）[①]指出应以《汉语水平词汇与汉字等级大纲》（经济科学出版社，2001）为依据，控制词语的词频及其难度等级。

（二）汉语分级阅读网络资源的文本难度控制变量

我们应汲取国内外关于语言输入材料难度的研究成果，参照《汉语水平词汇与汉字等级大纲》（北京语言学院出版社1992）、《汉语水平等级标准与语法等级大纲》（高等教育出版社，1996）、《国际汉语教学通用课程大纲》（外语教学与研究出版社，2008）的相关等级标准，从汉字、词汇、语法、语篇、话题、文化等方面，综合考察影响文本难度的种种变量。更重要的是，还应该从技术层面上考虑现有的文本难度、分析统计软件实现了哪些功能。因此，我们认为文本难度控制可侧重如下四种主要的语言变量：

汉字：包括文本的字类数（不同汉字的数量）、字类的汉语水平等级（即甲、乙、丙、丁四级）、各等级汉字占字类数的比例、超纲汉字数及其占字类数的比例。

词汇：包括文本的类符数（不同词语的数量）、类符的汉语水平等级、各等级词语占类符数的比例、超纲词语数及其占类符数的比例、专名和蕴含文化信息的熟语数量等。

语法：包括文本的语法项目数量及其汉语水平等级、各等级语法项目占语法项目总量的比例、超纲语法项目的数量及其占语

[①] 参见梁少丽、宋继华《对外汉语教材等级词频统计模块构建——一种辅助对外汉语教材词汇难度评量的工具》，《现代教育技术》2009年第7期。

法项目总量的比例。

语篇：包括文本的篇幅，如字符数（汉字总数）、形符数（词语总数）、词长（词语音节长度和平均词长）、句数、句长（不同长度句子数量和平均句长）、段落数量、段长（不同长度段落数量和平均段长）、对话中话轮的数量及长度等等。

由于阅读资源实际上是一种读物，不像阅读教材那样按课文先后排序，每篇阅读文本包含的汉字、词语和语法点也就没有"新""旧"之分，因此，可不考虑生词、生字、新语法点的数量及其难度等级这些变量。另外,表示类符／形符比的"词汇密度"（Lexical Density）代表文本的词语数量和词语总数的比例；"命题密度"（Propositional Density）表示语篇包含多少信息及其复现程度，篇章结构、衔接手段等也涉及语篇复杂程度。虽然它们从不同侧面反映了文本难度，但考虑到技术实现的困难，我们也暂不列为主要变量给予控制。

（三）汉语分级阅读网络资源的分级标准

汉语分级阅读网络资源旨在为国内外汉语学习者和汉语教师提供在线阅读资源，理应依照《国际汉语教学通用课程大纲》（2008）分为五级。但考虑到该大纲只包含常用汉语语法项目分级表、常用汉语800字表、常用汉语1500高频词语表，缺乏完整的各个等级的字表、词表和语法项目表,因此，我们仍旧根据《汉语水平词汇与汉字等级大纲》（1992）和《汉语水平等级标准与语法等级大纲》（1996），只将阅读文本分为四级。下文以篇幅、汉字、词汇等变量为例，说明阅读文本的分级标准。

关于篇幅，我们对北大版的汉语教程[①]做了粗略的统计，发现初级教程65篇课文的平均字符数为385个，中级教程30篇课文为865个，高级教程28篇课文约为3900个。因为教材承担着传授语言知识和培养语言技能的任务，所以课文篇幅较长，变化幅度较大。另据徐霄鹰和张世涛（2005）[②]的调查，阅读材料的长度不会影响留学生对难度的判断，但建议400—500字是单篇长度的界限点。据此我们认为，汉语分级阅读网络资源中各级文本的篇幅不宜太长，各级别的变化幅度也不宜太大，每级篇幅的差别控制在100个字符左右。主要理由有三：

其一，分级阅读资源并非阅读教材，应该短小精悍，便于读者充分利用空闲时间轻松阅读。若篇幅过长，读者需要花费较长时间方可读完，万一对其内容失去兴趣，则可能中断阅读；但如果篇幅较短，读者就可能继续阅读。其二，文本难度并不主要取决于篇幅长短，更多地取决于语言（词语、语法、篇章结构等）和内容（话题、文化、背景知识等）的复杂程度。其三，如果阅读文本篇幅较短，则分级阅读网络资源就可容纳更多的文本，话题覆盖面就更广，读者的选择余地也就更大。

关于字数和词数，我们从上述北大版的初、中、高级教程中各随机抽选了三篇课文进行粗略的统计，发现初级教程的课文平

---

① 参见邓懿主编《汉语初级教程》（第一至三册），北京大学出版社1987年版。杜荣主编《汉语中级教程》（第一、二册），北京大学出版社1987年版。姚殿芳主编《汉语高级教程》（第一、二册），北京大学出版社1987年版。

② 参见徐霄鹰、张世涛《留学生对阅读教材的反应与要求》，周小兵、宋永波主编《对外汉语阅读研究》，北京大学出版社2005年版。

均每百个字符含 29 个词语（类符）、33 个汉字（字类），中级课文平均每百个字符含 32 个词语、38 个汉字，高级课文平均每百个字符含 35 个词语、38 个汉字。若取其平均值，则每百个字符包含 32 个词语、36 个汉字。

我们参照这些统计数据，以每百个字符包含 35—40 个汉字、30—35 个词语为暂定标准，着重对汉语分级阅读网络资源中阅读文本的汉字和词语的数量及比例进行较严格的控制，而对固定结构、短语和句式等语法点则只给予注释，不进行严格的定量控制。至于词长、词汇密度（类符/形符比）、句数及句长、段落数量及长度、话轮数量及长度等其他变量，只进行统计，作为衡量文章难度的参考指标，也不进行严格的定量控制。

暂定的分级标准详见表 4-5：

表 4-5　汉语分级阅读网络资源分级标准

级别	篇幅			汉语水平等级语言点的比例	
	汉字总数（字符）	汉字（字类）	词语（类符）	等级字、词、语法点	超越等级的字、词、语法点
一级	400	140—160	120—140	甲级 90% 左右	乙级（以上） 10% 左右
二级	500	175—200	150—175	甲乙两级 90% 左右	丙级（以上） 10% 左右
三级	600	210—240	180—210	甲乙丙三级 85% 左右	丁级（以上） 15% 左右
四级	700	245—280	210—245	甲乙丙丁四级 80% 左右	超纲 20% 左右

三 汉语分级阅读网络资源的总体设计与技术实现

（一）总体设计

第一，兴趣性和实用性是阅读教材编写的重要原则，因此，阅读文本涉及的话题、内容必须有趣、实用。为此，我们拟采取问卷调查和访谈的方法，通过各种渠道（包括网络问卷调查系统）开展学习需求分析，进行国内外汉语学习者的阅读需求调查和教师的阅读教学情况调查，获取相关的反馈信息，为选择师生普遍关注和感兴趣的话题和内容提供较为可靠的依据。

此外，参照《国际汉语教学通用课程大纲》（2008）和相关文献，对话题进行分类，将话题归纳为若干个主题（Theme），每个主题又包含若干个相关的话题。每级阅读资源按一定数量的主题安排相关的话题，而不同级别的阅读文本在横向方面循环这些主题中的大部分主题，并增加少量的其他主题，不同级别的阅读文本在纵向方面则通过相关话题逐步扩展这些主题的广度和深度。这样，不仅有利于话题呈现系统性和层级性，在广度和深度两个方面不断循环和逐步扩展，而且也便于通过检索主题和话题来提取全文。

第二，语言输入材料的真实性和可懂程度关系到语言输入的有效性，因此，通过视觉渠道输入的阅读材料必须真实，其语言难度必须适合学习者的实际语言水平。基于这种思路，我们拟采用语料库语言学和定量研究的方法，从大规模自然语料中选择真实文本作为阅读的语言输入，并通过研发和利用文本难度分析统计软件，对文本的语言难度等级进行分析、统计和标注。

阅读资源中的文本按其难度分为四个等级（分级标准参见表4-5），基本上对应于《汉语水平词汇与汉字等级大纲》（1992）

的甲、乙、丙、丁四级,并与《汉语水平等级标准与语法等级大纲》(1996)的甲、乙、丙、丁四级语法点粗略对应。同一等级和不同等级阅读文本的内容及其语言难度,随着主题和话题的扩展,在横向和纵向两个方面逐步加深。

第三,分级阅读资源的网络语料库及检索程序可为语料驱动学习、发现式学习提供技术支撑。因此,我们拟采取自主学习的教学模式和方法、语料库语言学的方法和网络数据库技术手段,建立基于网络的分级阅读资源语料库,开发检索程序、网络课件生成系统和网络数据库管理系统。

第四,二语学习策略的理论与实证研究说明,恰当地运用学习策略可提高学习效果。阅读资源中融入相关策略的训练,可增强学习者的策略意识,提高学习效率。基于这种理念,我们拟选取一定数量的分级阅读文本,设计猜测词义的练习,提供查看释义、查询词义的在线检索工具及更多例句的语料支持,对学习者常用的猜词策略和资源策略进行训练,以提高阅读的效率,增强阅读理解的效果。

(二) 技术实现

我们拟应用信息通信技术(ICT)和自然语言处理(NLP),如网络技术、语料库技术、信息挖掘与主题词提取、在线词典、在线测试、语音合成等,对汉语分级阅读网络资源加以技术实现。

第一,根据所选定的话题范围及分类,从现有的大规模语料库、互联网上大量的汉语自然语料、印刷和光盘等其他媒体形式中的汉语语料资源里选取相关的语料文本,建立分级阅读资源的生语料库。

第二,根据所确立的难度分级标准,开发和利用文本难度分析统计软件,对分级阅读资源的生语料进行分词、词性标注,建立熟语料库；并在难度分析的统计数据基础上，对语料文本的难度级别进行相关变量的参数标注，如字符数、字类数、等级汉字、超纲汉字、形符数、类符数、词汇密度、等级词语、超纲词语、句数、平均句长、段落数量、平均段长、难度等级。

此外，还标注语料文本的一些基本属性，如语体、主题、体裁、话题、篇名、作者、出处、时间等。语体主要分为书面语和口语。主题表示话题的种类或语域（Register），比如文学、科技、新闻、广告、法律、经济、政治、哲学、语言、教育、历史、地理、社会、宗教、艺术、生活、军事、体育、卫生、文化等。体裁或语类（Genre）表示语篇的类型，如小说、散文、诗歌、戏剧、影视、曲艺、歌曲、纪实、传记、演讲、会话、描写、记叙、说明、议论、应用文等。

第三，应用语音合成技术，自动生成阅读文本的 MP3 音频文件，实现文本的在线听读，以期将听觉和视觉两种渠道的语言输入相结合，进行"接受性"语言技能的综合训练。开发分级阅读资源语料库的在线检索程序，以实现对阅读文本的话题、内容和难度等级属性进行主题词或关键词检索和全文提取。

第四，从生语料库中选取一定数量的语料进行改编，使之基本符合上述的四级分级标准。然后应用语言技术对其进行分词、词性标注、词语释义；应用在线测试技术和软件编制猜测词义的练习，开发电子词典，提供查询词义的在线检索程序，为猜词策略的训练和资源策略的运用提供技术支撑；应用语料库技术，提供从自然语料中获取更多例句的检索支持，为语料驱动学习模式提供支撑。

第五，建立分级阅读资源语料的网络数据库管理系统，对阅读文本进行在线添加、删除、修改、查询、排序、打印，生成 Word 和 Excel 格式的文件，实现对阅读资源的动态管理，使之适应学习和教学的新需求。

第六，建立分级阅读资源的网络课件生成系统。其主要功能在于帮助师生根据不同的教学和学习需求，对阅读文本的话题和内容进行主题词或关键词检索，提取相关阅读资源的全文及其属性和难度标志参数；自动生成可在标准网页浏览器上在线阅读的HTML 格式网络课件和 Word 文件，提供阅读文本的浏览、保存、打印、词表生成和词频统计等功能；为不同水平的学习者的不同的阅读需求提供基于网络阅读资源的自主探索学习模式的技术支撑，为教师选取和改编难度比较适合阅读教学的教材或辅助读物提供语料和技术支持。

第三节 汉语语法学习系统设计[①]

在对外汉语教学中，语法教学的目的是什么？我们认为对外汉语语法教学的目的是通过语法知识、规则的讲解，培养学生生成句法上正确、语用上合用的汉语句子的能力，并在此基础上培养学习者汉语语篇的生成能力。[②]

那么能不能通过计算机语法学习系统来实现这个目的？有没有办法通过计算机有效地进行语法教学？能不能通过设计一个科

---

① 本节摘自刘鑫民《基于知识库的汉语语法学习系统》，《云南师范大学学报》（对外汉语教学与研究版）2007 年第 3 期。

② 本节我们主要讨论句子的生成教学，暂不涉及篇章的问题。

学的语法学习系统，使计算机真正成为一个高效合格的老师？有没有办法使学生在人机对话的过程中不但习得一些静态的汉语语法规则，而且生成正确而合用的汉语句子？要做到这一点，就必须使我们设计的汉语语法学习系统具有生成性，要让我们的汉语语法学习系统不但是一个静态地表述规则的知识库，而且具有动态地生成正确合用的汉语句子的能力。也就是说，一个科学实用的汉语语法学习系统应该是一个生成型的语法学习系统，这个系统不但要包含一个表述知识和规则的知识库，而且应该建立一个句子生成操作模块。它应该像是一个句子生成的实验室一样，向学习者直观地揭示句子生成时的各种制约因素、生成过程和生成结果。客观地讲，目前要建构一个生成型的语法学习系统对我们来讲还是一个非常艰巨的任务，但毫无疑问，这应该是我们努力的方向。

本节粗略地构拟一个基于知识库的生成型汉语语法学习系统，需要说明的是，这个系统是建立在我们提出的以语义为基础的串行整合句子生成模式的基础上的。

一 生成型语法学习系统的基本框架

生成型汉语语法学习系统的基本框架可以用图 4-2 表示：[1]

---

[1] 参见刘鑫民《现代汉语句子生成问题研究——一个以语序为样本的探索》，华东师范大学出版社 2004 年版。

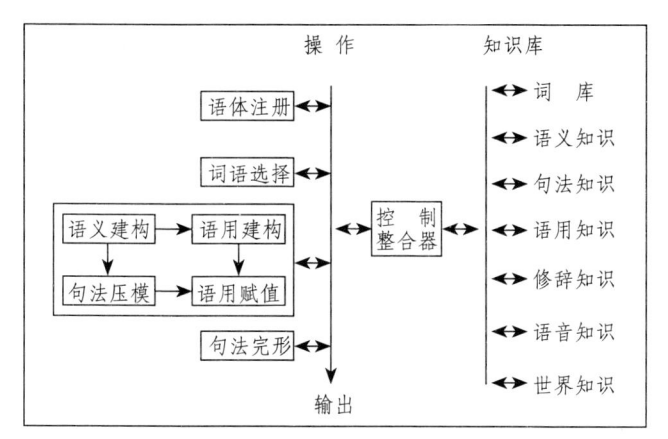

图 4-2　生成型汉语语法学习系统的基本框架图

　　句子的生成是在以往所积累的有关知识和规则的指导下，将所要表达的信息进行编码、转换为具体语境中的句子表达出来的操作过程。理想的语法学习系统应该包括知识库和操作两个部分。知识库的作用是在编码过程中提供句子生成的规则和知识来指导编码操作；操作部分则是在知识库内的特定规则和知识的指导下将要表达的特定信息转换为具体语境中的表达形式——句子。在使用语言时，句子生成会运用到多种知识，概括起来看，这些知识包括语言内的知识和语言外的知识两部分。其中语言内的知识包括语义知识、句法知识、语用知识、语音知识、修辞知识、词库。在这个学习系统中，计算机生成一个句子包括了以下几个阶段：语体注册、词语选择[①]、语义建构、句法压模、语用建构、语用赋值、句法完形。语体注册指定句子的语体色彩；词语选择指定了生成

---

　　①　在自然语言的句子生成过程中，我们认为，最初产生的是一个不包括具体词项的语义结构，是到了句子生成的较后的阶段才会用具体的词汇来替换语义结构中的语义项。但在语言教学中，我们通常是先给学生词语，然后要求学生用这些词语来造句。所以我们把词语选择放在第一阶段是因为考虑到教学过程。

句子的词语；语义建构设定了句子要表达的基本意义；句法压模将语义网络编码为一维的线性序列；语用建构则设定了句子要表达的语用意义；语用赋值将这些语用意义通过特定的形式表现出来；句法完形对句子进行最后的完形操作，然后输出一个书面的句子。操作是以串行的方式进行的，进行每一步操作时，将从特定的知识库中调用相关知识来指导操作的方式。为了控制操作的过程、整合操作时来自不同的知识库的知识，在操作和知识库之间需要一个控制整合器。控制整合器的作用是控制句子生成的操作进程，控制在进行每一步生成操作时将从哪个知识库中获取知识，同时负责将新获取的知识和前边模块操作的结果进行整合，这样使生成形式实现从上一操作过程到下一操作过程的转换，从而逐步完成生成操作。在学习系统中，控制整合器将负责来自学习者生成指令的接收、生成过程的启动、知识库相关知识的调用和展示及生成结果的展示。

二 生成型语法学习系统的操作过程

在生成型语法学习系统中，生成操作会按控制整合器设定的顺序一步步地调用知识库中的相应规则，并将这些规则一步步地进行整合，最后输出一个合格的句子。在本部分我们将粗略地勾画出这个操作过程及知识库中必须具备的相应内容。

（一）语体注册

由于语体不同会影响下面生成操作的多个阶段，如词语选择、句法编码中的句式选择等，因此，生成操作的第一步应该首先确定语体类型。这要求学习者在系统给出的多种语体选项中选择一个目标语体。

（二）词语选择

在教学中，通常情况下是由老师给出一组词造句，当然，这个过程也可能是学生从词库中选择自己需要的一些词语。

（三）语义建构

语义建构是在语义知识库中语义网络框架系统[①]等相关知识的指导下，学习者根据所要表达的内容，在人机对话过程中动态地生成一个语义网络。

语义网络建构有两种：一种是简单语义网络建构，一种是复杂语义网络建构。

1. 简单语义网络建构

简单语义网络是指只包含一个动核的语义网络。简单语义网络建构包括的操作主要有：

（1）动核指定

指定动核是在进行语义建构操作时首先必须进行的工作，因为只有指定了动核，系统才能决定从语义知识库中选择什么样的语义网络框架。

（2）语义网络框架的同化

语义网络框架的同化是指根据动核的性质从语义知识库中选择一个相应的语义网络框架。

---

① 语义网络框架系统是语义知识库中应该描写的知识。它是根据动词的语义类别以动词为核心形成的语义关系网的框架。

(3) 论元角色的指定

在指定了动核和选定了语义网络框架之后,应该在语义网络框架知识的指导下,根据动核的性质和在语义网络框架中动元应该具有的语义特征,指定合适的词语充当动核结构中的动元。指定是不是正确,需要比对词库中描写的词项的语义特征和语义知识库中语义网络框架中相应的语义项所要求的语义特征是不是吻合。

(4) 语义系联

语义系联指定动元及其支配成分以及动元和状元之间的语义关系。在确定语义成分之间的系联关系时,我们可以参考的语义知识主要有两点:一是作为核心的成分的性质,它能够形成什么样的依存结构;二是核心项支配的空位上的成分应该具有的语义特征,根据这些特征来匹配能够进入这个空位的成分。

2. 复杂语义网络建构

有时候一个句子的语义结构中包括几个动核结构,在语义建构时需要对这些动核结构进行合并。这就要求语义知识库中必须给出动核结构合并的规则。

(四) 句法压模

句法压模是在句法编码规则的指导下将语义网络转化成一个一维的序列。在句法知识库中存在一个句模系统。范晓先生认为句模是句子的语文结构模式。[①] 我们认为,句模是语义成分按照句法规则在句子中的配置模式,它是按照特定语言的句法特点进

---

① 参见范晓《三个平面的语法观》,北京语言文化大学出版社1996年版。

行配置形成的一个线性序列。语义网络和句模之间具有对应关系。在设计句法学习系统时，比较简单的方法是将语义网络直接转换为某一种或几种句模。当然，为了直接地展示句法压模的过程，也可以在系统中再现这种转换的操作过程。在对语义网络进行压模时涉及的操作主要有：

1. 述语选择和句法关系化

在进行句法压模时，学习者应该在系统的帮助下确定一个或数个动核充当句子的述语。在确定了述语之后，将由关系化规则根据语义网络中每个动核结构之内各个成分之间的支配从属关系，将下位的补足项系联到上位的核心项上，或者将非述语动核构成的动核结构系联于相应的句法核心成分上。在关系化的同时，需要根据标记词添加规则来添加标明语义句法关系的一些标记词。

2. 序列化

通过序列化规则对语义项做出线性位次上的安排，使之成为一个一维的线性序列。

（五）语用建构

语用建构是学习者在语用知识库中知识的指导下，对句子表达的语用信息进行建构，语用信息主要包括：（1）语气信息。句子表达的语气可分为叙事、判断、疑问、反诘、请示、命令、兴叹、抒情几种类型。[①]（2）主题/述题结构信息。（3）焦点/

---

① 参见林杏光、鲁川《汉语句子语义平面的主客观信息研究》，《汉语学习》1997年第5期。

背景结构信息。（4）口气信息。句子表达的口气分为：确认、终归、原状、反常、巧合、强调、夸大、缩小、敬意、抱歉、估计、评价、必要、许可、意愿、能够。（5）语式信息。语式可以首先分为肯定、否定两种，在这两种语式下又可以进一步分为：全盘肯定、部分肯定和全盘否定、部分否定。（6）时信息。句子表达的时信息包括过去时、现在时、将来时。（7）体信息。句子表达的体信息包括一般体、完成体、进行体、经历体。（8）动貌范畴。包括尝试、微量、反复、惯常等。

（六）语用赋值

语用赋值是指根据表达的需要，学习者将语用建构中建构起来的语用信息通过特定的手段表达出来的操作过程。

经过句法压模后形成的序列表达了语义网络所规定的基本语义，是对语义网络的直接映射。但是这个序列还缺少一些必要的语用信息，所以我们可以把这个序列称为句干。对句干进行语用建构有两种不同的情况：简单语用赋值和复杂语用赋值。

1. 简单语用赋值

如果经过句法压模后形成的句干的结构形式和学习者所要表达的包括信息结构、主题结构、焦点结构等一致，那么，系统对句干进行简单语用加工赋予其一定的时体、语气、语式等之后就形成一般语境句。如对句干"小王的丈夫昨天喝完瓶里的酒"进行简单语用赋值，添加如下语用信息集：

语气 = 陈述

口气 = 无标记

语式 = 肯定

时 = 过去体 = 完成（早已完成）

动貌范畴 = 无标记

主题 = 小王的丈夫（无标记主题）

焦点 = 瓶里的酒（无标记焦点）

按照这个语用信息集进行语用赋值时，口气、动貌、主题、焦点这几项赋值操作都是零操作，因为句干的结构已经能够表达出语用建构设定的这几个方面的语用信息。对句子形式有影响的操作是：

（1）语气值的句法实现。语气值是"陈述"，陈述一件已经发生的事情，在句法上由句末的"了"实现。

（2）时值的句法实现。这个句子的时值是"过去时"，句法上由"了"实现。

（3）体值的句法实现。体值是"完成"，而且是"早已完成"，在句法上由"就……了"实现。

（4）语式值的句法实现。语式值是"肯定"，通过一个肯定句的形式在句法上实现。

经过以上简单语用加工，形成如下这个一般语境句：

（1）小王的丈夫昨天就喝完了瓶里的酒了。

2. 复杂语用赋值

复杂语用赋值主要包括主题化和焦点化。主题化、焦点化操作的起因是由于语用建构时指定的主题或者焦点是有标记的。当有主题化和焦点化的需要时，系统将在主题化规则和焦点化规则指导下对主题成分和焦点成分进行移位或者添加焦点标记成分。

这种操作会改变句干的结构。如当上述的语用信息集中焦点被赋值到"小王的丈夫"上时，系统将在"小王的丈夫"前添加一个焦点标记词"是"，生成如下句子：

（2）是小王的丈夫昨天就喝完了瓶里的酒了。[①]

当主题和标记焦点被赋值到"瓶里的酒"上时，系统会调用移位规则，生成如下句子：

（3）瓶里的酒小王的丈夫昨天就喝完了了。

（七）句法完形

1. 同语删除或合并操作

在经过以上操作后，有时还需要对句子的句法结构中一些相同的词语进行删除和合并。如在例（3）中，由于表示"时、体"的"了"和表示语气的"了"都出现在句末，在句法编码时就对其进行了合并，使句末的"了"兼表时、体和语气。

2. 羡余成分省略操作

对前文已经出现或下文将要出现的成分，以及不言而喻的成分在不影响表意的情况下可以省略。

3. 完句校验

生成句子有时候还需要一些特殊的完句成分，语法学习系统需要在完句规则的指导下，对句子是否是一个完整的句子进行校验。

---

① 如果这个句子体值不是"早已完成"，而是"一般完成"，句子最后的生成形式将为：是小王的丈夫昨天喝完了瓶里的酒。

第四节　汉语教材编著系统研发[①]

教材建设是对外汉语教学的重要环节之一，也是影响教学效果的关键，因此，对外汉语教材的编写出版与理论研究一直受到国内外汉语教学界的高度重视，并于近几年取得了长足的进展。然而，随着世界汉语教学的不断发展，对汉语教材的质量也提出更高的要求，因此，如何应用现代教育技术实现对外汉语教材编写手段的创新和质量的提高，已经成为当前教材建设的研究热点。

一　教材编著系统的理论依据

（一）教材的定量分析与控制

1. 对外汉语教材的定量分析

定量研究是科学研究的基本方法，它将实验方法和统计方法相结合，通过收集各种相关数据，调查已经确定的变量，观察两个或更多的变量之间的关系，使用统计方法来分析和推断，验证有关这些变量的种种假设。如果将它与定性研究方法结合起来，研究和控制汉语教材中的各种变量，则有助于制定比较客观的语言项目处理标准，促进教材编写的规范化和科学化。

张宁志（2000）[②]曾用定量分析的方法研究与汉语语料难度

---

① 本节摘自卢伟《基于 WEB 的对外汉语教材编著系统：理论依据与设计开发》，《外语电化教学》2006 年第 6 期。

② 参见张宁志《汉语教材语料难度的定量分析》，《世界汉语教学》2000 年第 3 期。

相关的种种因素，探讨如何对汉语语料难度进行测定，并指出教材是否具有科学性的一个重要指标是教学内容的循序渐进，而教材中语料难度的定量分析则有助于按照语料的难易程度编排教学内容。

20世纪80年代至90年代中期，国内相继制定了汉语作为外语教学的各种课程规范、水平等级标准和等级大纲，如《对外汉语教学初级阶段课程规范》（北京语言文化大学出版社，1999）、《对外汉语教学中高级阶段课程规范》（北京语言文化大学出版社，1999）、《汉语水平等级标准和等级大纲》（北京语言学院出版社，1988）和《汉语水平词汇与汉字等级大纲》（北京语言学院出版社，1992）。尽管有的学者[①]对《汉语水平词汇与汉字等级大纲》提出一些批评意见和修订建议，但总的来说，这些文件为汉语教材的标准化提供了比较权威的参照依据。因此，对外汉语教材（尤其是初级教材）在多大程度上实施了汉语水平等级标准和各种教学大纲，关系到教学标准化、规范化、科学化以及教学目标能否实现等重大问题。

然而，迄今仍然很少有对外汉语教材能够利用现代教育技术对语言项目进行系统的定量分析，并做相应调整和定量控制，以提高教材规范化的程度。有些学者针对现有对外汉语教材的这个缺陷提出了批评，指出了对外汉语教材编写方面普遍存在的一些问题，其中包括教材的词汇量大、复现率低、练习种类单调、数

---

① 参见李清华《〈汉语水平词汇与汉字等级大纲〉的词汇量问题》，《语言教学与研究》1999年第1期。赵金铭、张博、程娟《关于修订〈〈汉语水平〉词汇等级大纲〉的若干意见》，《世界汉语教学》2003年第3期。

量不足；①现行教材的量化标准大多是根据教师的主观认识和经验确定的，缺乏科学的依据；②每课生词量和语言项目数量的多寡没有客观标准，有的教材里面的超纲词语占生词的一半以上，每课的生词量失控，数量过大。③

我们利用汉语教材数据库和检索程序对常用的对外汉语教材进行定量分析，也发现超纲词语过多的情况。比如，《汉语初级教程》《汉语中级教程》《汉语高级教程》④三套教材共有词语10 670个（利用分词软件得出），其中包含《（汉语水平）词汇等级大纲》词语4999个（包括同形词和兼类词），未包含该大纲的词语数量为3823个，而超出该大纲的词语高达5671个，约占词语总数的一半多。又如，《汉语教程·一年级教材》⑤第一至三册六本教材共有词语4616个，其中包含《（汉语水平）词汇等级大纲》词语2873个，⑥超纲词语有1743个，约占词语总

---

① 参见赵金铭《论对外汉语教材评估》，《语言教学与研究》1998年第3期。

② 参见程相文《对外汉语教材的创新》，《语言文字应用》2001年第4期。

③ 参见杨德峰《试论对外汉语教材的规范化》，《语言教学与研究》1997年第3期。

④ 参见邓懿主编《汉语初级教程》（第一至三册），北京大学出版社1987年版。杜荣主编《汉语中级教程》（第一、二册），北京大学出版社1987年版。姚殿芳主编《汉语高级教程》（第一、二册），北京大学出版社1987年版。

⑤ 参见杨寄洲主编《汉语教程·一年级教材》（第一至三册），北京语言文化大学出版社1999年版。

⑥ 参见杜晶晶《汉语作为第二语言教学初级教材词汇计量研究——基于北京语言大学本科系列一年级教材词汇》，厦门大学硕士学位论文，2005年。

数的37.76%。

由此可见，缺乏客观的定量标准和教材语料库与检索统计程序的技术支持，就很难对教材中汉字、词语和语法项目的数量及其在教材中的复现率和分布情况以及课文的篇幅、难度和练习项目的数量等变量进行科学的控制，这在一定程度上影响了对外汉语教材的规范化和科学性。

2.对外汉语教材语言项目的定量控制

对外汉语教材中需要控制的变量主要有汉字、词汇、语法、功能、任务、情景、话题、文化等。就语言项目而言，它们在教材中的数量、复现率、分布率与分布情况，教材中超纲词语和语法项目的数量，大纲中各等级汉字、词汇、语法点在教材中所占的比例，语言的难度和课文的篇幅，等等，都是编者必须控制的变量。

如果我们能够应用现代教育技术对教材的主要变量进行定量统计和分析，则有助于对教材的语言项目进行宏观的把握和微观的控制。考察教材在多大比例上包含相关等级大纲中各等级的汉字、词汇、语法项目，并对它们的使用频率、在同一教材和配套教材中的复现频率、超纲词语的数量等因素进行统计分析，这些量化数据可为对外汉语教材的编写和评估提供科学的定量依据，可为各类等级大纲的修订提供可靠的反馈。因此，定量分析与控制对于确立教材编写的量化标准，促进教材建设科学化、标准化、规范化均有一定的理论指导意义和实践参考价值。

（二）学习难度及教材难度控制

1.学习难度的理论研究

心理语言学和语言习得理论都关注学习难度问题，因为它是直接影响学习效果的重要因素。国内外许多学者对此做过不少研究，主要涉及输入假说、交际活动的难度、任务的难度、文本的可读性与可读性指数。

Krashen 的"输入假说"（Input Hypothesis）强调，"可理解性输入"（Comprehensible Input）是语言习得的必要条件。学习者听到或读到的可理解的语言材料，难度应该稍高于学习者当前已掌握的语言知识，但如果大大超过了学习者现有的语言水平，那么，这种太难的语言输入对语言习得就没有意义。[①]Krashen 的"可懂语言输入"实质上涉及语言输入的可懂程度，也就是学习难度的问题。

苏联著名心理学家维果茨基提出"最近发展区"（Zone of Proximal Development）理论，认为"学习者当前能够独立完成学习任务的实际发展水平与学习者在成人指导下或者和能力较强的学习伙伴合作下完成学习任务的潜在发展水平之间的距离"是学习者的"最近发展区"[②]。在这个发展过程中，由于学习者与其他人的交际以及认知能力的扩展，他们的潜在发展水平成为下一个实际发展水平。可见，"最近发展区"是一种学习潜力，高于"最近发展区"的学习，难度过高，学习者难以接受；低于"最近发展区"的学习，难度偏低，学习者的学习潜力无法得到最大限度的开发。

[①] 参见 Krashen, S. D. *Principles and Practice in Second Language Acquisition*. Oxford: Pergamon, 1982. Krashen, S. D. *The Input Hypothesis Issues and Implications*. London: Longman, 1985.

[②] 参见 Shrum, J. L. & Glisan, E. W. *Teacher's Handbook*：*Contextualized Language Instruction*，外语教学与研究出版社 2004 年版。

Stern（1992）[1]提出控制第二语言学习过程中交际活动难度的几个因素，即教学材料中信息的可预测程度；接受性技能还是产出性技能（前者比较容易）；话语长度，如话轮的长短（一两句话或长达一小时的讲座）；是否有语境的支持；教学内容的语言复杂程度，如生词、复杂的话语结构、快速的话轮转换（如公开场合的讨论）、文本的含义等；学习者对学习内容的熟悉程度；话语或文本呈现方式是否清楚、常见；学习者的情感因素，如紧张、不适、疲劳、烦恼、敌对情绪等。

Nunan（1989）[2]曾列举第二语言教学中语言输入内容可能影响任务难易程度的四类变量，包括语言复杂度、语篇结构、语篇内容和上下文支持（比如小标题、照片、图画或图表等方便学习者理解的手段）。前三类变量包括语法的复杂度，低频词汇的数量，语篇的长度、结构及其表现的明晰度，命题密度（Propositional Density，即语篇包含多少信息以及信息的复现程度），信息的明晰度，语篇的主题和风格等。Skehan（1998）[3]认为，任务难度的三个分级标准之一为符号难度（Code Complexity），即语言难度与变体、词汇负荷与变体、冗余与密度。Ellis（2003）[4]提出和语言输入相关的影响任务复杂程度的五个因素，其中的符号难

---

[1] 参见 Stern, H. H. *Issues and Options in Language Teaching*. Oxford: Oxford University Press, 1992.

[2] 参见 Nunan, D. *Designing Tasks for the Communicative Classroom*. Cambridge: Cambridge University Press, 1989.

[3] 参见 Skehan, P. *A Cognitive Approach to Language Learning*. Oxford: Oxford University Press, 1998.

[4] 参见 Ellis, R. *Task-based Language Learning and Teaching*. Oxford: Oxford University Press, 2003.

度指所输入的语言在词汇和句法方面的复杂程度，如低频词语、复杂的句法结构等。

关于文本的可读性与可读性指数，国内外学者做过不少研究。[①]"可读性"（Readability）或"易读性"原指文本针对读者而言的难易程度，但它具体包括哪些因素，学者们提出过不同的看法。Carrell（1987）认为可读性包括句法得体性、思想表达的逻辑顺序或修辞方式、篇章层面的话语特征、词汇的得体性以及读者的背景知识。Nuttall（2002）则认为可读性常用于指结构和词汇两方面的综合难度，暂不考虑概念方面的难度和兴趣等重要问题。

严格地说，除了语言结构、修辞、逻辑、语体、语用、文化背景等因素以外，可读性还应包括书面文字的可感知程度，如书面符号的清晰度和印刷排版格式。此外，文本的难度是相对的，它还与阅读者本身有关，如读者的文化素养、个人兴趣，以及阅读时的动机和情绪等情感因素。

"可读性指数"（Readability Index）用分数来测算文本难度，计算平均词长和句长。比如，在一篇100个词的文章里面，音节

[①] 参见杨惠中《从四、六级考试看我国大学生当前的实际英语能力》，《外语界》2000年第1期。张宁志《汉语教材语料难度的定量分析》，《世界汉语教学》2000年第3期。Flesch, R. F. A new readability yardstick. *Journal of Applied Psychology* 32(3), 1948. Klare, G. R. A second look at the validity of readability formulas. *Journal of Reading Behavior* 8(2), 1976. Carrell, P. L. Readability in ESL. *Reading in a Foreign Language* 4(1),1987. Day, R. R. Selecting a passage for the EFL reading class. *English Teaching Forum* 32(1), 1994. Nuttall, C. *Teaching Reading Skills in a Foreign Language*. 上海外语教育出版社2002年版。

越多就越难，因为音节越多单词越长，单词越长阅读者越生疏。同样，句子数量越少就越难，因为句子数量越少句子越长，句子越长结构越难（Nuttall，2002）。

2. 教材难度的控制

综合上述国内外关于语言输入的可懂程度、交际活动难度、任务难度、文本可读性与可读性指数或测算公式（Readability Formulae）的研究，同时考虑现有的教育技术、语言技术、数据库技术等对语言教学的可支持程度，我们认为，就对外汉语教材编写而言，教学材料（包括课文、语言项目释例、练习等）的难易程度主要应该控制如下几个语言方面的变量：

第一个变量是词汇，包括教材的总词汇量、课文的生词量及其难度等级、各等级词语在教材中所占的比例、超纲词语的数量及其在生词总量中所占的比例、词语的长度、专有名词和具有丰富文化内涵的词语（成语、习语、典故、谚语）的数量等等。

第二个变量是语法结构，包括教材的语法项目总量、课文中新语法项目的数量及其难度等级、各等级语法项目占语法项目总量的比例、超纲语法项目的数量及其在语法项目总量中所占的比例等等。

第三个变量是汉字，包括教材中汉字的总量、课文的生字量及其难度等级、各等级汉字占汉字总量的比例、超纲汉字的数量及其在汉字总量中所占的比例等等。

第四个变量是语篇，包括课文的篇幅，如字数（包括字符总数和不同汉字的个数）、词数（包括词语总数、不同词语的个数、不同音节长度词语的数量及其出现的频率）与词长（包括词语的音节数量和平均词长）、句数（包括句子总数、各种不同长度句子的数量及其出现的频率）与句长（包括句中的词语数量和平均句长）、段落数量与平均段落长度，以及语篇的复杂程度，如篇章结构、衔接手段、对话中话轮的数量及长度，等等。

通过分析和统计各等级语言项目和超纲语言项目的数量、比例及分布情况来测定教学材料的难度等级，从宏观和微观角度对上述变量进行科学的定量分析和难度控制，可使教材更加适合使用对象的水平，在一定程度上促进教材建设的科学化、标准化、规范化，因而具有重要的理论意义和实际价值。

（三）语言项目的复现

词语、语法、功能等语言项目在同一教材和配套教材中某个特定范围（课、单元、册）内的分布情况、分布率，以及它们重复出现的频率高低等变量，对于语言习得过程中的输入、强化、记忆、吸收、内化等阶段，都起着至关重要的作用。

根据心理语言学的基本理论，通过感官输入的语言材料必须经过合理的复现才能得到有效的强化（Reinforcement），不断的刺激和强化有助于避免遗忘和增强记忆，促进语言知识的内化（Internalization），并最终为学习者所掌握。记忆的过程包括识记、保持、再认、再现，输入的语言信息是识记的内容，语言信息的重复呈现可以使学习者有机会对过去感知和识记的语言信息进行反复提取、继续编码和持续储存，因此，可避免因记忆痕迹消退而导致遗忘，有助于记忆过程中的保持、再认和再现。

一方面，信息的保持水平跟信息的提取频率有很大关系，提取频率越高，保持水平越高。也就是说，识记内容呈现的次数和语言学习的效果有直接的关系，是影响语言材料记忆效果的重要因素。一般而言，输入的语言材料的复现率越高，记忆就越牢。

另一方面，语言输入量的多少对记忆效果也有很大的影响。心理学实验表明，如果语言材料的数量增加，识记的平均时间也随之增加，这就要求将较长篇幅的语言材料分为若干个部分来学习。[1] 此外，同样次数的语言项目练习，采取集中练习（Massed Practice）和分散练习（Distributed Practice）的效果也不一样。Clark 等国外学者指出，"研究不断表明，对于长时记忆的保持，在语言训练全程中分散进行练习要比在一个短时间内做完练习效果更好"[2]。国内也有学者认为，"如果某个语言点被呈现十次，在呈现过程中插进去其他语言内容的学习，会比一次集中反复呈现十次的记忆效果好，这个语言点更容易记住"[3]。

这些研究说明，记忆效果还与信息在语境中反复提取的方式有关。输入的语言信息在同一上下文中反复提取效果较差，而在不同的上下文中反复提取，则有利于建立新旧语言知识的联系，[4] 有利于强化记忆效果。可见，分散识记比集中识记效果好，因此，所输入的语言材料分布面要广泛，出现的语境要丰富，语言项目的呈现和练习要分散。

由此得到的启示是，对外汉语教材中同样一个语言项目不但

---

[1] 参见朱纯编著《外语教学心理学》，上海外语教育出版社 1994 年版。

[2] 参见 Clark, R. C. & Mayer, R. E. *E-learning and the Science of Instruction: Proven Guidelines for Consumers and Designers of Multimedia Learning*. San Francisco: Jossey-Bass / Pfeiffer, 2003.

[3] 参见王初明编著《应用心理语言学——外语学习心理研究》，湖南教育出版社 1990 年版。

[4] 参见陈贤纯《外语阅读教学与心理学》，北京语言文化大学出版社 1998 年版。

要多次地反复呈现,而且还要在不同的语境中恰当地分布和分散地练习,才能达到较好的学习效果。因此,在教材编写时,对语言项目在同一本教材和配套教材中特定范围(课、单元、册)内的分布情况、分布频率及复现频率进行定量控制,对于语言习得也具有重大的理论意义和实践价值。

二 教材编著系统的功能设计与技术实现

(一)系统的功能设计

我们根据对外汉语教材编写的实际需求,以心理语言学、第二语言习得、语料库语言学等理论为依据,以教材编写手段现代化为出发点,以教材语言项目的定量统计、分析和控制为主要目标,吸收了常用编辑软件和语料库检索软件的优点,对基于 Web 的对外汉语教材多媒体协同编著系统进行了功能设计,目前已实现如下主要功能。

1. 教材在线协同编著功能

教材编写的所有操作均以 Web 为传输媒介,通过网络浏览器上的页面进行,其功能包括:(1)在线申请和审批教材编写项目,建立主编账号和编者账号,设定不同账号的权限。(2)具有类似 Word 的编辑功能。可对教材文本和多媒体信息进行在线编辑,上传多媒体文件(图片、音频、视频、Flash 动画),进行章节合并,生成出版用的文本格式文件和网页格式(HTML)的网络课件,可将书稿或课件保存至服务器或下载到本地机器。(3)自动标注汉语拼音。可对课文的全文进行拼音标注,可选择在词语首次出现时标注,也可选择在词语出现的所有位置标注,并可对自动标注的错误进行人工更正(如多音字、同音不同调、轻声等)。(4)

自动生成词表。可生成特定范围内课文的生词表和整本教材的总词汇表,包括词语、拼音、词性。(5)提供多渠道的在线交流(站内信箱、聊天室、论坛),供主编和编者讨论编著事宜,发送有关内容更改的通知,以便及时提醒相关编者做相应的改动。

2. 教材定量分析统计功能

此类功能可对教材中的语言项目进行某些定量统计与分析,帮助编者对语言材料中的一些主要变量进行控制,如:(1)分析课文的语料难度,统计课文的字数、句数、平均句长。(2)分析和统计各等级词语和超纲词语的数量,生成特定范围内等级词语的统计数据,不同等级的词语用不同的背景颜色显示。(3)统计词语在特定课文范围内的词频、复现率及分布情况等数据。(4)从语料库中提取真实语料作为例句,检索结果基本上按词语在《(汉语水平)词汇等级大纲》中的难度等级排序。

(二)系统的技术实现

随着计算机软件、网络通信、语料库等技术的飞速发展,现代教育技术在对外汉语教学中的应用范围不断拓展,为本编著系统的技术实现提供了可靠的保障。

首先,因特网的海量信息可为对外汉语教材的编写提供丰富的学习素材资源,其交互功能可为异地的编者跨越地域限制进行教材的协作编写营造良好的网络在线交流环境。其次,大规模的现代汉语语料库可为教材编写提供覆盖各种学科范围、语域、语体、体裁的真实语言材料,提供大量的可用于解释词语用法和语法规则的例句,使语言描写更加全面客观,解释更加准确科学,例证更具说服力、真实性和实用性。最后,功能强大的语料检索和统计软件有助于发现使用频率高的词汇和语法项目,并将它们作为教学重点编入教材,以减少教学的盲目性,保证教材的实用性。此外，还可为教材语言项目的定量分析提供便捷的技术手段，在一定程度上实现对教学材料难度的测定与控制。

有了这些强大的技术保障，教材编写的定量分析与统计变得轻而易举，教材中影响学习难度的一些变量可以得到较好的控制，语言项目可以得到比较合理的分布和复现，教材的规范化程度也就有望得到进一步提高。

本编著系统综合应用网络、数据库、语料库、多媒体、中间件等技术来实现所设计的功能。比如，我们应用微软的 Office 组件来完成类似 Word 的在线编辑功能。采用厦门大学语言技术中心开发的语料库检索程序，来实现对教材编写过程中所需语料的检索、提取与结果排序等功能。依照《（汉语水平）词汇等级大纲》建立汉语等级词语的数据库，然后利用分词程序对教材文本进行分词和词性标注，并将分词结果与等级词语数据库进行比较，以实现对课文中各等级的词语和超越大纲的词语进行统计分析的功能，便于编者对词语进行调整和难度控制。

本系统采用基于中间件的三层体系结构，包括浏览器客户端、中间服务器层以及数据库层。浏览器客户端主要包括一些用户接口，如用户管理、语料库管理、文档管理、编辑器的使用等。中间服务器层又分为三个部分，即应用服务器、Web 服务器及文档服务器，分别负责业务逻辑的实现、用户访问的控制、文档的管理等。在数据通信方面，浏览器客户端主要通过 TCP/IP 协议和中间层服务器连接，其中的编辑器模块还和文档服务器之间建立一个专门的 SOCKET 连接，以实现语料库检索、生词注音、词汇难度统计等功能。

本系统的开发与支撑环境为 Windows 2000 Advanced Server、IIS 5.0、SQL Server 2000、JDK 1.4.2、JBoss 3.0.8、Eclipse 等。

第五章

汉语教学资源研究展望

第一节　面向网络汉语师资培训的资源设计[①]

一　远程培训网络资源建设的重要性

（一）现实意义

随着世界上学习汉语的人数不断增长，对汉语师资的需求也越来越大，仅仅通过"派出去，请进来"的传统方式进行汉语教师培训已经满足不了国外的需求。在信息时代，利用互联网开展国外汉语师资远程培训，可以使世界各国更多的汉语教师不受时空限制地接受培训，无疑是一种新型的师资培训方式。

近两年，我们就国外汉语师资的基本情况和培训需求等问题，对参加国家汉办师资培训项目的 360 多名国外汉语教师进行了访谈和问卷调查，其中澳大利亚汉语教师 230 名，新西兰 8 名，德国 75 名，马来西亚 30 名，菲律宾 7 名，越南 15 名。大多数教师希望能够通过网络参加各种培训课程的学习与辅导，获得与培训课程相关的教材和课件，希望能够提供可用于备课、教学、辅

---

① 本节摘自卢伟《国外汉语师资远程培训网络资源建设》，《汉语教学学刊》（第 3 辑），北京大学出版社 2007 年版。

导和研究等方面的多媒体网络教学资源、网络教学与测试支撑平台以及相关的工具软件。访谈与调查的结果表明，大多数国外汉语教师对于远程培训网络资源有很大的需求。

然而，国内现有的汉语师资远程培训网络资源仍然无法满足国外的实际需求。首先表现为网络资源相对匮乏。虽然 2006 年 7 月汉语国际推广北京基地创建了"中国汉语网"，旨在建成全球最大的汉语学习和展现中国文化的平台，争取在各国语言学习的门户网站中成为第一，为汉语在全世界的推广提供完善的服务，但该网站已开辟的"师资培训"栏目的网络资源仍在建设之中。其次，现有资源基本上处于"各自为战"的无序状态。虽然国内其他的对外汉语教学网站也提供一些与国外汉语师资远程培训相关的网络资源，但诸如"中国汉语网"这样的国家级权威资源中心尚未对现有资源进行集成和导航，有限的网络资源难以得到整合与共享，并存在重复开发的浪费现象。再次，现有网络资源的技术不够规范统一。虽然首都师范大学国际文化学院和清华大学教育技术研究所承担的国家汉办科研项目"对外汉语教学网络教育共享支撑平台和资源库标准的研究"已于 2004 年 12 月底通过结项评估，但其研究成果并未投入真正意义上的实际应用，现有网络资源的建设缺乏统一的技术规范，或者没有严格依照现有的国家标准进行研制，较难实现共享和"互操作"（Interoperability）。最后，网络资源通常包括网络课程、课件库、题库、媒体素材库的建设以及适合多种教学模式的教学支撑系统和管理系统的研发，而现有的为数不多的师资培训网络资源大都体现为网络课程，其他方面的网络资源仍为凤毛麟角。

通过对需求与现状所进行的初步分析可以看出，国内现有的汉语师资远程培训网络资源仍然难以满足国外汉语教师不断增长的实际需求。因此,加强网络资源建设无疑具有很强的现实意义。

（二）理论意义

网络资源建设具有跨学科的理论依据,下面仅从教育技术学、认知学习、自主学习、学习策略等方面进行粗浅的探讨。

1. 教育技术学

美国教育传播与技术协会（AECT）1994年提出"教育技术是对学习过程和学习资源的设计、开发、运用、管理和评价的理论与实践"[①],2004年该协会重新对这个学科进行定义时认为,"教育技术是通过创造、使用、管理适当的技术性的过程和资源,以促进学习和提高绩效的研究与符合伦理道德的实践"[②]。这两个定义明确指出资源是现代教育技术学的研究对象之一,因此,对于各种形式的教育资源进行理论和应用的研究,一直是教育技术学重要的学科领域。国外汉语师资远程培训网络资源实质上是一种以现代教育技术为手段,以互联网络为传媒的教育资源,因此,现代教育技术学的研究对象及"学习资源观"可以为网络资源建设奠定学科理论基础。

2. 认知学习

当代认知学习理论的代表、美国心理学家布鲁纳所提出的"发现式学习"理论注重学生主动积极地对知识进行探求和发现。建构主义是认知主义的进一步发展,它强调学生是学习的主体,强

---

① 参见何克抗、李文光编著《教育技术学》,北京师范大学出版社2002年版。

② 参见黎加厚《2005AECT教育技术定义：讨论与批判》,《现代远程教育研究》2005年第1期。

调学习的社会性、情景性和主动性。其学习观认为,"知识不是通过教师传授得到,而是学习者在一定的情境即社会文化背景下,借助其他人(包括教师和学习伙伴)的帮助,利用必要的学习资料,通过意义建构的方式而获得"[1]。建构主义强调认知主体的作用,提倡在教师指导下的以学习者为中心的学习。在建构主义等理论的影响下,以学生为中心的外语学习理论将学生看成教学活动的中心和主体,是教学活动的积极参与者、信息资源的探索者、知识的发现者和摄取者。

在网络时代,"学习资料"和"信息资源"无疑包括网络学习资源和超媒体信息,因此,我们不妨说,信息时代的建构主义的理论核心就是以学生为中心,利用必要的媒体信息(包括网络学习资源),对知识进行主动探索和发现,对所学知识的意义进行主动建构。可见,网络学习资源是通过意义建构获取知识的必要条件。

3. 自主学习

自主语言学习(SALL)研究语言学习者在学习内容、目标、过程及效果等方面进行自我设计、自我管理、自我调节、自我检测、自我评价的主动建构过程,也就是学什么、为什么学、怎么学等自主决策能力。Gardner & Miller(1999)[2]将自主(Self-Access)视为"许多要素的集成,它们组合起来提供一种独特的学习环境,使学习者能够以独特方式与这种环境进行交互"。这些要素

---

[1] 参见何克抗《建构主义——革新传统教学的理论基础》,《中学语文教学》2002 年第 8 期。

[2] 参见 Gardner, D. & Miller, L. *Establishing Self-Access: From Theory to Practice*. Cambridge: Cambridge University Press, 1999.

包括"资源、人员、管理、系统、个性化、需求分析、学习者反思、咨询、学员培训、职员培训、测试、评估、教材编写"等，其中的"资源"为学习者提供真实的学习材料、交际活动和技术，使学习者能够接触目的语使用者和其他的语言学习者。Benson（2001）[1]认为基于资源的学习（Resource-based Learning）"为学习者提供机会对学习计划、学习材料选择、学习评估进行控制"，"在基于资源的学习中，发展自主能力的重点放在学习者与学习资源之间的自主交互方面"。

国外汉语师资绝大多数都是成年教师，接受过各种层次的教育，具有不同学科的专业背景，具有较强的自主学习能力。也就是说，他们通过网络接受远程培训的过程具有更加显著的自主学习的特征，因此，提供丰富的网络资源是他们自主学习的必要条件和技术支持，有助于他们对学习资源进行自主控制和交互，在远程培训中起着至关重要的作用。

4. 学习策略

国内外许多学者对学习策略做过大量的研究。美国的 O'Malley & Chamot（1990）[2]将使用目的语的参考资料（词典、百科全书、教材等）进行学习的策略称为"资源策略"（Resourcing），并归入"认知策略"（Cognitive Strategies）的类别。资源策略注重学习者有意识、有计划、合理有效地利用信息资源进行认知学习。中国教育部颁发的普通高中《英语课程标准》（实验稿）（中

---

[1] 参见 Benson, P. *Teaching and Researching Autonomy in Language Learning*. London: Longman, 2001.

[2] 参见 O'Malley, J. M. & Chamot, A. U. *Learning Strategies in Second Language Acquisition*. Cambridge: Cambridge University Press, 1990.

华人民共和国教育部制订，北京师范大学出版社 2007 年版）也将资源策略看作一种英语学习策略，指学生合理并有效地利用多种媒体进行学习和运用英语的策略，也就是有效地使用词典等工具书，能通过图书馆、互联网、报纸、杂志、广播或电视等多渠道资源查找所需要信息和材料。[1]

对于国外汉语教师而言，利用网络等渠道对多媒体材料、网络信息等多种课程资源的获取、整合和运用的能力，是汉语国际推广背景下的汉语教师应该具备的重要素质之一，[2] 也是他们接受远程培训过程中经常运用的一种学习策略。恰当地运用资源策略可以促进学习，提高学习效果，但其前提是必须向学习者提供丰富的学习资源，因此，资源建设是对学习者运用资源策略必不可少的支持。

上述观点不但为国外汉语师资远程培训网络资源建设提供了理论依据，而且还说明了网络资源建设具有非常重要的理论意义。

二 网络资源建设相关问题探讨

（一）网络资源建设的内容

教育部现代远程教育资源建设委员会于 2000 年 5 月制定了《现代远程教育资源建设技术规范》（试行），后来成立的教育信息化技术标准委员会又于 2002 年 12 月制定了《教育信息化技

---

[1] 参见英语课程标准研制组编写《普通高中英语课程标准（实验）解读》，江苏教育出版社 2004 年版。

[2] 参见李凌艳《汉语国际推广背景下海外汉语教学师资问题的分析与思考》，《语言文字应用》2006 年增刊。

术标准》（CELTS）体系。根据这些文件，教学资源建设可分为四个层次：素材类教学资源建设（如题库、素材库、课件库和案例库）、网络课程库建设、教育资源管理系统的开发、通用远程教学系统支持平台的开发。在这四个层次中，网络课程和素材类教学资源建设是教育资源建设的重点和核心内容。

首都师范大学国际文化学院和清华大学教育技术研究所（2004）参照国内外相关的技术规范，研制了《对外汉语教学资源库建设标准》，把对外汉语教学资源的内容大致划分为四级：第一级包括知识素材、功能素材、情景素材、教材教参、水平与潜能测试、语料资源以及文化资源等总类。第二级至第四级属于子类，比如知识素材的第二级包括语音、汉字、词汇、语法、修辞、写作等知识，语音的第三级则包括声母、韵母、音节、声调、语流音变、语调等，语调的第四级包括重音、停顿、升降等。

参照上述标准，从国外汉语教师的实际需求及网络资源的功能出发，我们认为，国外汉语师资远程培训网络资源建设的内容可分为"助学"和"助教"两个层次。"助学资源"用于帮助受训教师学习培训课程，也就是根据《国外汉语教师培训大纲》《汉语作为外语教学能力等级标准》和"汉语作为外语教学能力认定考试"等文件编制的各种网络课程、课件及辅导资源；"助教资源"则用于帮助受训教师进行实际的教学，也就是教师用于辅助课堂教学和网络教学的资源，包括帮助教师备课和研究的资源。

（二）网络资源的技术实现

在网络资源的技术实现方面，要综合应用现代教育技术和信息通信技术，研制和开发"国外汉语师资远程培训网络资源库"。网络资源库可采用数据库、数据挖掘、信息检索、人工智能等技术进行创建，由若干个子库和平台组成。

子库：网络课程库、课件库、积件库、问题库（常见问题解答、智能答疑）、题库（包括习题、试题、试卷）、多媒体素材库（包括文本、图形/图像、音频、视频、动画）、案例库（比如教案、教学示范、课堂教学实况）、语料库（教材、教学专用、中介语）、软件库（比如教与学的工具或模板、课件制作工具）、文献资料库（包括备课和研究资料，如字典、词典、百科全书、电子图书、电子报刊、学术论文等）、虚拟网络资源库（比如其他网络资源的汇集、链接与导航）。

平台：资源管理与编辑平台、网络教学与管理平台、教材编写平台、课件开发平台、网上考试平台。

此外，网络资源库必须具备搜索引擎，可按资源类别、媒体形式、知识内容等多种方式检索，让用户可以便捷地查找和获取各种助学与助教资源。

对网络资源进行技术实现时，可参照CELTS体系中与资源建设相关的三个规范，即《学习对象元数据规范》（CELTS-3）、《教育资源建设技术规范》（CELTS-41）、《基础教育教学资源元数据规范》（CELTS-42）以及本学科的《对外汉语教学资源库建设标准》。只有按照这些规范与标准对网络资源进行技术实现，才能统一开发者的行为，才能达到资源基本属性结构的一致性，实现不同资源库系统之间数据的共享和互操作，实现资源在世界各地汉语教学界的广泛共享，为国外汉语教师查找、获取、使用和评估这些资源提供高效的技术支持。

（三）网络资源建设的原则

朱凌云和余胜泉（2001）[①]提出教育资源建设应遵循五项基本原则，即需求观、系统观、规范观、开放观、动态平衡观。这些原则对于建设国外汉语师资远程培训网络资源仍然具有普遍的指导意义。

第一，国外汉语师资远程培训网络资源建设旨在为受训教师提供助学和助教的服务，因此资源建设的内容、功能和技术实现等都必须充分考虑他们对资源的实际需求，并在需求分析的基础上进行设计开发。第二，资源库是由若干子库或模块组成的，因此要用系统观来统领和协调各个子系统之间的复杂关系。第三，汉语作为外语教学有其自身的规律，因此要按照这个学科的特点，对资源的内容进行科学的描述，并依照通行的技术规范来建设，以达到共享的目的。第四，所建设的网络资源必须向国外汉语教师开放，提供无偿共享或有偿使用等服务。此外，资源的开放性还体现为资源库并非封闭的系统，应根据实际需求时常进行维护、更新和扩充。第五，随着世界汉语教学的发展，国外汉语教师对培训的需求和对资源的需求也在发生变化，因此网络资源的建设也要适应这种变化，及时对资源库的内容进行修改和增删，尽量使资源与需求处于动态平衡之中。

（四）网络资源建设的方法

在建设网络资源时，建议采用如下方法逐步实施：

---

① 参见朱凌云、余胜泉《教育资源库建设的观念与方法》，2001年，http://www.etc.edu.cn/articledigest10/ziyuan-ku.htm。

1. 需求分析

需求分析是教学设计的前提，对于教学设计是否具有针对性和实用性至关重要。Kemp et al.（1998）[①]归纳了国外学者研究的六种需求，其中的"常模差距需求"（Normative Needs）指用国家标准衡量和识别的需求，"表达的需求"（Expressed Needs）指学生所表达并希望能够得到满足的需求。我们不妨参照这两种需求，根据《国外汉语教师培训大纲》等国家标准的需求以及通过访谈、问卷调查等方式获取的国外汉语教师对于网络资源所表达的需求进行分析，为资源建设的总体设计提供依据。

2. 总体设计

在需求分析的基础上，在相关理论的指导下，依照有关大纲和标准，对网络资源的内容、类型、媒体、功能、技术规范、实现方式和评估指标进行总体设计。比如制订资源的分类体系，对资源内容进行层级分类，明确资源的要求，进行资源的属性标注，确定技术标准和技术路线，制订开发方案及评估方案，等等。此外，还要特别注意对资源的安全性、开放性、共享性和交互性进行设计。

3. 资源建设与整合

第一，采取分级建设的方法。国家级网络资源由教育主管部门资助和管理，由对外汉语教学机构负责开发和维护，如"中国汉语网"；院校级网络资源由国内从事对外汉语教学的高校根据各自的培训对象、目标和内容等进行创建和维护；个人资源则由

[①] 参见 Kemp, J. et al. *Designing Effective Instruction* (*2nd ed.*). Prentice Hall, 1998.

对外汉语教师和研究人员自行开发和维护。

第二，采取分步建设的方法。首先重点建设与远程培训相关的网络课程、课件和辅导材料等"助学资源"，以及资源管理和编辑平台、网络教学与管理平台等；其次开发辅助教师课堂教学、备课的素材类"助教资源"，如动画素材（汉字笔画演示、发音方法演示）、音频素材（声母、韵母、音节、常用汉字和词语）、视频素材（情景会话、中国文化）、题库（HSK习题、模拟试题）、教学工具软件（拼音标注、习题制作）、教学与管理平台等；最后开发帮助教师个人专业发展的研究类的"助教资源"，如语料库、文献资料库等。

第三，采取统筹与整合的方法。教育主管部门可通过国家级网络资源对院校级资源进行统筹，避免重复建设，并根据相关的大纲标准与技术规范，对院校和个人两级的现有资源进行审核，符合标准的资源可整合集成到国家级资源的权威门户网站当中。这样的"虚拟网络资源"不但可以充实或弥补国家级网络资源的不足，而且可为国外汉语教师提供便捷的各级资源的导航、定位和检索服务。

4. 资源共享与利用

教育主管部门应采取切实可行的措施，促进网络资源的合理配置、共享和综合利用，这是国外汉语师资远程培训网络资源建设的最终目的。只有通过网络资源的合理配置和共享利用，才能避免同一层次的重复建设和浪费现象，才能使这些资源为提高国外汉语教师的素质和教学能力提供技术支持。比如，各院校的资源可组成"资源联盟"（Resource Consortium），以便优秀资源在更大范围内实现共享。建议国家汉办与有关院校和部门协调，解决网络资源的知识产权问题,在版权"合理使用原则"的框架下,采取无偿、有偿、共建共享等资源服务的多种运作方式,实现网络资源在国外汉语教学实践与学术研究范围内的共享与利用。

5.网络资源的应用模式及启示

国内外学术界依据各种理论提出过不少利用资源进行学习的模式,这些学习模式不妨视为网络资源的应用模式。一方面,网络资源建设为这些应用模式提供技术支持和保障,另一方面,这些应用模式又对网络资源建设产生"反拨"(Washback)作用,启示我们如何更好地建设网络资源,使之得到更加有效的应用。

(1)基于资源的自主探究学习模式

祝智庭和钟志贤主编(2003)[①]和武法提编著(2003)[②]详细介绍了基于资源的学习的定义、特征、教学过程、步骤和效果评价。Benson(2001)也对基于资源的自主学习模式做过专门的讨论,尤其是 Gardner & Miller(1999)系统地介绍了自主语言学习的背景、定义、构成要素、自主语言学习系统的构建与维护和管理、学习材料的选择和汇编、学习活动的组织、教师的作用、学习环境与资源的开发、咨询和评估等问题。网络探究模式(WebQuest)是网络环境下的一种任务驱动(Task-driven)学习方式,学生通过网络来寻求解答某个问题的相关材料、解决方案或技术支持。教师先创设某个特定的情境,将学生引入其中,然后给予学生某个具体的任务,要求其独立或

---

① 参见祝智庭、钟志贤主编《现代教育技术——促进多元智能发展》,华东师范大学出版社 2003 年版。

② 参见武法提编著《网络教育应用》,高等教育出版社 2003 年版。

者协作完成。在完成任务的过程中，各种网络资源都是学生的主要信息来源和制订解决方案的依据。[①]这些学习模式的共同特点都是利用各种资源进行自主探究学习，因此，我们建设各种媒体形式的网络资源，目的就在于为这些应用模式提供技术支持。

（2）基于网络语料库的自适应学习模式

曾用强（2001）[②]提出基于语料库的适应性学习模式，通过创建一个开放式的全文语料库，实现个性化的适应性语言学习过程，其主要理论依据是语料库语言学、二语习得和语言测试。在网络环境下，这种模式不妨称为"基于网络语料库的自适应学习模式"。学习者带着问题，通过对大规模的网络语料库中大量的目的语真实文本进行检索，对多样化的语料进行阅读和理解，归纳、总结和发现语言规律。学习者可以自主选择学习内容和学习过程，在学习过程中自我监控，自我调整学习内容的难度和相应的学习策略，使学习内容与自己的语言水平互相适应。这种模式的实质是"数据驱动学习"（Data-Driven Learning，简称DDL）。Beatty（2003）[③]认为"数据驱动学习是一种归纳式的语言学习法，学习者通过计算机程序检索语料库，理解并自然地内

[①] 参见程锐、王敏、朱汉洪《网络学习的新模式——WebQuest与ThinkQuest》，2003年，http://218.22.0.27/lunwen/dianziban/show.asp wzmc=dianzib&n/200306/39.htm。

[②] 参见曾用强《基于语料库的适应性学习模式》，《现代外语》2001年第3期。

[③] 参见 Beatty, K. *Teaching and Researching Computer-Assisted Language Learning*. London: Longman, 2003.

化语言形式和规律"。这种学习模式在教学理念方面注重学习者的学习自主性,在学习材料方面注重语言材料的真实性和丰富性。它适合水平较高的二语学习者,特别适合国外汉语教师在专业发展过程中进行研究性学习。在网络资源建设中,我们要注重开发基于网络的各种类型的语料库、教材库、在线词典、文献资料库及功能强大的信息检索程序,才能保证学习者通过这种网络资源应用模式获取真实丰富的语料,满足研究性学习的需求。

(3)基于积件思想的微格教学模式

积件(Integrable Ware)"是由教师和学生根据教学需要自己组合运用多媒体教学信息资源的教学软件体系"[1]。它以知识点为基本制作单元,并可根据教与学的需要,利用专用资源库中的教学信息和积件组合平台,通过简便的操作编制成适合于自己所需的教学软件。积件具有基元性、灵活性、可重组性、可扩充性、通用性、规范性等特点。

微格教学(Microteaching)是以教育学和心理学理论为基础,以现代化的多媒体视听技术为手段,依据反馈原理和教学评价理论,培训师范学生或在职教师掌握课堂教学技能的一种方法。Richards(1998)[2]指出:"微格教学将教学分解为许多单一的技能,比如操练、纠错、讲解词语或语法等,以便这些技能得到单独的训练。"也就是说,微格教学将综合复杂的课堂教学分解成若干教学片段或单元,将教学技能细分为许多微小的类型,使之

---

[1] 参见黎加厚《从课件到积件:我国学校课堂计算机辅助教学的新发展》(中),《电化教育研究》1997年第4期。

[2] 参见 Richards, J. C. *Beyond Training*. Cambridge: Cambridge University Press, 1998.

简化为目标清晰、可观察、可描述、可操作的单一的教学技能。

　　基于积件思想的微格教学模式就是依据积件思想，利用网络资源中的积件进行教学微技能训练的一种教学模式，特别适合培训国外汉语教师的课堂教学能力。因此，在建设网络资源时，应在积件库中的多媒体教学资料库和微教学单元库（Micro Teaching Unit，简称MTU）存放大量的多媒体素材、反映基本知识点的"微型课件"、展示基本教学技能和教学技巧的录像片断（比如名师的课堂教学示范）、受训教师的课堂教学实践等。这样，才能利用这些微教学单元的积件开展微格教学，通过视频点播或直播，向受训教师展示如何导入新课、板书、提问、讲解语言点、训练言语技能、组织课堂活动、完成交际任务、布置作业、复习等教学微技能，然后让他们对别人的教学实况录像进行评估，或者对自己的教学实况录像进行自评，最后由授课教师进行总结性讲评。这样的"微格教学活动可为学生提供各种教学经验，这些经验又可作为反思和分析的基础"（Richards，1998），而通过诸如课堂教学现场录像这样的反思性教学（Reflective Teaching）反观自我或互相观摩，研究和思考自己或同事的教学行为，进行语言教师的行动研究（Action Research），可以使国外汉语教师加深对汉语作为外语教学的体会，积累更多的教学经验，提高实际的教学能力，因此有助于他们朝着专业化发展，从"教书匠"逐渐成为"反思型"和"研究型"教师。这不但是我们建设网络资源的主要目的，而且是通过网络开展国外汉语师资远程培训的最终目的。

第二节　多模态汉语中介语语料库建设构想[①]

语料库在经历了文本语料库、语音（口语）语料库之后进入了多模态语料库时期。[②] 随着汉语中介语语料库建设与研究的发展，在口语语料库建设成为热点的同时，多模态语料库的建设也提上了日程。本节简要回顾多模态语料库建设与研究现状，讨论在"全球汉语中介语语料库建设和研究"课题[③]框架下构建多模态汉语中介语语料库方面的一些基本构想。

一　多模态语料库及其研究现状

（一）多模态话语的界定

模态（Modality）是指交流的渠道和媒介，包括语言、图像、颜色、音乐等符号系统，是人类通过感官（如视觉、听觉、触觉等）跟外部环境（如人、机器、物件、动物等）之间的互动方式。人具有视觉、听觉、嗅觉、味觉、触觉五种不同的感知通道，用以与周围环境进行信息交换。这五种感知通道产生了五种相应的

[①]　本节摘自黄伟《多模态汉语中介语语料库建设刍议》，《国际汉语教学研究》2015 年第 3 期。

[②]　参见张霄军《多模态语料库：抢救濒危语言的有效途径》，嘎日迪、吾守尔·斯拉木、德熙嘉措主编《民族语言文字信息技术研究——第十一届全国民族语言文字信息学术研讨会论文集》，西苑出版社 2007 年版。

[③]　参见张宝林、崔希亮《"全球汉语中介语语料库建设和研究"的设计理念》，《语言教学与研究》2013 年第 5 期。

交际模态。用单个感官进行互动的叫单模态,用两个的叫双模态,用三个或三个以上的叫多模态。多模态话语指运用多种感知通道,即通过语言、图像、声音、动作等多种手段和符号系统进行交际的现象。就其性质而言,多模态话语是人类感知通道在交际过程中综合使用的结果。多模态话语分析(Multimodal Discourse Analysis)是从文本、声音、图像等多个角度对语言交流活动进行描写的研究。[①]

(二)多模态语料库的界定

多模态语料库是指把文字、音频和静态、动态图像语料进行集成处理,用户可以进行检索、统计等操作的语料库。多模态语料库研究是语料库语言学中刚刚起步的一个分支,主要目标是利用多模态语料库开展语言学研究。在多模态语料库中,录音、录像中的话语被转写成文字,文字、音频和视频三种模态通过时间轴(Timeline)进行同步集成,因而具有可实现语境化、言语活动信息丰富、语料可信度高、语料来源容易确认等优点。它以言语活动为研究对象,以从原始数据中抽取信息和知识为手段,研究内容包括整个言语活动的言语、声音、图像等(张霄军,2007;顾曰国,2013)。

随着多媒体技术、语料库技术与数据驱动学习、自主学习、情景教学等理念的发展,多媒体(母语)语料库近年来被越来越多地构建和应用于语言教学领域。多媒体语料库与多模态语料库

---

① 参见朱永生《多模态话语分析的理论基础与研究方法》,《外语学刊》2007年第5期。张德禄《多模态话语分析综合理论框架探索》,《中国外语》2009年第1期。顾曰国《论言思情貌整一原则与鲜活话语研究——多模态语料库语言学方法》,《当代修辞学》2013年第6期。

这两个概念，可分别从语料存在的媒介形式和人的感知互动方式进行界定。它们的相似之处是：语料都是以文本、声音、图像的整合为基本形式，都需要借助多媒体技术手段。

然而，多媒体语料库这个概念更多地被运用于教育技术与语言教学领域。面向教学的多媒体语料库与我们所说的多模态语料库相比，通常只转写文本，简单标注信息，标注与检索的深度较小，强调对检索结果情景化呈现（定位回放）。此外，多媒体语料库还被应用于语言资源建设方面，如方言多媒体语料库[①]、普通话水平测试等级标准样本库[②]。多媒体语料库建设与研究对构建多模态语料库具有一定的参考价值。多模态语料库这个概念更多地被运用于话语分析和语料库语言学领域。它除了包含转写文本外，还对声音、图像、动作、手势、面部表情等进行人工标注，包含丰富的多层次、多角度标注的信息。根据建设目的与标注内容不同，它的应用除了能够服务于教学，目前更多地服务于语言研究。[③]

（三）建设多模态语料库的意义

当前人们越来越重视多模态语料库的建设与研究，其原因有二：现代计算机科学技术的发展使语言学家能够有能力和手段处理语音、图像等形式的语言活动；更根本的原因是贯穿语言研究

[①] 参见李斌《用 ELAN 自建汉语方言多媒体语料库及其应用研究——以双峰方言语气词的研究为例》，湖南师范大学博士学位论文，2013 年。

[②] 参见李斌、高广安《基于 Elan 的湖南省普通话水平测试等级标准样本库建设探索》，《语言文字应用》2012 年第 3 期。

[③] 参见杨林伟、伍忠杰《基于 Web 的多媒体新闻语料库的建设与实施——以听力教学与研究为目的的设计模型》，《现代教育技术》2012 年第 8 期。

历史中的重视鲜活口语现象的传统。就人类言语活动而言，其本身就是使用了多种媒介、多个符号系统的多模态形式，现代科技让我们有能力将这些媒介、符号系统作为一个整体综合起来进行研究。多模态语料库的建设与研究将为语言学研究提供新的视角和方法。

顾曰国（2013）总结了围绕"多模态"开展研究的四种路向：人机互动中的多模态研究、多模态话语分析、多模态语料库研究、多媒体环境下的多模态学习研究。我们认为，这四种研究路向并不在一个层次上，多模态语料库能够为其他多模态研究提供数据基础，在其他三种研究路向中都具有重要作用。目前已公开或自建自用的学习者语料库，不论是单语的还是双语的，绝大多数都属于单模态文本型语料库。[1] 语言学习具有高度的语境化特征，而当前学习者语料库在很大程度上是去语境化的产物。[2] 开展汉语中介语多模态语料库建设与研究工作不仅是汉语学习者语料库建设的有益补充，更能够在汉语作为第二语言的教学与习得研究领域发挥作用。对多模态汉语中介语语料的直接观察，将有助于发现影响汉语作为第二语言的教学与习得的模态因素，为多模态教学提供参考。开展多模态汉语中介语语料库建设工作是一项基础性的数据工程。

（四）多模态语料库研究现状

多模态语料库的建设始于 20 世纪末。SACODEYL 多模态教

---

[1] 参见余军《CAT 平台下多模态学习者双语语料库构建》，《厦门理工学院学报》2012 年第 3 期。

[2] 参见陈功、梁茂成《首届全国学习者语料库专题研讨会综述》，《外语电化教学》2010 年第 4 期。

学语料库[①]是世界上首个多语种多模态语料库,[②]它收集了来自英国、法国、德国、意大利、罗马尼亚、立陶宛、西班牙等国家对13—18岁青少年使用七种不同语言进行访谈的视频,对视频进行了转写和多模态标注,提供了检索平台,以便使用者学习某种语言。从研究对象来说,它是母语者语料库,不是学习者语料库。中国的多模态语料库建设还处于起步阶段,[③]大型多模态语料库以顾曰国建立的"现场即席话语多模态语料库"[④]为代表(张振虹等,2014)。为数不多的多模态语料库相关研究主要集中在外语教学领域。张立新(2012)[⑤]以课堂教学录像为材料构建了多模态语料库,对教师在构建概念再现意义、人际互动意义和组篇意义框架时的模态进行了统计分析。金艳妮(2013)[⑥]以教学录像为材料构建了一个小型多模态英语词汇教学语料库,研究了不同年龄段教师在多模态教学方面的特点。彭娟娟(2013)[⑦]以优秀英语教师视频个案为材料构建多模态语料库,进行了大学英语综合课教学研究。张振虹等(2014)讨论了面向大学公共英语教

[①] 参见 http://www.um.es/sacodeyl。

[②] 参见张振虹、何美、韩智《大学公共英语多模态语料库的构建与应用》,《山东外语教学》2014年第3期。

[③] 参见何山燕《国内多模态话语分析研究述评》,《重庆文理学院学报》(社会科学版)2011年第3期。

[④] 参见 http://www.multimodalgu.com/。

[⑤] 参见张立新《基于ELAN的多模态话语研究——以大学英语教师课堂话语为例》,《现代教育技术》2012年第7期。

[⑥] 参见金艳妮《大学英语词汇多模态教学现状调查分析》,《辽宁科技大学学报》2013年第2期。

[⑦] 参见彭娟娟《多模态视角下的大学英语综合课教学》,《语文学刊》(外语教育教学)2013年第6期。

学的多模态语料库构建方案与应用前景。这些研究有的尚在可行性探讨和模型设计阶段,有的在构建面向教学的多模态语料库方面进行了小规模尝试和实践。

在学习者多模态语料库建设与应用方面,刘芹和潘鸣威(2010)[1]基于多模态话语分析理论,构建了理工科大学生的一个英语多模态语料库,从语料抽样、转写方案、言语标注与非言语标注方面讨论了多模态语料库建设问题。他们在张德禄(2009)提出的多模态话语媒体系统的基础上,提出了一个英语多模态语料标注体系,从语音、词汇、句法、篇章、非言语交际等多个维度进行了标注,开展了非言语交际能力的定量研究。[2] 由于研究目的不同,且构建多模态语料库需要耗费巨大的时间、精力,此类研究还都建立在较小规模的语料样本之上,研究对象只是中国的英语学习者。南京师范大学以课堂实录视频为材料建设的外国学生汉语多模态语料库是国内较早开始建设的汉语中介语多模态语料库,[3]根据在第三届汉语中介语语料库建设与应用国际学术讨论会[4]上

---

[1] 参见刘芹、潘鸣威《多模态环境下中国大学生英语口语非言语交际能力研究初探》,《外语电化教学》2010 年第 2 期。

[2] 参见刘芹、潘鸣威《理工科大学生英语口语多模态语料库构建研究》,《现代教育技术》2010 年第 4 期。

[3] 参见周宝芯《汉语中介音研究综述——兼谈汉语自然口语语料库的建立》,肖奚强、张旺熹主编《首届汉语中介语语料库建设与应用国际学术讨论会论文选集》,世界图书出版公司 2011 年版。周文华和肖奚强《首届汉语中介语语料库建设与应用国际学术讨论会综述》,肖奚强、张旺熹主编《首届汉语中介语语料库建设与应用国际学术讨论会论文选集》,世界图书出版公司 2011 年版。

[4] 该会议于 2014 年 8 月 1—3 日在福建师范大学召开。

的了解，其研究工作还处于语料收集与方案制订阶段。多模态语料库是一个较新的研究领域，语料库（尤其是汉语中介语多模态语料库）建设刚起步不久，同时囿于我们目前的学术视野，尚未发现更多可以借鉴的经验。

二 多模态汉语中介语语料库建设构想

（一）语料收集

多模态汉语中介语语料库收集具有声音、图像信息的汉语学习者口头产出的话语材料，与一般所说的口语语料相比，强调语言（语音）层面以外的副语言信息或非语言信息，比如动作、表情、环境等。刘运同（2013）[①] 从代表性、多样化、标准化、易得性四个方面比较了标准考试、口语评测、课堂教学和自然交际四种不同来源的语料特点。我们基本认同其看法。在注重语料的丰富性与多样性的同时，结合目前能够掌握的语料资源情况，拟收集的语料主要包括但不限于考试录像、演讲比赛、课堂教学和日常会话等。考试语料拟收集面试型汉语口语考试[②]的录像，这类考试录像记录的是汉语学习者就面试官提出的一系列话题进行描述、叙述和议论的过程。在日常教学活动中，为了培养、检验学生的汉语表达能力，国内很多学校和机构都会举办留学生汉语

[①] 参见刘运同《汉语口语中介语语料库建设刍议》，崔希亮、张宝林主编《第二届汉语中介语语料库建设与应用国际学术讨论会论文选集》，北京语言大学出版社 2013 年版。

[②] 参见实用汉语水平认定考试（C.TEST）口语面试，详见 http://www.c-test.org.cn/。

演讲比赛,参加比赛的留学生往往具有较高的汉语表达能力,收集这类语料对于开展中高级水平学生的汉语习得研究具有重要价值。课堂教学往往围绕特定话题或知识点展开,与其他几种类型的语料不同,课堂教学活动由至少一名教师和多名学生共同参与,这类语料可用于研究课堂教学活动和话语。语言研究最直接的对象是自然状态下的言语活动,然而,真正自然的语料还面临着伦理、版权等问题而难以获取和使用,我们一方面准备在特定条件下自行录制一部分相对自然的会话视频,另一方面以"互利共赢"[①]为原则,希望能够与更多同行开展合作。

(二)数据与存储

多模态语料库的数据主要包括元数据、音视频语料、转写标注数据三部分。元数据是指对语料本身的描述信息,包括参与言语活动者的有关信息(姓名、性别、年龄、母语、国籍、学习情况等)和语料本身的属性(发生时间、场景、语料类型、时间长度、参与人数等)。多模态语料库的语料是视频或音频形式的数据文件。就我们的研究目的、使用方式和目前计算机处理音视频数据的能力而言,数据库系统存储不利于音视频语料的标注、检索与回放。多模态语料库多采用文件系统存储语料。单篇多模态语料通常记录的是一段相对完整的交际活动,是一个音视频文件,而不是经过细碎切割的音视频片段(专门用于语音学研究等特殊情况除外,如多模态发音样本语料)。转写与标注数据是在语料的基础上附加的语言学知识。与元数据一样,这些标注信息也是

---

① 参见崔希亮、张宝林《全球汉语学习者语料库建设方案》,《语言文字应用》2011 年第 2 期。

文本（字符）性质的。那么，文本形式的元数据与转写标注数据如何同多媒体文件形式的语料统一起来呢？

多模态语料记录多模态交际活动过程，记录的信息在时间序列上线性展开。那么，对语料的开发利用也需要在时间轴上进行。有别于传统文本语料库的转写标注方式，对多模态语料的转写与标注并不改变语料文件本身，产生的转写标注数据独立于语料而存在。然而，在语料和转写标注数据之间必须建立一种联系。这种联系就是转写标注数据与语料在时间上要对应起来。这样，虽然语料和转写标注数据分别存储于不同的文件中，但是在检索与调用语料时，可以把它们加载到同一个时间轴上来，实现声音、画面、转写文本、标注信息在时间上的同步（如图5-1所示）。现在常用的语料转写与标注工具大多采用了这种数据存储和调用方式。此外，就多模态语料而言，不在转写文本上进行标注的另一个重要原因是，离开原始音视频的转写文本无论转写得多么细致详尽也会损失很多信息，而这些信息正是开展多模态话语研究的重要对象。

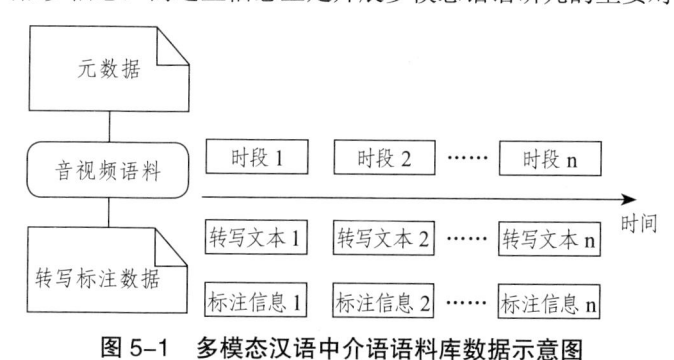

图5-1 多模态汉语中介语语料库数据示意图

（三）构建步骤

1. 语料收集与元数据整理

在进行语料库建设之初，我们首先需要确定用于描述语料属性的元数据规范,即我们使用什么样的手段来描写语料的哪些属性。将收集到的语料分门别类地打上标签,这项看似简单的工作其实比较复杂,同时具有重要意义。元数据描述越详细、合理,语料未来的使用范围就越广,使用效率就越高。我们拟定收集的语料具有不同特点,需要进行描述的内容各不相同。既需要标记这些语料的共有属性,也需要针对每一类语料制定其特有属性。例如考试语料,其元数据中应包括被试的姓名、国籍、年龄、性别、母语、考试日期、考试成绩(或等级)、考试题目等,其中前五项属性也是其他类别的语料应该具备的。

2. 转写

如实、详尽地将语音转写为文本是最基本的转写原则,但是执行起来并非易事。例如,转写像演讲这类有备稿的独白话语相对容易,在时间序列上线性展开即可;但是像考试、教学和日常会话等对话形式的话语,停顿、打断、两人或多人发言的重叠等,则需要明确具体的转写规则与方式。因此,在初步转写少量多类型语料的基础上制定一个转写规范,并随着语料的丰富和转写的深入不断修订,是今后的一个研究方向。

3. 标注

虽然语料库的标注有一定的局限性,[①] 但是语料库的价值主要就体现在所标注的这些语言学知识上。标注内容的多少与质量的好坏直接决定了语料库的实用性。近几年来汉语中介语语料库

[①] 参见冯志伟《语料库的标注和它的局限性》,崔希亮、张宝林主编《第二届汉语中介语语料库建设与应用国际学术讨论会论文选集》,北京语言大学出版社2013年版。

建设方面有关标注的讨论一直是热点问题。然而，由于标注本身所依靠的语言学理论尚不完备以及中介语语料库的特殊性，汉语中介语语料库究竟应该标注哪些内容、如何进行标注等问题，还都需要从建库目的出发，在实践中探索。①

以上问题还仅仅是就汉语中介语文本语料库而言的。在多模态语料标注方面，除了文本语料库中使用的一些标注内容外，由于听觉模态与视觉模态的存在，还应该加上对语音（如音质、韵律等）和图像（如表情、动作等）方面的标注。语音层面的标注虽然可以借鉴已有语音语料库的做法，但是由于研究目的的不同，标注内容和方式还需要进一步探讨。非语言层面内容的标注，一方面，不同类型的语料要标注的内容不同，另一方面，多模态语料库建设刚刚开始，可借鉴的经验不多，也还需要进行研究。虽然标注内容与标注方式存在很多不确定性，但是应特别注意"标注集的科学性和可靠性，尽量避免主观性和片面性，使语料库的标注尽可能地反映语言的真实面貌；特别注意语料库标注集的标准化和规范化，提高标注结果的共享程度"（冯志伟，2013）。

4. 语料库管理工具与检索平台的开发

尽管目前已有多个软件可以转写和标注多模态语料（见"关于转写与标注工具"一节），但是这些软件在汉语中介语多模态语料库建设方面的可行性和效果还需要进行试验和评估，汉语中介语多模态语料库建设可能还需要另行开发或寻找不同的转写与标注工具。另外，为了对语料和标注数据进行有效管理，向用户提供便

---

① 参见肖奚强、周文华《汉语中介语语料库标注的全面性及类别问题》，《世界汉语教学》2014年第3期。

捷的语料库检索服务，仍需要开发相应的管理系统和检索平台。

（四）关于转写与标注工具

多模态语料库的建设需要借助文本、音频、视频等处理技术和数据管理与检索技术。目前常用的多模态语料库转写或标注软件有 Anvil[①]、ELAN[②]、MacVisSTA[③]、EXMARaLDA[④]、MCA[⑤] 等。Garg et al.（2004）[⑥] 从可移植性（跨平台性）、开放源代码、音视频接口、支持注释、编码体系、可视化、易用性、技术支持等角度对九种转写与标注工具进行了比较。李斌和高广安（2012）试用了十几个转写、标注工具，在对 EXMARaLDA、ELAN、Transcriber AG 进行了对比测试后，选择了 ELAN 作为普通话水平测试等级标准样本库建设工具。张振虹等（2014）指出，ELAN 既可以用于言语、手势和身体姿势等多模态话语研究，也可应用于多媒体和多模态语料库建设。根据目前掌握的文献来看，国内多模态语料转写与标注大多使用 ELAN 这款工具。

ELAN（EUDICO Linguistic Annotator）是由荷兰梅茵马克斯·普朗克心理语言学研究所开发的一个跨平台多媒体转写标注软件。目前在话语分析、态势语研究、语言存档、口语语料库建

---

① 参见 http://www.anvil-software.org/。
② 参见 http://tla.mpi.nl/tools/tla-tools/elan/。
③ 参见 http://macvissta.sourceforge.net/。
④ 参见 http://www.exmaralda.org/。
⑤ 参见 http://mca.unipv.it/。
⑥ 参见 Garg, S., Martinovski, B., Robinson, S., Stephan, J., Tetreault, J. & Traum, D. R. Evaluation of transcription and annotation tools for a multi-modal, multi-party dialogue corpus. *Proceedings of the Fourth International Conference on Language Resources and Evaluation*, 2004.

设等方面被广泛使用（李斌和高广安，2012）。通过文献考察和初步试用，我们认为 ELAN 因具有以下特点而比较适合用于汉语中介语多模态语料库建设：（1）ELAN 是一款跨平台软件，能够在 Windows、Mac OS、Linux 平台安装使用。（2）它不仅免费，还是一款开源软件，用户可以根据自身需要对其进行二次开发。（3）数据通用性好：一方面，它支持常见的多种音频、视频文件格式，其数据文件 EAF 格式基于 XML（可扩展标记语言），可以方便地进行数据交换；另一方面，它可以调用 Praat、Transcriber 等其他语言学研究工具的数据，还可以把标注数据导出为纯文本、字幕文件、CSV 文本以及 Praat、Transcriber 等其他工具支持的文件格式。（4）界面友好：ELAN 目前支持包括简体中文在内的 11 种界面语言，支持大字符集 Unicode 编码的汉字、国际音标、汉语拼音等字符的录入与显示。（5）功能强大：通过语言学类型（Linguistic Type）、层（Tier）、模板（Template）、限定词表（Controlled Vocabulary）等方式以多层级联结结构实现转写和标注功能，标注代码集可以由用户自定义，文本、声音、图像通过时间轴对齐；它既提供了方便的转写、标注功能，同时也是一个强大的数据管理平台，能够对标注数据进行检索（而且支持正则表达式），并能够对检索结果进行精确定位与回放；通过多文件管理功能，ELAN 实现了对包含多个语料样本的语料库的统一管理。有关 ELAN 的介绍可参考王立非和文艳（2008）[①]、李斌（2013）、李斌和高广安（2012），详细的使用说明可参考

---

① 参见王立非、文艳《应用语言学研究的多模态分析方法》，《外语电化教学》2008 年第 3 期。

ELAN 手册[①]。从 ELAN 的以上特点来看,它是目前比较适合多模态汉语中介语语料库建设的工具。然而,究竟使用哪种转写、标注工具最终取决于建设和使用语料库的目的。目前可用的转写标注工具非常多,[②]我们还需要通过试用和比较来进行选择,或者根据需要自行开发。

三 结语

本节在对多模态语料库建设与研究进行简要回顾的基础上,讨论了构建多模态汉语中介语语料库在语料收集、数据存储、转写与标注、工具软件等方面的一些基础性问题。很多想法还不成熟,同时也提出了一些需要解决的问题和下一步的研究方向。语料库语言学是一门交叉学科,多模态语料库建设与研究则更具跨学科性,加上尚无太多经验可以借鉴,多模态汉语中介语语料库的建设与研究还需要语言学、计算机科学、语言教学、话语分析、语音学等诸多领域的专家学者共同参与。上述颇不成熟的想法恳请学界同人不吝批评指正。我们将广泛征求各方意见,制订一个科学合理、切实可行的建设方案。同时也希望与学界同人开展更多、更广泛深入的合作,共同建设一个有用、实用、好用的多模态汉语中介语语料库。

---

① 参见 http://www.mpi.nl/corpus/manuals/manual-elan.pdf。
② 参见 http://annotation.exmaralda.org/index.php/Linguistic_Annotation。

第三节　汉语语料库建设与应用的发展方向[①]

语料库技术在汉语教学领域的应用已经走过了20多年的历程。从辅助制订各类教学大纲、开展面向汉语教学的本体研究和汉语中介语研究，到辅助教材编写和词典编纂，语料库技术的作用不容忽视。现在，它已成为汉语教师和汉语教学工作者开展教学、科研的基本方法和手段。近年来[②]，随着人们对语料库认识的逐步深入，无论是在面向汉语教学的语料库（数据库、资源库）建设、加工方面，还是在应用方面；无论是理论研究，还是实证研究，都取得了新的进展。尽管如此，我们也需清醒地认识到目前存在的问题，充分开拓这一领域的可发展空间，扭转固有的认识偏差，全方位、多角度地关注其他一些有价值的研究内容。

一　汉语教学应用语料库研究的新进展

近年来，面向汉语教学的语料库建设、加工及应用方面的研究取得了一些新的进展，主要体现在以下三个方面。

（一）多类型和多层次的汉语教学语料库建设与设计

目前，汉语中介语语料库（数据库）建设主要着眼于两大方

[①] 本节摘自郑艳群《语料库技术在汉语教学中的应用透视》，《语言文字应用》2013年第1期。

[②] 指2005年以来。此前有关的总结和分析参见"商务馆对外汉语教学专题研究书系"《对外汉语计算机辅助教学的理论研究》和《对外汉语计算机辅助教学的实践研究》，郑艳群主编，商务印书馆2006年版。

面：一是服务于对外汉语教学学科建设和理论研究，二是适应和满足教学实践的实际需要。在学科建设和理论研究方面，一个数量充足、具有代表性和平衡性、信息完备的汉语中介语语料库（数据库）可以为建立和发展汉语作为第二语言的学习理论打下坚实的基础，并为对外汉语教学总体设计、教材编写、课堂教学、成绩测试和水平考试等研究提供可靠的依据；在教学实践方面，它可以帮助教师了解学生的学习过程，用来分析、总结影响学习成效的因素，为教师有效地优化教学方法、有意识地按照学习规律组织教学提供参考。

1. 多类型的汉语中介语语料库建设与设计

近年来各类型汉语中介语语料库（数据库）代表性研究项目表现出两个特点：一是对已有语料库类型的发展、完善和拓展等问题进行再讨论，二是开发或设计新的语料库（数据库）类型。

综观语料库的发展历程，建立最早、目前应用最广的汉语中介语语料库类型当属书面语语料库。随着探索的逐步深入，学者们开始对该领域的研究现状展开反思、提出质疑，如对汉语中介语语料库的建设和加工提出了建设性改进意见；[①] 从更宏观的角度出发，站在已有的研究基础之上，提出了建设"全球汉语学习者语料库"[②] 的设想。与此同时，人们基于对汉语中介语研究完

[①] 参见任海波《关于中介语语料库建设的几点思考——以"HSK动态作文语料库"为例》，《语言教学与研究》2010年第6期。张宝林《汉语中介语语料库建设的现状与对策》，《语言文字应用》2010年第3期。

[②] 参见崔希亮、张宝林《全球汉语学习者语料库建设方案》，《语言文字应用》2011年第2期。

整性的考虑，着手建设了"外国学生错字别字数据库"[①]，填补了汉语中介语在汉字研究方面的空白；除此之外，有学者也再次提出了建设"汉语学习者口语中介语语料库"[②]的设想，强调其重要性[③]。我们期待在此基础上，能为学界全面、深入、系统地开展汉语口语、汉语书面语和汉字方面的汉语中介语研究提供语料（数据）支持。另外，我们也看到针对特定学习对象、特定学习环境[④]的汉语中介语语料库的建设和研究[⑤]，它充分表明为开展面向特定对象、特定学习环境下汉语教学研究而建立特定类别的汉语中介语语料库的意义和作用。[⑥]

2. 多层次的面向汉语教学的本体知识库建设与设计

近年来各类面向汉语教学的本体知识库（数据库、资源库）的

[①] 参见北京语言大学"外国学生错字别字数据库"课题组《"外国学生错字别字数据库"的建立与基于数据库的汉字教学研究》，《语言教学与研究》2006年第4期。

[②] 参见王韫佳、李吉梅《建立汉语中介语语音语料库的基本设想》，《世界汉语教学》2001年第1期。

[③] 参见杨翼、李绍林、郭颖雯、田清源《建立汉语学习者口语语料库的基本设想》，《汉语学习》2006年第3期。

[④] 新加坡华裔学前儿童口语语料库。

[⑤] 参见赵守辉、刘永兵《新加坡华族学前儿童口语语料库的生成》，《世界汉语教学》2007年第2期。

[⑥] 同类的代表性研究当属杨惠中等（2005）建设的"中国学习者英语口语语料库"。该语料库是专门研究中国人在学习者母语环境（汉语）下，学习目标语（英语）的"面貌"，并据此开展了中国学习者口语语料库词目研究、语音错误初始研究、口语中词块特征分析、类连接统计、吞音现象调查、口语特征、口语能力中的词语知识等多项研究。非常值得汉语教学研究者借鉴。

代表性研究项目有：等级汉字拆分及汉字基础部件数据库[1]、教学字库[2]、汉字字源识字教学资源库[3]、对外汉语新词教学信息库[4]等。丰富和完善的语言知识及语言教学所需的各类数字化资源，是教师教学和学生学习的基础性物化条件。上述研究所涉及的语言知识库等资源至少具备以下三个特点：数据量大、关联丰富、可满足教学科学性和规范性要求。相应资源的建设是必要的，但绝非个体教师可以胜任，也绝非一朝一夕之功。近年来，不同专业方向的学者，根据教学的需要，构建或设计了面向汉字教学、词汇教学、语法教学的语料库（数据库、资源库）。实际上，它仅仅是一个窗口。

但是，目前我们对汉语本体语言资源的利用还远远不够。正如邢富坤（2011）[5]所说，现有语言资源的现状，"使得语言资源的自身价值和服务教学的效益受到制约"，并倡导"提高语言资源的使用效益"。

（二）语料库技术应用于汉语教学研究的视角拓宽

语料库语言学对汉语二语教学产生了直接的影响，在教学中得到越来越广泛的应用（见表5-1）。

---

[1] 参见邢红兵《〈（汉语水平）汉字等级大纲〉汉字部件统计分析》，《世界汉语教学》2005年第2期。

[2] 参见施正宇《词・语素・汉字教学初探》，《世界汉语教学》2008年第2期。

[3] 参见刘翔、张诗亚《汉字字源识字教学资源库的设计与实现》，《电化教育研究》2010年第1期。

[4] 参见刘善涛、李敏、亢世勇《对外汉语新词教学信息库的研究与实现》，《语言文字应用》2011年第1期。

[5] 参见邢富坤《基于互联网的多语种动态语言资源库建设与应用》，《中国电化教育》2011年第2期。

第三节 汉语语料库建设与应用的发展方向 373

表 5-1 近年来应用语料库的汉语教学代表性研究项目一览 [1]

作者	研究项目及特点	所用语料库类型
郑艳群 [2]	语法——HSK 程度副词（中介语研究）	中介语
季 瑾 [3]	词汇——商务汉语学习词典（本体研究）	目标语
李慧等 [4]	词汇——常用多义词（中介语研究）	目标语+中介语
石 琳 [5]	词汇——373 个成语（中介语研究）	中介语
周文华 [6]	语法——典型兼语句（中介语研究）	目标语+中介语
张宝林 [7]	语法——"把"字句（中介语研究）	目标语+中介语
谢 福 [8]	语法——"是"字句（中介语研究）	目标语+中介语
沈敏等 [9]	语法——近义副词（本体研究）	目标语
井 茁 [10]	语法——零指代和代词指代（中介语研究）	目标语+中介语+学习者母语

---

[1] 为了与学习者母语区分，此处用目标语，这里特指汉语。

[2] 参见郑艳群《中介语中程度副词的使用情况分析》，《汉语学习》2006 年第 6 期。

[3] 参见季瑾《基于语料库的商务汉语学习词典的编写设想》，《语言教学与研究》2007 年第 5 期。

[4] 参见李慧、李华、付娜、何国锦《汉语常用多义词在中介语语料库中的义项分布及偏误考察》，《世界汉语教学》2007 年第 1 期。

[5] 参见石琳《留学生使用汉语成语的偏误分析及教学策略》，《西南民族大学学报》（人文社科版）2008 年第 6 期。

[6] 参见周文华《基于语料库的外国学生兼语句习得研究》，《语言教学与研究》2009 年第 3 期。

[7] 参见张宝林《回避与泛化——基于"HSK 动态作文语料库"的"把"字句习得考察》，《世界汉语教学》2010 年第 2 期。

[8] 参见谢福《基于语料库的留学生"是……的"句习得研究》，《语言教学与研究》2010 年第 2 期。

[9] 参见沈敏、范开泰《基于语料库的"赶紧，赶快，赶忙，连忙"的多角度辨析》，《语言研究》2011 年第 3 期。

[10] 参见井茁《高年级汉语习作中零指代使用的跨语言背景比较》，《世界汉语教学》2011 年第 2 期。

(续表)

作者	研究项目及特点	所用语料库类型
黄自然等[1]	语法——"把"字句	目标语+中介语
黄伟[2]	汉字——书写	中介语
张文贤等[3]	词汇——语体差异大的同义词	目标语

表 5-1 反映出的研究以应用汉语中介语语料库开展的偏误分析为主,也有应用汉语母语语料库开展面向汉语教学的本体研究和工具书编纂研究。其研究内容可以概括为以下三个方面:

1. 以汉语中介语为核心的汉语教学研究

我们知道,中介语有两个主要的性质和特点:一是不断发展变化,二是其发展变化表现出一种普遍性或群体性特征。

许多专家学者通过对中介语语料库的研究,发现、总结外国人汉语学习规律,提出了相应的教学对策或建议。其中既有偏误描述,也包含原因分析;既有从词汇层面入手进行的调查,也有在句法、语篇方面开展的研究;既有不分国别和母语背景学习者的研究,也有针对特定国别或母语背景学习者的研究。研究不仅与目标语(汉语)进行比较(目标语+中介语),而且还关注到学习者母语的影响(目标语+中介语+学习者母语),这样的研究观使我们重回对"迁移"的重视(迁移性正确使用或迁移性偏误),而非停留在对母语背景的重视层面上。这些多层次、多角

---

[1] 参见黄自然、肖奚强《基于中介语语料库的韩国学生"把"字句习得研究》,《汉语学习》2012 年第 1 期。

[2] 参见黄伟《字形特征对汉字文化圈中高级水平学习者书写汉字的影响——基于"HSK 动态作文语料库"的观察》,《世界汉语教学》2012 年第 1 期。

[3] 参见张文贤、邱立坤、宋作艳、陈保亚《基于语料库的汉语同义词语体差异定量分析》,《汉语学习》2012 年第 3 期。

度的分析和研究，拓宽了研究视角，也对教学安排、成绩测试设计、教材编写以及汉语教学模式、智能化汉语教学系统和远程汉语教学设计等产生了积极的影响。

目前，我们可以清楚地看出，这一研究方法已经形成基本的模式和步骤：穷尽式搜索语料；判断中介语用例的正误；归类、分析偏误产生的原因；指出本体研究的不足，对大纲、教材、教学和测试提出相应的建议，推导出词汇或语法习得规律等。

我们还可以从中发现如下研究特点：研究内容从某个点到某个类别；统计数据从计算绝对数据到考察相对频率，进而总结出一般规律（而不是盲目地根据百分比的多少就得出"泛化"结论）；从不同研究结果的百分比对照，到关注原始语料的规模（指明百分比不同的直接原因）；从基础性的百分比参照，到差异分析层面的统计学意义分析等。另外，从研究内容看，多集中于词汇和语法方面。

2. 利用汉语母语语料库开展的面向汉语教学的本体研究

现代汉语语料库是一个基础性的研究语料库。它可以为汉语教学工作者提供强有力的帮助。

此前，学者们开展了许多面向对外汉语教学的本体研究。如何把面向对外汉语教学的研究成果转化为教学资源，进而为教学服务，还需要一个发展过程，近年来这类研究并不太多。沈敏和范开泰（2011）的研究发现，已有的工具书对"赶紧""赶快""赶忙""连忙"这一组近义副词的解释不足，难以满足汉语教学的需要，为此，基于本体语料库进行了多角度辨析，进一步揭示其句法功能、语义特征、时体特征及使用语境的异同。张文贤等（2012）的研究通过计算的方法得到口语、书面语实际语料中有语体差异的同义词，并得到差异大的同义词列表，其结论可为汉语教学以及教材编写提供参考。

3. 利用汉语母语语料库开展的汉语教学工具书编纂研究

现代词典的编纂离不开语料库技术，词典编纂是语料库语言学研究的一项重要内容。如今，著名词典的编纂都以大型语料库为技术支撑。

近些年，汉语学习词典的编纂日益受到关注，研究方法和手段也开始关注到语料库技术的应用方面。季瑾（2007）利用语料库理论和信息处理技术，整理、确立了一份分等级的商务汉语词语表，进而建立了"商务汉语教材语料库"，并在此基础上提出了编写基于语料库的商务汉语学习词典的理论依据和操作设想。

（三）针对汉语教学的语料加工技术取得进展

对汉语中介语的加工水平将直接影响汉语中介语语料库的检索能力和检索结果，进而决定研究者对汉语中介语的利用程度。这是一类特色加工。近年来开展的面向汉语教学的语料库（数据库、资源库）的加工或标注研究，取得了可喜的进展。

1. 外国人错字别字及语音语料标注技术

外国学生错字别字数据库的标注设计比较充分地反映了留学生在汉语学习中出现的错字别字现象，为相关的研究提供了大量真实的文本和原始字形。该数据库包含了4个子数据库，分别为语料属性库、作者属性库、汉字信息库和错字别字信息库。其中，错字别字信息库是主数据库，有7个主要字段：错字别字序号、正字、错字别字原形、别字上下文、二次标注字段、语料编号、错字别字文中位置等，可以为具体开展外国人汉字偏误分析及汉字习得研究提供数据和材料支持。

汉语语音教学有其特殊性，如声调问题、儿化、轻声和舌尖前、后音的辨别问题等。这些既是汉语语音教学的重点，也是教学中的难点。汉语中介语语音语料库的建立，可以为本体及教学研究提供丰富、真实的音频资料，而其具有汉语特点的语音属性标注（如拼音、声调等）无疑在现阶段汉语中介语语料库研究中又填补了一项空白，可以为语音偏误分析提供翔实的第一手材料。

2. 汉语中介语语法偏误自动识别技术

汉语语法偏误是汉语偏误研究的重要内容，对偏误规律的把握是开展偏误研究的基础。以往的偏误筛选都是依靠人工的方法，由于数据量大，容易出现效率低和标注结果不一致等问题。而计算机自动识别语法偏误，不仅可以提高工作效率，还可以解决人工标注不一致的问题。王洁（2011）[1]虽然仅针对汉语三个特殊句式进行了实验研究，但这已让我们看到了汉语中介语偏误自动识别技术的曙光。正像当年计算机分词技术以百分比中的个位数字不断提升一样，我们完全有理由相信，这一技术终将得到改进，识别率会逐步提高。这是对汉语中介语加工研究的一大突破，应予重视。这项技术还将应用于计算机辅助教学中学生作业自动批改系统和答疑系统的设计等。

二 有待深化的研究问题及有待拓展的研究领域

（一）有待深化的研究问题

针对目前的研究状况，我们认为以下问题有待深化。

---

[1] 参见王洁《计算机识别汉语语法偏误的可行性分析》，《语言文字应用》2011年第1期。

1. 进一步运用科学的统计方法判定语料库结果

我们注意到,张宝林(2010)指出了一个现象,即不同语料库对同一问题的研究结果不同,并认为"语料规模较大的数据结果相对可靠"。但实际上,数据规模是无法决定数据结果的可靠性的。数据规模对研究结果可信程度的贡献主要体现在估计的显著程度上。因此,只要说明分析结果所依据的数据库的数据来源、语料特征以及数据规模即可。不同数据库分析结论的比较必须建立在数据来源有相似特征的基础上,否则比较是无意义的。

2. 推进语料库的流通和基础统计结果的共享

人们不仅期待科学的、标注完备的语料库,更期待它成为共享资源。国内外不乏通过出版社出版发行的方式,或者网络下载单机版、在线使用网络版(包括免费和收费)的方式,来促进语料库的推广和应用,[①] 汉语教学界理应参考。

除此之外,系统性的报告依据语料库得出的各项统计结果也是非常有意义的,它可以更直接、高效地应用于教学和研究。例如,桂诗春和杨惠中主持的国家"九五"社科规划项目"中国英语学习者语料库"相关研究已通过出版的形式报告了语料加工中所用的分类标准和系列统计结果,使用者可以方便地查阅全部语料或不同类型的学习者语料,直接作为教学和研究的参考。

[①] 推广和共享的程度、方式直接影响到应用的广泛性。如果在 CNKI 上做个简单的检索,就可以发现近两年来基于"HSK 动态作文语料库"的研究明显增多。这显然体现出广大汉语教师和研究者受益于该语料库的公开使用。由于没有更多的选择,人们也常常把从中所得的结果推广到一般情形,但实际上该语料库是中高等汉语学习者在 HSK 考试中的状况。阐述和利用其结果时,应清楚地认识到该语料库的特点。

3.加强语料库及研究结果对国别化汉语教材编写和词典编纂的指导

将语料库研究应用到教材编写中,可以有效地改进现有教材在语言用例、语言点选择与排序方面存在的不足,使教材的组织结构更加合理,内容更加丰富、有针对性。在英语作为第二语言的教学领域,已经出现了以语料库为基础编写的英语教材。对汉语中介语语料的研究,可以发现不同母语背景学生的习得特点,再将研究的结果与汉语进行比较,乃至与学生母语比较,可以用来指导国别化汉语教材的编写。

对外向型词典的编纂来说,语料库技术的作用更为明显。主要表现在可以反映最新的语言面貌、丰富和完善对语言事实的描写、提供实际使用频率信息、体现书面语和口语特性等方面。在双语词典、国别化学习词典的编纂中,对特定母语背景下汉语学习者语料库研究结果应该体现在词典编纂的各项活动中。

4.以附加实验等方法完善或验证语料库研究结果

由于语料库研究方法在研究范围、解释能力等方面的局限性,我们在对待研究结果的态度上要进一步反思。常常需要通过内省、诱导和实验的方法,然后提出新的或后续的研究方案,如实验法、观察法或调查法,进一步对语料库方法所得结论进行修正或补充。

实际上,语料库研究方法和基于内省的唯理主义方法各有所长,两者应该共存和结合,相互补充,发挥各自的优势。

(二)有待拓展的研究领域

1.开展汉语中介语音节和韵律特征的研究

我们除了可以利用汉语中介语语料库对语法、词汇等相关内容开展研究外,在分析汉语音节和韵律特征等研究项目上,也可以利用汉语中介语语料，以不同母语背景等维度进行分类、汇总，揭示外国人使用汉语音节和韵律的普遍性规律，指导教学。但目前这一类型的研究尚属空白。

2. 开展基于汉语中介语语料库的习得个案研究

连续、完整地记录中介语事实，能够展现出学习者习得语言的过程及语言发展的全貌。个案追踪语料库的建设有着重要的意义。一方面，它可以为语言习得研究提供实证基础，同时也可以丰富汉语学习理论和汉语作为第二语言的习得理论；另一方面，从学习模式研究的角度来说，语料库个案研究可以为自主学习环境的设计建立模型，从而更好地为自主学习搭建学习内容和服务支持系统。

3. 横向开展目的语和非目的语环境下汉语中介语对比研究

从横向的角度，研究目的语环境和非目的语环境下汉语中介语特点，其结果将对开展不同环境下的汉语教学有积极的指导作用。

针对这类研究，我们可以建设不同环境的子（分）语料库，它们互为共时平行语料库，从中可以开展对比分析研究。

4. 纵向开展不同时间段汉语中介语对比研究

研究者可以按每 10 年一个阶段进行时间划分（假如以 10 年为一个分析时间段），通过考察不同时期内的语料来揭示中介语的面貌和规律。比如，与汉语母语者进行对比，揭示中介语在某年代的面貌和特征，分析学生受中国文化等因素的影响情况；通过篇章对齐、句子对齐、结构对齐来展开语言对比研究。

5. 进一步拓展语料库建设空间和加工范围

在语料库的建设和加工方面，尽管我们已经取得了一些成果，但根据教学的多方面需要，还有许多有待继续拓展的空间。

（1）扩大语料库规模并关注语料库的代表性和平衡性。目前由于条件所限,语料的收集大多都是以容易或能够获得为准,[①]但代表性和平衡性并不一定合理或不足以支持研究。

(2)有待开发的语料库。首先就是外国人学习汉语的口语[②]语料库,其次是各类面向汉语教学的汉语本体资源库建设。

(3)有待利用的语料库。如根据商务语料制定商务汉语词表,考察商务用语习惯和文化特点。另外,对本体语料库的教学应用还有很多基础性工作有待开展,比如对原始语料进行词性和语法信息标注的同时,还应标注交际项目信息和语言文化点。[③]

(4)有待从深度和广度拓展的语料加工技术。目前面向对外汉语教学信息处理的词表和词类标记规则尚未形成。[④]在标注方面,我们应更加重视对语料进行不同层次的标注(如语义、语用、语篇等)。

6. 开启语料库网的教学应用

朗文语料库(Longman Corpus)于20世纪80年代建立,由朗文—兰开斯特英语语料库、朗文口语语料库、朗文英语学习语料库组成,因此也有人称其为朗文语料库网。其主要目的是编纂英语学习词典。目前,在此基础上已有系列工具书陆续出版。

---

① 以当下可公开使用的"HSK动态作文语料库"来说,语料均为考试过程中产生的。考试环境下的语言输出的真实性只是相对的,是一种非常态的语言使用,应当引起研究者的重视。

② 这里所说的口语是指就已有的背景知识,进行实时的、即兴的口头交际时使用的语言。

③ 参见郑艳群《多属性标注的汉语口语教学多媒体素材库建设及应用》,《语言教学与研究》2012年第5期。

④ 已有学者就此类问题进行研究。参见刘华《基于语料库的对外汉语教学用分类词表的研制——以商务为例》,第三届全国教育教材语言专题学术研讨会,2010年。

面向外语教学的应用研究，单纯从一个方面观察语料结果显然是不够的，汉语教学中教材编写和词典编纂等教学研究都应该吸纳这一思想。

7. 加强汉语中介语语料处理工具的研究

20多年来，语料库语言学的长足发展，有力地推进了汉语教学的探索进程，主要表现在语料库的建设和应用两个方面。

但是，对汉语中介语语料处理工具的研究还远远不能满足现实的需要。例如，应在中介语词汇和句法分析研究的基础上，设计和研制汉语中介语分词和词性标记工具、双语对齐工具，以及常见偏误搭配自动标记、常见偏误句式自动标注工具等。

8. 重视基于语料库的外语学习理论在汉语教学中的实际应用

语料库的应用不仅可以提高语言教学质量，还可以丰富语言教学形式。Tim Johns 在1991年提出"数据驱动学习"（Data-Driven Learning，简称DDL），实际上是一种语料（库）驱动。该理论是一种基于语料库检索语言材料学习语言的方法。一系列的实验已经证明，这是一种行之有效的外语教学方法。然而，这种教学方法目前在汉语作为第二语言教学中的研究和应用仍未形成体系。

最后，我们热切地期望，一定规模、有较好代表性和平衡性、特色鲜明、面向汉语教学的本体语料库和汉语中介语语料库（数据库、资源库）能够不断涌现，汉语中介语语料处理工具能够不断得以完善，并在此基础上开展更多跨学科、跨语言、多层面、多视角的面向汉语教学的语料库应用研究项目，为汉语教学提供强有力的支撑。

后 记

2006年，商务印书馆出版了"商务馆对外汉语教学专题研究书系"。当时，我们对2006年之前，与计算机辅助教学相关的论文进行了梳理，选编了有代表性的论文，编辑为两册，分别是《对外汉语计算机辅助教学的理论研究》和《对外汉语计算机辅助教学的实践研究》，成为该套书系的一部分。此前，虽然1994年美国教育传播与技术协会（Association for Educational Communication and Technology）已经发布了教育技术的原始定义，且在2004年又发布了新的定义，但在2006年之前的很长一段时间内，教育技术无论是作为研究对象，还是作为领域或学科，都没有被汉语教学界所重视。而2006年之后的10年来，汉语教育技术的发展正践行着教育技术研究各个范畴的基本理念，逐渐成为汉语教学研究的对象。

教育技术研究的宗旨在于指导教学，解决教学实践中的具体问题。不同学科应用教育技术有其特殊的地方，但它离不开教育技术发展变化的大环境和大背景。因此，当商务印书馆再次启动书系的续编之时，经与专家讨论决定，我们把相关内容所编辑成册的书名定为《汉语作为第二语言教学的教学技术研究》和《汉语作为第二语言教学的教学资源研究》。

我们搜集了2006年之后的10年间，在中国境内公开出版的汉语教育技术相关论文，共计近 1600 篇。本书是有关汉语作为第二语言教学的教学资源的相关内容，选取了其中有代表性的论文。全书分五章：第一章汉语教学大资源观阐释；第二章汉语教学各级各类资源库创建研究；第三章汉语教学资源加工与分析研究；第四章汉语教学资源运用与计算研究；第五章汉语教学资源研究展望。希望能够为大家呈现这一时期对外汉语教学资源研究的整体面貌。

按照本书系体例上的安排，所选文章的参考文献等一律作为脚注，敬希谅解。

感谢所有同意将自己的研究成果选入本书的作者，没有各位学者杰出的研究工作，本书的编辑工作无法完成。

我要特别感谢我的研究生们。这项工作自 2014 年年底启动之后，我的几届研究生都参与了此项工作。他们帮助我做了大量细致的工作，付出了辛勤劳动。他们是李阔林、李曼语、赵笑笑、袁萍、周梦圆、刘梦迪、陆凯英、田晋华、张蕊、韩春、王雅思、张晓杰。

感谢责任编辑刘婷婷在书稿的编辑中付出的辛勤劳动。

受篇幅和其他原因所限，有一些相关的重要论文未能编入本书，希望能够得到谅解。其他不当之处，也请各位同行批评指正。

郑艳群
2018 年 4 月 9 日

图书在版编目(CIP)数据

汉语作为第二语言教学的教学资源研究/郑艳群主编.—北京:商务印书馆,2019
(商务馆对外汉语教学专题研究书系.第二辑)
ISBN 978-7-100-16733-8

Ⅰ.①汉… Ⅱ.①郑… Ⅲ.①汉语—对外汉语教学—教学研究 Ⅳ.①H195.3

中国版本图书馆CIP数据核字(2018)第237692号

权利保留,侵权必究。

汉语作为第二语言教学的教学资源研究
郑艳群 主编

商 务 印 书 馆 出 版
(北京王府井大街36号 邮政编码100710)
商 务 印 书 馆 发 行
北 京 冠 中 印 刷 厂 印 刷
ISBN 978-7-100-16733-8

2019年1月第1版　　开本880×1230 1/32
2019年1月北京第1次印刷　印张12¾
定价39.00元